개정2판

양식조리기능사
조리산업기사
합격안내서

Western Cuisine

양식조리

손주영 · 김명희 · 김희아 · 노희경 · 차경옥 · 이인옥 공저

백산출판사

서양음식, 이제 쉽고 간단하게 만들 수 있습니다

현대인들이 일상생활을 영위하는데 음식을 섭취하는 것만큼 중요한 것은 없다고 봅니다. 최근 우리나라는 높은 경제수준에 따라 삶의 질 향상을 추구하는 웰빙(Well-being)이 중요한 생활 코드로 부각되었습니다. 더불어 우리의 음식문화도 고급화 · 다양화됨으로써 조리사들은 전문인력으로 평가받고 있어 조리사들의 위상이 어느 때보다 높다고 할 것입니다.

서양음식은 우리나라에 조선 말기에 전해져 상류사회에 보급되었다가, 서구식 호텔의 탄생과 더불어 전환기를 맞았고 이후 서울올림픽을 계기로 급속한 성장을 이루었습니다. 비교적 짧은 역사에도 불구하고 현재 전국적으로 100여 개의 전문대학과 30개의 정규대학에서 양질의 조리사를 양성하고 있으며 세계요리대회에 진출하여 유럽 및 미주 여러 나라들과 어깨를 나란히 할 만큼 양적 · 질적 성장을 거듭하고 있습니다. 따라서 양식조리에 대한 사회적 관심은 상당한 수준이라 할 수 있습니다. 그러나 예술가적 자질을 갖춘 조리사만 서양음식을 할 수 있는 것은 아니라고 생각하여 누구나 노력하면 쉽고 간단하게 서양음식을 만드는 데 도움이 되는 교재를 만들고자 하였습니다.

이 책은 저자들의 요리 방식을 자유롭게 설명하고 표현했습니다. 요리 표현 방식의 기초는 한국산업인력관리공단의 검정 기준에 충실하도록 규격과 유의사항, 포인트를 잘 이해하고 숙지하도록 하는 데 중점을 두었습니다.

처음부터 잘하는 사람은 없습니다. 요리는 기초가 가장 중요하다고 누구나 생각하고 이야기합니다. 나머지는 여러분의 생각과 노력 여하에 달려 있습니다. 충실하게 기본기를 다지고 준비하여 여러분이 하고자 하는 일과 얻고자 하는 일에 이 책이 유용한 참고자료로 쓰이기 바랍니다.

여러모로 부족한 점이 많으나 식품, 조리관련 전공학생들을 위한 기초 전공교재나 식품, 조리에 관심이 많은 비전공학생들의 교양교재로 활용될 수 있기를 바라며 이 책이 출간되기까지 열과 성을 다해 주신 백산출판사 진욱상 사장님과 임직원 여러분께 감사드리고, 특별히 부족한 부분을 넉넉하게 채워 주신 김철웅 선생님께도 감사드립니다.

저자 일동

CONTENTS

CONTENTS

CHAPTER 1

이론편

제1부 서양음식의 기초

제1장 서양음식의 개요

1 서양음식의 발달

서양음식이란 프랑스, 이탈리아, 독일, 영국, 스칸디나비아 등의 유럽제국과 미국, 캐나다 등의 북미대륙에 널리 알려진 여러 나라의 음식을 총칭한다. 이러한 서양음식의 바탕은 프랑스 요리에 있으며, 각 나라마다 지리적 · 기후적인 조건과 생산물, 풍습 등에 따라 주 · 부식의 종류에 차이가 있고, 조리 방법이나 조미료의 종류에도 차이가 있어서 각국별로 전통적인 요리들을 지니고 있다.

초기 프랑스 국가가 형성되었을 때는 모든 것이 로마식으로 사치스럽게 모방되어 행해졌으며, 조리법과 더불어 로마인들이 즐겨 사용하던 후추, 꿀, 포도주, 식초, 육수, 그리고 향료, 양념까지 전수되었다. 메로빙거왕조 말기까지 수도원 중심으로 미식가의 전통, 습관 등이 잘 보존되어 왔고 프랑스 전역으로 확산되어 갔다. 15세기경에는 많은 소스가 만들어지기 시작했으며 1533년 앙리 2세가 이탈리아 메디치가 출신의 카트린과 결혼함으로써 당시 선진국 이탈리아에서 최신 유행하는 요리가 흘러들어왔다. 이탈리아 요리의 유행은 100년 정도 지속되었는데 프랑스 요리사는 200~300년의 세월을 거치는 동안 이것을 프랑스풍으로 변화시켰다. 18세기에는 고기를 조린 국물에서 수프를 독립시키고 소스를 발전시키는 등 프랑스 요리는 하나씩 완성되었다. 19세기 말 프랑스 요리는 거의 완벽함을 더한 절정기였는데 명 요리장인 Antoine Careme은 현대 감각에 맞는 요리메뉴를 작성했으며 혁신적인 뷔페차림을 선보였다. 20세기 들어서 Auguste Escoffier가 지금까지의 프랑스 요리를 체계적으로 정리하여 현재의 기본이 되는 프랑스 요리를 완성시켰다.

2 서양음식의 특징

서양음식의 특색은 재료의 사용이 광범위하고 식품의 배합에 따른 음식의 맛과 색, 담는 그릇과의 조화가 잘 이루어지도록 과학적으로 연구되어 있다. 또한 서양음식은 조리 방법이나 조미료의 종류, 음식을 먹는 때(아침, 점심, 저녁의 식단구성), 상차림, 식사 방법 등 우리나라와 다른 점들이 많다.

1) 조리상의 특징

▶ 식품을 큰 덩어리로 조리하여 식탁에서 잘라먹도록 하는데 이것은 조리 시 영양소의 손실을 줄여 주며 식품 원래의 맛을 유지하는 데도 효과적이다.

▶ 조미료는 주로 음식을 조리한 후에 첨가하여 맛을 내며, 기본 조미료로 소금, 후추, 버터 등이 쓰인다. 또한 맛과 영양을 줄 수 있는 소스(sauce)를 음식 위에 끼얹어 조화로운 풍미와 질감을 준다.

▶ 요리에 사용되는 향신료는 다양하며 각각 독특한 향을 낸다. 기본적으로 사용하는 샐러드 오일(salad oil), 이탈리아는 올리브유(olive oil), 독일은 라드유(lard), 영국은 육즙(juice), 중국과 일본은 장유(醬油), 한국은 참기름(sesame oil) 등이 주로 쓰인다.

▶ 한식에서는 습열조리법을 많이 사용하는 데 비하여 양식에서는 오븐(oven)을 이용한 건열조리법이 많이 사용되고 있다. 이것은 식품이 가지고 있는 맛과 향미를 그대로 살릴 수 있는 조리법이라 할 수 있다.

2) 식사와 상차림의 특징

▶ 서양식 상차림은 한식 상차림과는 다르다. 한식은 음식을 그릇에 담아 먹을 수 있도록 미리 준비한 후 사람들이 모여서 식사하는 반면 양식은 사람이 앉은 다음에 음식을 가져오도록 하여 식사를 하게 된다.

▶ 음식을 먹는 데 사용되는 용구도 한식과는 다르며 식탁에 용구를 올려놓는 위치가 정해져 있다. 그릇, 스푼, 포크, 나이프 등은 각 음식에 따라 다르게 사용하고 있으며, 요리 접시 왼쪽에는 포크, 오른쪽에는 나이프와 스푼을 놓아 두 손을 사용하여 식사를 한다. 이러한 식사형태로 음식의 맛을 혼합됨 없이 느낄 수 있다.

▶ 한식과는 식단구성이 다르다. 아침, 점심, 저녁 등의 세 끼 식단내용이 다르고 주식과 부식의 개념이 뚜렷하지 않다.

▶ 식사순서는 구분되어 일정한 절차가 있다. 식욕을 돋우는 전채요리, 입 안을 부드럽게 해주는 수프요리, 주가 되는 요리, 후식요리 등으로 나누어진다.

3) 식사예절

[I] 손님을 접대할 때

▶ 모든 음료는 손님의 오른편으로, 요리는 손님의 왼편으로 대접하며, 먹고 난 후 그릇은 손님의 왼편에서 치운다.

▶ 후식은 식탁 위의 빈 그릇을 모두 치운 후 대접한다.

▶ 계절 또는 음식의 종류에 따라 뜨겁게 대접할 것과 차갑게 대접할 것을 구별해야 한다.

▶ 식사 중에는 물컵에 물이 70%가량 채워져 있어야 하며 손님들에게 부족함이 없는가를 항상 살펴보아야 한다.

2 식사예절

▶ 식탁을 대하고 의자에 앉을 때에는 의자의 왼편으로 들어가 앉고, 의자를 앞으로 당겨 식탁과의 거리를 가까이하여 앉는다.

▶ 자리에 앉은 다음 주빈에 뒤따라서 냅킨은 무릎 위에 펴놓는다. 냅킨을 손끝이나 입 주위를 누르는 정도로 사용하며 너무 더럽히지 않도록 한다.

▶ 양식에서는 왼손으로 포크를 쥐고 오른손으로 나이프를 써서 적당한 크기로 잘라 포크로 먹는다. 음식을 먹을 때는 왼손에 쥐었던 포크를 오른손으로 옮겨서 음식을 먹어도 무방하다. 음식은 한꺼번에 모두 잘라놓고 먹는 것이 아니고 잘라 가면서 먹어야 한다.

▶ 식사 도중에는 포크와 나이프를 접시 가장자리에 여덟 팔 자로 걸쳐놓고 식사가 끝나면 칼날이 왼쪽으로 포크 끝이 위쪽으로 향하게 모아서 접시 중앙에서 오른쪽으로 가지런히 놓는다.

▶ 음식은 가능한 주빈과 보조를 맞추도록 하며 너무 빨리 혹은 늦게 먹지 않도록 한다.
물컵이나 술잔은 오른손으로 들며 윗사람 앞이라도 두 손으로 받쳐 들지 않는다.

▶ 식탁의 물을 엎지르거나 포크, 나이프를 떨어뜨렸을 때에는 당황하지 말고 웨이터를 부른다. 다른 용무가 있을 때에도 작은 소리로 웨이터에게 말한다.

▶ 식탁 위에 팔꿈치를 올려놓지 말아야 하며 손으로 머리카락을 만지는 것도 실례이다.

제2장 서양음식의 기본재료

조미료와 향신료는 음식의 맛과 향미를 내는 데 사용되며 적절히 첨가할 때 더 좋은 맛을 낼 수 있다. 서양음식에는 음식에 따라 여러 가지 조미료와 향신료를 사용함으로써 특이한 향미와 맛을 주며 그 외에 방부작용 및 음식에 좋지 않은 냄새를 제거해 준다.

1 조미료

1) 소금(Salt)

소금은 서양음식에서 기본적인 조미료로 간을 맞추는 데 사용된다. 소금은 조리용 소금(cooking salt)과 식탁염(table salt)이 있다. 조리용 소금은 조리할 때 사용되는 재염(再鹽)을 말하며, 식탁염은 순도가 높고 분말이 고운 소금으로 식탁에 항상 준비해 두고 각자 간을 맞추어 먹을 때 사용한다.

2) 설탕(Sugar)

디저트나 음료 등에 주로 많이 사용되는 감미료이다. 흰 설탕(caster sugar)은 일반적으로 사용하는 설탕이고 굵은 설탕(granulated sugar)은 결정체가 조금 굵은 것으로 제과에 많이 쓰이며 고운 가루설탕(powder sugar)은 케이크 등의 표면장식에 많이 쓰인다. 또한 갈색설탕(brown sugar)은 향미가 강하고 음식의 색을 내는 데 이용된다.

3) 식초(Vinegar)

식초는 음식에 신맛을 내면서 독특한 풍미를 주며 주로 피클이나 마리네이드(marinade), 샐러드의 소스에 많이 이용된다. 사과식초(cider vinegar), 곡물식초(malt based vinegar), 포도주를 발효시킨 식초(wine vinegar), 약초식초(herb vinegar), 희석한 식초(distilled white vinegar) 등의 종류가 있다.

4) 술(Wine)

술은 기호품으로 마시는 것 외에도 육류요리나 생선요리에 넣어 냄새를 제거하고 맛을 더해주는 조미료의 역할도 한다. 요리에 사용할 경우 질이 좋은 술을 택하여야 한다.

▶ 백포도주(white wine) : 생선, 조개류, 새우요리 등에 쓰이며 닭고기 같은 흰살 육류에도 백포도주를 쓰는 경우가 많다.

▶ 적포도주(red wine) : 햄, 쇠고기 같은 붉은색 고기에 사용된다.

▶ 브랜디(brandy) : 닭고기류, 고기류에 다른 술 종류와 함께 쓰이기도 하고, 디저트용 소스, 콩소메, 젤리 등에도 이용된다.

▶ 리큐어(liqueurs) : 럼(rum), 그랑 마니에르(grand marnier), 큐라소(curacao) 등은 과자나 후식에 많이 쓰이고 후식으로 그냥 마시기도 한다.

5) 레몬주스(Lemon juice)

레몬의 즙을 짜서 식초 대용으로 이용하기도 하고 방향이 좋기 때문에 샐러드 드레싱에도 이용된다.

6) 토마토 가공품

1 토마토퓌레(Tomato puree)

익은 토마토를 으깬 후 체에 받쳐 껍질과 씨 등을 제거한 후 과육과 즙액인 토마토 펄프를 농축한 것으로 고형분의 함량은 8.4~12% 이상이다. 토마토소스와 토마토케첩의 원료로 쓰인다.

2 토마토페이스트(Tomato paste)

토마토퓌레에 황설탕, 파프리카, 소금 등을 첨가하여 더욱 농축한 것으로 반고체에 가깝다. 고형분의 함량은 25% 이상이다.

3 토마토케첩(Tomato ketchup)

토마토퓌레에 설탕, 소금, 식초 등 각종 조미료와 향신료를 첨가하여 통조림 및 병조림화한 것이다. 고형분 함량은 25%이다.

4 토마토소스(Tomato sauce)

토마토퓌레와 페이스트를 같이 섞어 넣고 여기에 버터, 수프, 스톡, 소금, 후추, 양파, 마늘 등을 넣어 익혀서 되직하게 만든 것으로 단맛과 신맛이 거의 없다.

7) 유지(Oil & fat)

1 식물성 기름(Oil)

지방함량이 많은 열매나 종자에서 기름을 짜내어 정제하여 얻으며 상온에서 액체상태이다.

▶ 올리브유(olive oil) : 드레싱을 만들 때 이용된다.

▶ 면실유(cotton seed oil) : 튀김용 또는 기타 조리용으로 이용된다.

▶ 옥수수유(corn oil) : 마요네즈(mayonnaise), 드레싱(dressing), 마가린(margarine)의 제조 및 튀김용으로 이용된다.

▶ 대두유(soybean oil) : 튀김용으로 이용된다.

▶ 낙화생유(peanut oil) : 튀김이나 그 밖의 조리용으로 이용된다.

2 굳기름(Fat)

상온(20℃ 내외)에서 고체상태인 기름으로 포화지방산을 많이 함유하고 있다.

▶ 버터(Butter) : 우유의 지방으로 만든 버터는 식탁용과 조리용을 겸하여 사용되며 맛이 좋고 영양도 풍부하다. 버터의 종류는 크림의 발효 여부에 따라 발효버터(ripened butter), 생버터(sweet butter), 무염버터(unsalted butter)로 분류한다. 질 좋은 버터는 향미, 질감, 색깔이 좋고 지방함량은 80%이다.

▶ 라드(Lard) : 돼지의 지방조직으로 만든 기름으로 버터, 쇼트닝, 마가린보다 부드럽다. 요리에 버터 대신 라드를 사용할 경우 분량은 20~25% 정도 적게 사용한다. 질이 좋은 라드는 색이 희고 냄새가 나지 않는다. 부드럽게 하는 작용을 하므로 제과용으로 많이 이용된다.

▶ 마가린(Margarine) : 버터 대용품으로 만들어진 인조버터로서 식물성 기름으로만 만들기도 하고 동·식물성 유지를 혼합하여 만들기도 한다. 사용된 기름의 종류에 따라 너트 마가린(nut margarine), 올레오 마가린(oleo margarine) 등이 있다.

▶ 쇼트닝(Shortening) : 라드의 대용품으로 식물성 유지로 만든다. 특징은 무색·무미·무취이고 비교적 값이 싸다. 특히 제과용으로 많이 이용된다.

2 향신료(Spices)

향신료는 식물의 가지, 열매, 껍질, 뿌리 등에서 얻는 방향성 물질로서 말려서 통째로 또는 곱게 갈아서 사용한다. 서양음식에서 향신료는 독특한 향으로 음식의 맛을 돋우어 주며 음식 자체에 포함되어 있는 좋지 않은 냄새를 제거하고 소화를 촉진시키는 역할을 한다.

오늘날의 향신료는 그 이용부위와 범위가 훨씬 넓어져 향료나 약용, 채소, 양념, 식품 보존제 및 첨가물 등으로 광범위하게 사용되고 있다. 향신료를 음식물에 사용하는 형태는 세 가지로 나눌 수 있다. 요리의 준비나 조리과정 중에 사용하는 쿠킹 스파이스, 완성시키거나 완성된 요리에 사용하는 파이널 스파이스, 식탁에서 각자의 기호에 따라 사용하는 테이블 스파이스로 나눌 수 있다.

향신료를 과다 사용할 경우 오히려 음식의 풍미를 저하시킬 수 있으므로 향신료의 양과 선택에 주의를 기울여야 한다. 또한 향신료는 밀폐된 용기에 넣어 차고 건조한 곳에 저장해야 하며 가루보다는 통째로 보관하는 것이 더 좋다. 조리를 하는 경우 통째로 된 향신료는 처음부터 첨가하고 가루향신료는 나중에 첨가하는 것이 좋다.

향신료는 4가지 기본 기능이 있는데, 누린내나 비린내와 화학적으로 결합하여 불쾌하게 나는 냄새를 억제하는 기능, 식품 자체의 맛을 이끌어 내는 동시에 향기를 만들어 내는 기능, 매운맛,

쌉쌀한 맛 등을 통하여 소화액 분비를 촉진시켜 식욕을 증진시키는 기능, 음식에 색을 더해 주는 착색기능이 있다. 또한 향신료는 신선도나 보존방법에 따라 향미에 변화가 생기므로 향미가 손상되지 않도록 소량으로 구입하고, 구입한 뒤에는 밀봉용기에 담아 열, 빛, 습기를 피하여 보관하도록 한다. 특히 분말로 된 향신료는 향기성분이 날아가기 쉬우므로 사용할 때 습기가 있는 용기 위에서 뿌리지 말고 작은 스푼으로 떠서 사용하는 것이 바람직하다.

1) 월계수잎(Bay leaves)

이탈리아, 그리스, 터키를 중심으로 한 지중해 연안이 원산지이다. 잎을 건조시켜 사용하는데 고기요리, 수프, 스튜, 생선요리 등의 가열요리에 사용하고 음식이 끓여진 후 건져내야 한다.

2) 올스파이스(Allspice)

올스파이스 나무는 자메이카가 원산지인 상록수로 향신료로 이용하는 것은 열매이다. 덜 익은 열매를 수확하여 햇볕에서 붉은 갈색이 될 때까지 건조시킨다. 건조한 열매에서 후추 · 시나몬 · 너트메그, 그리고 정향을 섞어 놓은 것 같은 향이 나기 때문에, 영국인 식물학자 존 레이(John Ray)가 올스파이스라는 이름을 붙였다. 육류나 생선요리, 소시지, 드링크나 와인, 피클용 향신료로 쓰고, 푸딩이나 커스터드크림 등에 첨가하면 독특한 맛을 더할 수 있다. 이외에도 잎은 베이럼에 이용하고, 꽃은 달여서 차로 마신다.

3) 케이퍼(Capers)

케이퍼는 지중해 연안에 널리 자생하고 있는 식물로, 향신료로 이용하는 것은 꽃봉오리 부분이다. 꽃봉오리는 각진 달걀 모양으로 색깔은 올리브 그린색을 띠고 있다. 케이퍼는 식초나 소금, 기름에 절여서 육류나 기름기가 많은 생선요리의 냄새제거에 쓰거나 생것을 다져서 소스나 드레싱, 마요네즈에 섞어 쓴다. 또 다진 것을 파슬리와 함께 쇠고기에 뿌려도 좋다.

4) 캐러웨이(Caraway)

유럽과 서아시아가 원산지이고 전 세계 온대지방에 널리 퍼져 있다. 뿌리는 굵고, 줄기는 높이가 50cm에 달한다. 잎은 잘게 갈라지고 갈라진 조각은 줄 모양이다. 꽃은 흰색이고 크기가 작으며 산형꽃차례를 이루며 달린다. 열매는 갈색이고 약간 굽어 초승달 모양이며 길이가 5mm 정도이고 등 쪽에 세로로 돌출한 5개의 줄이 있다. 어린순과 잎은 먹을 수 있고, 종자는 특수한 향기가 있으므로 과자 · 채소 수프 · 샐러드 · 치즈 등에 향신료로 쓴다.

5) 고추(Chilies)

미 대륙이 원산지로서 매운맛이 특징이며 붉게 익은 고추를 싱싱하게 또는 말려서 생선요리, 스튜, 소스, 수프, 야채요리 등에 사용한다.

월계수잎

부케가르니

정향

주니퍼

사프란

타임

파슬리

오레가노

샬롯

녹색후추

통후추

흰후추

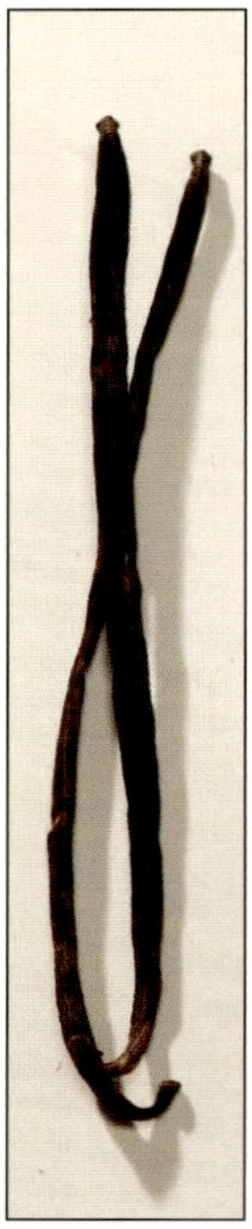

바닐라빈

계피 계핏가루

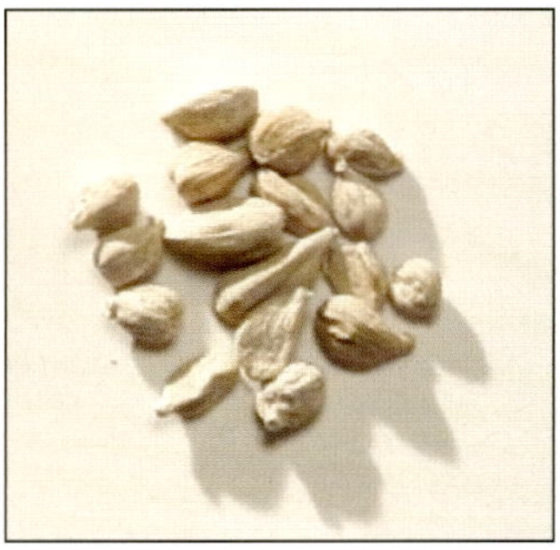

카더몬

육두구

아니스

칠리

펜넬시드

스타아니스

건양파

캐러웨이씨

강황

겨자씨

6) 계피(Cinnamon)

계피나무의 뿌리 · 줄기 · 가지 등의 껍질을 벗겨서 말리거나, 껍질을 벗기지 않고 건조시킨 가느다란 가지를 말한다. 계피는 방향성의 건위제로서 그 분말을 다른 산제와 배합하여 식욕 증진제로 사용한다.

7) 정향(Cloves)

정향나무는 열대 상록성 아교목으로 몰루카제도가 원산지이며 탄자니아의 잔지바르섬, 인도네시아의 수마트라, 브라질, 말레이시아, 필리핀, 베트남, 중국 남부 등에서 생산된다. 꽃봉오리는 정향이라고 하고 다 핀 꽃을 말린 것은 모정향이라고 한다. 정향 분말이나 정향유를 식용, 약용하며 방부제로도 사용한다.

8) 코리앤더(Coriander)

고수는 한해살이풀로 지중해 연안 여러 나라에서 자생하고 있다. 열은 갈색의 둥근 씨를 향신료로 사용하는데, 세로로 줄무늬 홈이 있는 것이 특징이다. 향신료로 사용할 때에는 영어명인 코리앤더라고 부르는 경우가 더 많다. 맛은 열은 단맛이 느껴지는 감귤류와 비슷하다.

9) 커리(Curry)

인도가 원산지이며 카더몬(cardamon), 카시아(cassia), 칠리(chilies), 계피, 정향, 코리앤더(coriander), 커민(cumin), 생강, 겨자, 호로파씨(fenugreek), 후추, 양귀비씨, 파프리카 등을 섞어 만든 향신료이다. 육류, 어패류, 가금류, 달걀과 야채요리, 수프와 소스 등에 다양하게 사용된다.

10) 딜(Dill)

인도와 북부 유럽에서 주로 생산되며 씨, 줄기, 잎을 모두 이용하는데 피클, 생선, 샐러드, 수프, 소스 등에 사용한다.

11) 마늘(Garlic)

백합과의 다년초로 아시아 서부가 원산지로 중앙아시아와 지중해 연안 국가들에서 자란다. 비늘줄기는 연한 갈색의 껍질 같은 잎으로 싸여 있으며, 안쪽에 5~6개의 작은 비늘줄기가 들어 있다. 비늘줄기, 잎, 꽃자루에서는 특이하고 강한 냄새가 난다. 고기, 수프, 샐러드, 드레싱, 피클, 굴라시에 사용한다.

12) 생강(Ginger)

아시아, 아프리카, 서인도에서 생산되는 괴경식물로서 뿌리를 말린 후 가루로 만들어 사용한다. 뿌리줄기는 옆으로 자라고 다육질이며 덩어리 모양이고 황색을 띤다. 매운맛과 향긋한 냄새가 있다. 육류, 생선류, 채소류 등에 조미하고 피클, 스튜, 과일, 케이크 등에 다양하게 이용한다.

13) 겨자(Mustard)

원산지는 중앙아시아로 추측되고 예부터 재배되었으며 지금은 각처에서 널리 재배되고 있으며 많은 품종이 육성되었다. 겨자와 갓의 씨를 개자(芥子)라고 한다. 씨는 가루로 만들어 향신료로 쓰기도 하고 물에 개어 샐러드의 조미료로도 쓴다.

14) 파프리카(Paprika)

중앙아메리카가 원산지이다. 유럽에서는 모든 고추를 파프리카라고 부른다. 영어로는 'sweet pepper' 또는 'bell pepper' 라고 하며 일본에서는 프랑스어인 'piment' 을 발음대로 읽어 피망이라고 부른다. 우리나라에는 피망을 개량한 작물이 '파프리카' 라는 이름으로 새롭게 들어왔기 때문에 피망과 파프리카를 다른 것으로 인식하는 경향이 있다. 일반적으로 매운맛이 나고 육질이 질긴 것을 피망, 단맛이 많고 아삭아삭하게 씹히는 것을 파프리카라고 부른다. 주로 헝가리 음식에 많이 이용되며 조류, 어패류, 육류, 채소류, 스튜, 생선, 수프, 굴라시 수프, 소스와 드레싱 등에 사용한다.

15) 후추(Pepper)

동남아시아가 원산지로 인도네시아, 보르네오, 자바 등지에서 생산되며 덩굴나무의 열매를 채취한 것이다. 덜 익은 파란 열매로 얻은 green pepper, 약간 익었으나 덜 익은 black pepper, 완전히 익은 열매의 껍질을 깨끗이 벗겨낸 white pepper 등이 있다. 통후추는 수프, 피클, 스튜, 육류요리 등에 이용되고, 가루로 된 것은 육류, 어류, 조류, 채소 등 모든 음식의 조미료로 사용된다. 흰 후춧가루는 맛이 약하며 흰살생선, 수프, 샐러드, 닭요리 등 겉모양을 깨끗하게 유지하는 데 사용한다. 일반적으로 검은후추가 더 맵고 톡 쏘는 맛이 강하다. 검은후추는 식육가공, 생선, 육류 등으로 폭넓게 쓰인다.

16) 양귀비씨(Poppy seeds)

극동아시아와 네덜란드에서 자란다. 양귀비꽃이 진 후에 얻는 작은 진회색의 씨를 사용하며 줄기와 잎에 들어 있는 아편이 씨에는 들어 있지 않아 사용해도 무방하다. 빵, 케이크, 쿠키, 샐러드, 페이스트리 필링 등에 사용된다.

17) 사프란(Saffron)

창포, 붓꽃과의 일종으로 암술을 말려서 사용한다. 강한 노란색이며 독특한 향과 쓴맛, 단맛을 낸다. 1g을 얻기 위해서는 500개의 암술을 말려야 하며 대개 160개의 구근에서 핀 꽃을 따야 하고 수작업이므로 값이 비싸다. 아시아가 원산지이며 프랑스, 스페인에서 생산되고 사프란꽃의 수술을 채취하여 말린 것을 사용한다. 노란색을 들이는 음식과 소스와 수프, 생선요리와 라이스, 감자와 야채요리 등에 많이 이용한다.

18) 바닐라(Vanilla)

중남미가 원산지이며 남초형의 식물에서 얻는다. 디저트, 과일 수프, 쿠키, 케이크, 아이스크림, 팬케이크, 와플 등에 이용한다. 성숙한 열매를 따서 발효시키면 바닐린이라는 독특한 향기가 나는 무색결정체를 얻을 수 있다.

19) 아니스 시드(Anise seed)

잎과 씨가 달콤한 감미를 지니고 있다. 빛나는 푸른 갈색을 띠고 있으며 쉼표의 형태를 띠며 케이크, 과자류, 빵류, 생선이나 닭요리, 수프, 소스 등에 사용된다.

20) 캐러웨이 시드(Caraway seed)

회향풀의 일종인 캐러웨이씨로서 전 유럽에서 자라는 2년생 풀이다. 씨뿐만 아니라 뿌리도 삶아 먹으며, 향기 있는 기름이 함유되어 있다. 고대 이집트에서는 향미식물로 사용했고 소화를 촉진하므로 로마시대에는 이 효과를 믿어서 식후에 캐러웨이씨를 씹는 습관이 생겼다. 파슬리 계통의 스파이스로 향유가 함유되어 있어 빵이나, 케이크, 과자를 만들 때도 사용하고 수프, 채소요리, 화이트소스 등에 사용한다.

21) 카더몬(Cardamon)

생강향이 나는 향신료로 매콤한 단맛을 가지고 있다. 인도에서 생산되는 myrose cardamon의 향미가 가장 좋은 것으로 알려져 있으며 케이크, 비스킷, 패스트리에 이용되며 스튜, 커리, 육류, 가금류, 생선요리에도 사용된다.

22) 카옌페퍼(Cayenne pepper)

열대 고추로 만들어진 스파이스로 맵고 얼얼한 맛을 가지며 주로 건조된 상태나 가루상태로 판매된다. 대부분의 육류와 가금류, 생선, 해산물, 바비큐 소스, 살사 등에 이용된다.

23) 셀러리 시드(Celery seed)

야생의 셀러리씨로 강한 풍미를 지니고 있다. 다양한 육류요리와 치킨, 생선, 파스타, 샐러드, 피클, 수프, 스튜 등에 사용된다.

24) 메이스(Mace)

너트메그의 종자를 싸고 있는 빨간색의 막을 말려서 간 다음 건조하여 얻은 스파이스이다. 맛은 너트메그와 비슷하지만 향이 더 강하며 생선요리, 피클, 소스, 케첩 등에 많이 사용된다.

25) 너트메그(Nutmeg)

열대성 너트메그 나무에서 나온 열매로 핵과이며 성숙하면 살구같이 보이고 달콤하고 자극성 있는 향기가 난다. 잘 익은 열매는 붉은빛을 띤 껍질이 벌어져서 메이스로 사용된다. 너트메그는 소스, 수프, 닭고기 요리, 야채, 샐러드 드레싱 등의 단맛나는 음식에 많이 사용한다.

26) 주니퍼(Juniper)

상록 삼나무과의 열매로 완두콩만한 검푸른 열매이다. 육류요리의 절임, 피클, 가금류와 사슴, 양 등의 로스트와 스튜에 많이 사용한다.

27) 강황(Tumeric)

강황(테메릭)은 열대 아시아가 원산지인 여러해살이 식물로 강한 향과 쓰고 매운맛이 나며 진한 노란색을 띤다. 생강과 비슷하게 생겼으며, 장뇌와 같은 향기와 쓴맛이 나고 노란색으로 착색한다. 동양의 사프란으로 알려져 있으며 주로 가루로 만들어 생선수프에 이용하거나 식품의 착색제로도 사용된다. 커리나 주로 쌀 요리에 사용한다.

28) 호스래디시(Horseradish)

겨자과 식물의 뿌리로 내부는 약한 회색빛을 띤 흰색이고 톡 쏘는 맛을 낸다. 이 뿌리의 껍질을 벗겨서 식초와 우유를 넣고 끓인 다음 레몬주스 등을 첨가하여 이용하거나 신선한 것은 강판에 갈아서 소스, 생선, 쇠고기 요리에 사용한다. 호스래디시는 열을 가하면 그 향미가 사라져 버리기 때문에 생채로 갈아서 쓰거나 건조시켜 사용한다.

29) 샬롯(Shallot)

작은 양파모양의 식물로 피막의 색은 연한 갈색부터 보라색까지 다양하다. 향이 양파와 유사하므로 양파와 같은 용도로 많은 요리에 이용된다.

30) 커민씨(Cumin seed)

원산지가 이집트인 한해살이풀로 씨를 향신료로 이용한다. 씨는 모양이나 크기가 캐러웨이와 비슷한데 커민 쪽이 더 길고 가늘며, 진한 향이 난다. 맵고 톡 쏘는 쓴맛이 난다. 소화를 촉진하며 카레가루나 칠리 파우더에 사용하고 수프나 스튜, 피클, 빵에 사용한다.

31) 코리앤더씨(Coriander seed)

딱딱한 줄기를 가진 식물로 건조된 열매는 조그마한 후추콩 크기와 같고 외부에 주름이 잡혀 있으며, 적갈색을 띠고 있다. 달콤한 레몬과 같은 방향성이 있고 감귤류와 비슷한 엷은 단맛이 있다. 통째로 혹은 자루로 만들어서 사용하는데 생선, 육류, 수프, 빵, 케이크, 커리, 절임 등에 사용한다.

3 향초와 서양채소(Herbs and Vegetables)

허브의 어원은 라틴어의 '푸른 풀'을 의미하는 'herbal'에서 찾을 수 있으며 영어사전에서 herb는 '줄기와 잎이 식용 또는 약용으로 쓰이거나 향기와 향미에 이용되는 식물'이라고 되어 있다. 허브는 옛날부터 병의 치료에 쓰이는 차 또는 약술, 음료로 이용되기도 하였다. 허브는 방향식물의 잎, 줄기, 뿌리, 꽃 등을 신선한 것을 그대로 사용하거나 말려서 사용하기도 한다. 허브는 음식에 향미를 부여해 주고 향장제, 부향제, 방향제 등으로 다양하게 이용된다.

허브의 종류는 다음과 같다.

1) 스피어민트(Spearmint)

동양산 박하는 멘톨 함유량은 많으나 향기가 별로 없어 향신료로서 적당하지 않다. 잎을 채취해서 두 손으로 비비거나 잘게 썰어서 사용한다. 양고기 요리에 필수적이며, 소스 · 과자류 등에도 많이 사용된다.

2) 페퍼민트(Peppermint)

민트 중에서 가장 많이 사용되는 것으로 상쾌한 청량감이 강하게 나타난다. 살균작용과 방부작용뿐만 아니라 정장효과도 있는 것으로 알려져 있어 식용뿐만 아니라 약용으로도 널리 이용되며 감기에도 효과가 있다. 아이스크림이나 셔벗에 이용된다.

3) 애플민트(Applemint)

사과의 맛과 박하의 향이 혼합된 맛이 나며 캔디, 디저트, 생선요리, 양고기요리 등에 이용한다.

4) 파인애플 세이지(Pineapple sage)

원산지는 유럽이고 미국, 영국, 유고슬라비아, 그리스 등에서 재배한다. 박하과에 속하는 식물로 향이 강하고 약간 씁쓸한 맛이 있다. 송아지, 돼지고기, 소시지, 가금류, 토마토주스, 수프 등에 사용한다.

5) 골든 세이지(Golden sage)

잎에 골든 색의 반점이 있으며 육류의 양념, 스터핑소스, 치즈 등에 쓰인다.

❶ 올리브유 ❷ 발사믹식초 ❸ 타바스코소스 ❹ 그린올리브 ❺ 블랙올리브 ❻ 씨겨자 ❼ 양겨자

6) 라벤더(Lavender)

지중해 연안이 원산지이다. 여러 종류의 샐러드에 다양하게 사용되며 로즈마리와 함께 빵을 만들 때 이용되기도 한다. 흰색, 푸른색 또는 분홍색의 꽃이 피는데 꽃을 요리에 이용하기도 한다.

7) 파인애플 민트(Pineapple mint)

잎에 크림색 반점이 있는 것이 특징이며 어린잎을 차, 젤리, 캔디, 디저트 등에 이용한다.

8) 레몬밤(Lemon balm)

지중해 연안이 원산지로 지중해와 서아시아, 흑해 연안, 중부 유럽 등지에서 자생한다. 줄기는 곧추서고 가지는 사방으로 무성하게 퍼진다. 레몬과 유사한 향이 있으며, 향이 달고 진하여 벌이 몰려든다. 레몬향을 가진 잎은 샐러드, 찬 음료, 차 등에 이용한다.

9) 레몬그라스(Lemon grass)

레몬과 비슷한 향을 가지고 있는 풀로 키가 아주 크고 두꺼운 지중해성 풀이다. 주로 아랫부분을 얇게 썰거나 갈아서 요리에 이용한다. 주로 육류, 가금류, 해산물 혹은 야채카레에 사용되며 동남아시아에서도 많이 사용하는 허브이다. 코코넛 밀크와 함께 사용하면 잘 어울린다.

이탈리안 파슬리

세이지

레몬밤

타임

타라곤

스피아민트

라벤더

페퍼민트

캣닙

차이브

처빌

바질

딜

라디치오

물냉이

아보카도

아스파라거스

애플민트

양상추

토마토

피망

10) 코리아 타임(Korea thyme)

은은한 향을 가진 잎을 생잎 혹은 말린 잎으로 해물요리, 닭요리, 샐러드, 스튜, 크로켓, 생선, 수프 등에 사용한다.

11) 캐모마일(Chamomile)

꽃잎을 주로 사용하며 차, 디저트 등에 이용한다.

12) 아루굴라(Arugula)

독특한 향미를 지녀서 주로 샐러드에 사용한다.

13) 웜 우드(Worm wood)

은색 잎이 특징이며 잎을 말려서 차로 이용한다.

14) 타라곤(Tarragon)

시베리아가 원산지로서 쑥의 일종이다. 중앙아시아에서 시베리아에 걸쳐 분포한다. 말릴 경우 향이 줄기 때문에 신선한 상태로 사용한다. 잎에서 아니스(anise) 같은 향기가 나므로 소스 · 샐러드 등에 향신료로 섞어 쓰고, 초에 넣어서 타라곤비니거(tarragon vinegar)라고 하여 달팽이 요리에 조미료로 쓴다. 잎을 그늘에서 말려 단단히 봉해 두었다가 필요한 때 쓴다.

15) 스테비아(Stevia)

국화과의 여러해살이풀로서 습한 산간지대에서 잘 자란다. 잎에는 감미물질인 스테비오사이드가 무게의 6~7% 정도 들어 있다. 감미성분은 설탕의 300배의 단맛을 가지고 있어, 설탕 대용으로 사용되는 허브지만 칼로리는 없다. 음료, 빵, 디저트 등의 단맛을 내는 데 이용된다.

16) 보리지(Borage)

잎을 사용하며 맛과 향이 오이와 유사하다. 샐러드와 차에 이용한다.

17) 로케트(Roquette)

지중해 연안이 원산지이며 시금치 맛이 나고 강한 향을 풍기는 식물이다. 샐러드에 주로 이용하고 시금치이용법과 동일하다.

18) 클로브 핑크(Clove pink)

중국이 원산지이며 꽃잎을 와인에 담가 풍미를 낸다. 과일 펀치, 샐러드 장식에 이용한다.

19) 로즈마리(Rosemary)

지중해 연안이 원산지이고 프랑스, 스페인, 포르투갈 등지에서 생산되며 박하과에 속하는 방향성 식물로 감미롭고, 향기로운 맛을 낸다. 말린 잎보다는 생잎의 향미가 좋다. 주로 양고기, 돼지고기, 닭고기, 쇠고기, 사슴고기, 오리고기, 멧돼지고기 등의 육류요리와 수프, 스튜, 샐러드 등에 사용한다.

20) 바질(Basil)

원산지는 인도, 열대 아시아와 아프리카 등지에 분포하며 대부분의 요리에 잘 어울리는 보편적인 허브이다. 이탈리아와 프랑스 요리에 많이 사용되는데, 향이 강하고 감미가 있으며 두통, 신경과민, 구내염, 강장효과, 건위, 진정, 살균, 불면증에 효능이 있고 졸림을 방지하는 기능도 있다. 특히 토마토 요리에는 반드시 들어갈 정도로 토마토와 잘 어울리는 허브이며 육류, 가금류, 파스타의 소스에도 이용된다.

21) 오레가노(Oregano)

병충해와 추위에 잘 견디는 오레가노는 야생화의 강인함이 돋보이는 허브로 꽃이 피는 시기에 수확하여 사용한다. 쓴맛과 톡 쏘는 독특한 향기를 가지고 있다. 오레가노의 독특한 향은 토마토와 잘 어울리므로 바질과 함께 토마토를 이용한 이탈리아 요리에서 많이 사용된다. 특히 피자에 빠질 수 없는 향신료로 사용된다.

22) 펜넬(Fennel)

유럽과 아시아에서 자라는 회양풀의 일종으로 아니스 또는 딜의 향기와 비슷하다. 줄기는 요리에 이용하고 씨는 향신료로 이용한다. 이탈리아와 스칸디나비아 음식 중에 샐러드, 보리빵, 수프, 생선 등에 주로 사용한다.

23) 컬드 파슬리(Curled parsley)

지중해 연안이 원산지이나 세계 각처에서 생산되고 있고 정원초로 1년에도 몇 번씩 수확된다. 잎과 꽃술은 특이한 방향성분이 있으며 부드럽고 미묘한 맛을 가지고 있다. 생것을 사용하거나 말려서 사용하기도 하며 특히 음식을 장식하는 데 많이 이용되고 있다. 샐러드, 수프, 야채, 생선요리, 소스, 육류요리 등에 쓰이고 장식하는 데 이용한다.

24) 차이브(Chive)

유럽, 미국, 일본 등지에서 생산되며 실파의 일종으로 향을 가진 잎을 사용한다. 잘게 자른 차이브는 크림치즈, 샐러드, 오믈렛, 감자요리 등에 양파나 마늘 대용으로 사용한다.

25) 마조람(Marjoram)

북아메리카, 프랑스, 독일, 칠레 등지에서 생산되는 박하과의 초본식물로 건조시킨 잎을 사용하며 밀봉된 용기에 담에 건조한 곳에 저장하여야 한다. 마조람은 peppery oregano보다 향이 온화하다. 마조람은 오스트리아, 독일, 스칸디나비아 요리에 많이 이용되는데, 신선한 것은 샐러드에 사용하고 건조한 것은 스튜, 소스, 육류요리 등에 사용한다.

26) 처빌(Chervil)

미나리과의 한해살이풀로 유럽과 서아시아가 원산지인 허브로 '미식가의 파슬리' 라고 불린다. 재배역사가 아주 오래된 허브 중 하나로 파종 후 한 달 반 정도만 지나면 수확할 수 있다. 향이 순하고 다른 허브와 혼합해서 많이 사용한다. 독특한 풍미를 가지고 있으며 생선, 가금류나 샐러드에 첨가해서 사용한다.

27) 단델리온(Dandelion)

사자의 이빨(tooth of lion)이라는 뜻의 허브로 성난 사자의 이빨처럼 날카롭게 생겼다. 주로 샐러드에 사용된다.

28) 워터 크래스(Water cress)

냉이와 유사한 형태를 가지고 있으며 개울이나 습지에서 자라는 허브이다. 매운 무와 같이 톡 쏘는 맛이 있으며 엔다이브, 양상추 등과 함께 샐러드를 만든다.

29) 코리앤더(Coriander)

미나리과의 한해살이풀로 지중해 연안 여러 나라에서 자생한다. 고수풀이라고도 하고 코리앤더의 잎과 줄기만을 가리켜 실란트로(silantro)라고 지칭하기도 한다. 잎과 씨앗이 향신채와 향신료로 두루 쓰인다. 중국, 베트남, 특히 태국 음식에 많이 사용한다. 음식의 종류로는 샐러드, 국수양념, 육류, 생선, 가금류, 소스류, 가니쉬로도 사용된다.

30) 파슬리(Parsley)

미나리과의 두해살이풀로 세로줄이 있고 털이 없으며 가지가 갈라진다. 잎은 3장의 작은 잎이 나온 겹잎이고 짙은 녹색으로 윤기가 나며 갈래조각은 다시 깊게 갈라진다. 포기 전체에 아피올이 있어 독특한 향기가 난다. 채소, 수프, 소스, 가니쉬, 육류와 생선요리 등에 사용한다.

31) 딜(Dill)

딜은 지중해 연안이나, 서아시아, 인도, 이란 등지에서 자생하는 미나리과의 일년초이다. 딜은 신약성서에 나올 정도로 오랜 역사를 가진 허브이다. 딜의 정유는 비누향료로 잎, 줄기는 잘게 썰어서 생선요리에 쓴다. 딜에는 어린이 소화, 위장 장애, 장 가스해소, 변비해소에도 좋다. 주로 생선절임, 드레싱 등의 요리에 많이 사용한다.

4 치즈(Cheese)

치즈는 우유에 레닛(rennet) 또는 응유효소를 가하여 카제인과 지방을 응고시켜 얻은 커드(curd)를 덩어리로 만든 다음 세균이나 곰팡이 등으로 숙성시켜 만든 식품이다. 치즈라는 말은 라틴어인 Caseus에서 고대영어인 Cese가 되고 다시 중세영어인 Chese를 거쳐 현대의 Cheese라는 말로 변화된 것이다. 영어로는 치즈, 독일어로는 카제, 이탈리아어로는 카시오, 스페인어로는 구에소 등으로 불린다. 덴마크를 중심으로 미주와 서구 각국의 식생활에서 중요한 위치를 차지하고 있는 치즈는 조미용이나 식사용 등 용도가 광범위하고 영양이 풍부하며 종류도 매우 다양하다. 치즈는 사용된 원유(젖소, 양, 순록, 물소, 당나귀, 염소, 낙타 등)에 따라 분류하기도 하고 숙성시킬 때 사용한 곰팡이나 세균의 종류에 따라 분류하기도 하며, 숙성방법, 첨가물, 숙성조건 등에 따라 분류하기도 하지만 대체적으로 치즈는 수분함량의 차이에 따른 굳기와 숙성방법에 따라 분류한다.

1) 초경질 치즈(Very hard cheese)

수분함량이 25~30%이기 때문에 매우 딱딱하며 분말치즈로 많이 이용된다. 대표적인 치즈로는 파머산(Parmesan), 로마노(Romano) 치즈가 있으며 분말형태로 피자, 샐러드, 스파게티 등의 마무리 과정에서 뿌리는 용도로 사용된다.

① 파머산(Parmesan) : 이탈리아가 원산인 매우 딱딱한 치즈로 숙성도에 따라 얇게 자르거나 분말치즈로 만들 수 있다. 자극적인 맛은 없으나 독특한 풍미가 있다. 샐러드, 피자 등과 요리의 마무리에 뿌려 먹는다.

② 페코리노 로마노(Pecorino romano) : 양젖을 가열하여 응고시킨 뒤 압착해 만드는 초경질 치즈이다. 표면은 매끄럽고 외피는 진갈색 또는 백색으로 짠맛과 매운맛이 특징이며 안주나 식탁용 분말치즈로 사용된다.

③ 그라나 파다노(Grana padano) : 숙성기간이 긴 이탈리아산 치즈로 외피는 암갈색이며 섬세한 맛을 가지고 있다. 안주나 식탁용 분말치즈로 사용된다.

2) 경질 치즈(Hard cheese)

경질 치즈는 제조과정에서 응유를 끓여 익힌 다음 세균을 첨가하여 3개월 이상 숙성시켜 만드는 치즈로 수분이 30~40% 함유되어 있다. 운반을 쉽게 하기 위해서 큰 바퀴 형태로 만들어지는 경우가 많다. 체더(Cheddar) 치즈와 고다(Gouda) 치즈는 가스구멍이 없으나, 에멘탈

(Emmental) 치즈는 가스구멍이 있는 것이 특징이다. 이들 치즈는 샌드위치, 샐러드 등 다양한 음식을 만드는 데 넣기도 하고 그냥 먹기도 한다.

① 에멘탈(Emmental) : 스위스 에멘탈이 원산지로, 탄력 있는 조직을 가지고 있으며 호두 맛을 낸다. 큰 원반형의 치즈로 무게가 100kg에 달한다. 숙성 중에 프로피온산균에 의한 가스 발생으로 인해 치즈 내부에 가스공이 형성되어 있다. 샌드위치, 샐러드, 뷔페 등에 다양하게 이용된다.

② 그뤼에르(Gruyere) : 스위스산 치즈로 작은 구멍이 전체에 흩어져 있으며 향이 강하고 맛이 짜며 감촉은 부드럽고 노란 호박색을 띠고 있다. 요리용으로 사용된다.

③ 체더(Cheddar) : 영국 체더가 원산지이며 맛은 순하고 부드러운 신맛을 가진다. 숙성이 진행될수록 색깔과 맛이 진해지는데 샌드위치, 샐러드, 피자 등 요리용으로 사용된다.

④ 에담(Edam) : 네덜란드 북부 에담이 원산지이고 외부는 붉은 색이다. 맛은 부드럽고 약간 짠맛이 느껴지며 숙성할수록 맛이 강해진다. 평평한 공 모양으로 요리용이나 샌드위치용으로 쓰인다.

⑤ 고다(Gouda) : 네덜란드 고다지역에서 처음 만들어진 치즈로, 숙성이 진행될수록 강하고 독특한 맛이 난다. 디저트나 뷔페, 요리용 등으로 사용된다.

⑥ 틸시트(Tilsit) : 원반형의 치즈로 부드럽고 탄력성이 있으며 가벼운 신맛이 난다. 캐러웨이 씨를 만들기도 한다.

3) 반경질 치즈(Semi hard cheese)

반경질 치즈는 대부분 응유를 익히지 않고 압착하여 만들어진다. 수분이 38~45%인 치즈로 세균으로 숙성시킨 것(brink cheese와 limburger cheese)과 곰팡이로 숙성시킨 것(roquefort cheese와 blue cheese)이 있다. 곰팡이로 숙성한 반경질 치즈로는 로크포르(Roquefort), 고르곤촐라(Gorgonzola), 스틸턴(Stilton) 치즈 등이 있고, 세균으로 숙성시킨 반경질 치즈로는 모차렐라(Mozzarella), 페타(Feta) 치즈 등이 있다.

① 로크포르(Roquefort) : 프랑스산이며 양젖으로 만든 치즈로 2000년 전부터 먹었다고 한다. 특이한 맛과 부드럽고 말랑한 촉감을 가지고 있다. 샐러드나 디저트용으로 사용된다.

② 고르곤졸라(Gorgonzola) : 이탈리아산 치즈로 향기는 강한 편이고 속은 부드러운 크림 형태이다. 지방함량은 50% 정도이고 샐러드나 디저트에 사용된다.

③ 스틸턴(Stilton) : 영국산 치즈로 약간 강한 맛을 내며 냄새가 좋다. 푸른곰팡이로 숙성시켜 대리석처럼 푸른 무늬가 있는 것이 특징이다. 지방함량은 48% 정도이고, 디저트나 드레싱 등으로 사용된다.

④ 모차렐라(Mozzarella) : 원래 남부 이탈리아 지역의 물소젖으로 만들어진 치즈이나 현재는 소젖으로 만든다. 나폴리 지방에서 시작된 피자에 넣은 치즈로서 흔히 피자치즈로 알려져 있다. 생 모차렐라는 주로 애피타이저나 샐러드에 사용하고, 숙성시킨 것은 피자나 요리의

토핑용으로 사용한다.

⑤ 페타(Feta) : 원래 목동들이 남은 우유를 저장하기 위한 목적으로 만든 그리스의 대표적인 치즈로, 껍질이 없는 흰색으로 잘 부서지며 소금물 속에서 숙성시킨다. 맛은 자극성이 있고 간이 강하며 주로 샐러드에 사용한다.

⑥ 림버거(Limburger) : 매우 강한 향기와 얼얼한 매운맛을 가지고 있는 치즈로 껍질은 황갈색이며 샐러드나 샌드위치에 사용된다.

4) 연질 치즈(Soft cheese)

연질 치즈는 가장 부드러운 치즈들을 말하며, 수분이 40~60%인 치즈로 숙성한 것(camembert cheese)과 숙성시키지 않은 것(cottage cheese)이 있다. 이들은 후식용으로 아주 좋은 치즈이다. 연질 치즈 중에서도 비숙성 치즈(fresh cheese)는 수저로 쉽게 떠서 먹을 수 있고 음식물에도 발라서 사용한다. 연질 치즈는 맛이 순하고 조직이 매끄럽고 매우 부드럽기 때문에 보존성이 좋지 않으므로 빠른 기일 내에 소비해야 한다. 연질 치즈 중 숙성하지 않은 것으로는 코티지(Cottage), 리코타(Ricotta), 크림(Cream) 치즈 등이 있고, 곰팡이를 이용해 숙성한 치즈로는 브리(Brie), 카망베르(Camembert), 세균을 이용해 숙성한 치즈로는 문스터(Munster), 벨 파에제(Bel Paese) 치즈 등이 있다.

① 코티지(Cottage) : 일반적으로 탈지유로 만드는 숙성시키지 않은 치즈를 말한다. 저칼로리 고단백질 식품으로 샐러드, 치즈케이크, 샌드위치 등에 사용한다.

② 리코타(Ricotta) : 이탈리아산 소젖 또는 양젖을 원료로 한 비숙성 연질치즈로 지방함량은 20~30%이다. 파스타나 디저트에 사용된다.

③ 크림(Cream) : 크림이나 크림을 첨가한 우유로 만드는 치즈로 버터처럼 매끄러운 조직으로 되어 있고 숙성이 되어 있지 않아 맛이 부드럽다. 수분함량이 높고 지방이 45% 이상 들어 있는데, 지방 함량이 65%를 넘으면 더블크림치즈라고 한다. 케이크나 샌드위치, 샐러드용으로 많이 사용된다.

④ 브리(Brie) : 치즈의 여왕으로 불리며 매끄럽고 윤이 나는 순백의 껍질 속에 크림과 같은 조직을 가진 부드러운 치즈이다. 지방함량은 40~60%로 디저트, 와인 안주 등으로 사용된다.

⑤ 카망베르(Camembert) : 외형은 브리치즈와 유사하며 손가락으로 부드럽게 눌러도 들어갈 만큼 조직이 연하여 풍부한 맛을 가지고 있다. 지방함량은 45~50%로 디저트나 안주로 이용된다.

⑥ 문스터(Munster) : 매끄럽고 약간 습한 외피는 노란색에서 붉은색을 띠며, 치즈 속 부분은 부드럽고 윤기가 있다. 강하지만 독하지 않은 맛을 내는데 지방함량은 40% 정도이다. 샌드위치나 피자, 감자와 곁들여 사용한다.

⑦ 벨 파아제(Bel paese) : 이탈리아산 치즈로 속은 결이 고운 크림형태로 맛이 부드럽고 45~50%의 지방함량을 가진다. 스낵이나 샌드위치와 어울리며 뷔페, 디저트, 요리에 다양

하게 사용된다.

5) 가공 치즈(Process cheese)

가공 치즈에는 여러 종류가 있으나 우유를 응고 발효시켜 만들거나 두 가지 이상의 자연 치즈(natural cheese)를 혼합하여 균질하게 가공하여 만든다. 주원료로는 체더 치즈를 많이 사용하지만 고다, 스위스, 림버거, 브리, 카망베르 치즈 등도 사용하고, 그 외에 과실, 채소, 고기, 향료 등을 넣기도 한다. 가공 치즈는 가열처리되어 보존성이 좋고 경제적이며 원료치즈의 배합에 따라 기호에 맞는 여러 가지 맛을 낼 수 있다. 또한 부드러운 항을 가지며 녹였을 때 부드럽다. 가장 대표적인 가공 치즈는 슬라이스 체더(Sliced cheddar) 치즈로 미국에서 대량 생산되며 우리나라에서 가장 많이 소비되는 치즈이다.

① 슬라이스 체더 치즈(Slice cheddar cheese) : 치즈를 보관하고 먹기 편리하게 얇게 썰어 만든 것으로 우리나라에서 가장 많이 소비되는 치즈로 뷔페, 요리용, 샌드위치, 피자, 샐러드 등에 다양하게 사용된다.

② 부르생 치즈(Boursin cheese) : 프랑스산 치즈로 마늘 맛과 향신료 맛이 가미되어 짭짤하게 간이 된 매우 부드러운 치즈이나 뷔페나 애피타이저 치즈로 사용한다.

③ 퐁듀 치즈(Fondue cheese) : 에멘탈, 그뤼에르, 와인, 브랜드, 향신료 등을 섞어 만든 치즈로 퐁듀 요리에 이용된다.

④ 훈제 치즈(Smoked cheese) : 자연 치즈를 훈연한 제품으로 햄처럼 훈연의 냄새가 있고 조직은 단단한 편이나 맛은 부드럽다. 뷔페나 샐러드 등에 이용된다.

⑤ 분말 치즈(Powder cheese) : 초경질 치즈인 파머산, 페코리노 로마노, 그라나 파다노 치즈를 분말로 만들어 스파게티, 피자, 샐러드, 드레싱, 요리용 등에 다양하게 사용한다.

5 파스타(Pasta)

파스타는 밀가루를 반죽해 여러 가지 모양으로 잘라서 삶아낸 각종 음식이다. 기원전 3000년경 면의 발상지인 중국에서 처음 만들어졌고 마르코 폴로에 의해 이탈리아로 들여온 것으로 알려져 있다. 파스타는 쫄깃한 감촉과 고소한 맛이 특징이며 해산물, 육류, 달걀, 치즈, 야채, 올리브 오일 등 여러 가지 재료로 만든 소스들과 잘 어울리는 음식이다. 파스타는 크기와 모양에 따라 분류하는데 150가지 이상이 있다.

파스타는 세몰리나 밀을 따뜻한 물과 섞어 반죽한 다음 둥근 구멍이 뚫린 형판으로 통과시켜 원하는 모양으로 뽑아내서 건조시킨 것이다. 우리나라에서는 스파게티와 같이 긴 국수 형태가 주로 소비되고 있으며, 이탈리아에서는 길이가 짧은 펜네 등을 즐겨 먹는다.

피자와 파스타에 주로 사용되는 향신료는 바질과 오레가노이다. 파스타는 면과 소스를 취향대로 선택할 수 있으며 소스의 맛과 함께 파스타를 잘 삶아내는 것도 매우 중요하다. 파스타는 파스타 무게의 8배 이상의 물을 넣어 끓인 다음 소금 1작은술, 올리브오일 약간과 파스타를 넣어 삶아낸다. 삶는 시간은 보통 12분 정도이나 파스타의 모양과 크기에 따라 6~18분 정도가 소요된다.

1) 모양 파스타(Shaped pasta)

형태가 있는 파스타는 덩어리가 있는 소스와 함께 사용되며 샐러드에도 이용된다. 작은 조가비모양의 카바텔리(Cavatelli), 짧은 리본모양의 푸질리(Fusilli), 나비모양의 파르펠레(Farfelle), 얇은 원형모양의 오레키에테(Orecchiette), 차의 바퀴모양을 가진 루오테(Ruote) 등이 있다.

2) 관 모양의 파스타(Tubular pasta)

튜브형태로 가운데 구멍이 난 파스타이다. 길이와 크기에 따라 다양한 종류가 있으며 소스가 구멍에 잘 들어가므로 무거운 소스와 함께 이용되기도 하고 샐러드나 삶는 요리에도 사용된다. 짧고 좁은 통모양의 마카로니(Macaroni), 중간 크기의 튜브 파스타인 보콘치니(Bocconcini), 삼각형모양의 짧은 파스타인 트레네(Trenne) 등이 있다.

3) 국수 모양의 파스타(Strand pasta noodles)

긴 막대 모양의 파스타로 길이와 두께에 따라 여러 종류로 나뉜다. 두꺼운 가닥의 파스타는 무거운 소스에 잘 어울리고, 얇은 종류의 파스타는 가벼운 소스에 잘 어울린다. 매우 얇고 긴 가닥의 엔젤헤어(Angel hair), 긴 사각형 가닥을 한 키타라(Chitarra), 길고 얇은 둥그런 가닥의 스파게티(Spaghetti), 매우 얇고 둥그런 버미첼리(Vermicelli) 등이 있다.

4) 리본형의 국수 파스타(Ribbon pasta noodles)

납작한 파스타로 길이, 폭의 넓이와 두께에 따라 종류가 나뉜다. 매우 넓고 납작한 파스타인 라자니아(Lasagne), 메밀가루로 만들어진 두껍고 납작한 피조케리(Pizzoccheri) 등이 있다.

5) 수프 가니쉬용 파스타(Soup garnish pasta)

수프 가니쉬용으로는 다양한 모양의 파스타가 사용되는데 일반적으로 큰 것은 진한 수프에, 작은 것은 묽은 수프에 사용된다. 작은 알파벳 모양의 알파베토(Alfabeto), 작은 링모양의 아넬리니(Anellini), 씨앗모양의 가장 작은 파스타인 쿠스쿠스(Couscous), 작은 쌀 모양의 리시(Risi), 조그만 다이아몬드 형태의 그레토니(Grattoni) 등이 있다.

6) 속이 채워진 파스타(Stuffed pasta)

속이 채워진 파스타는 일반적으로 신선한 파스타 반죽에 소를 채운 후 파스타 면을 반으로 접고 봉하거나 다른 파스타 면을 위에 놓고 가장자리를 봉한다. 다양한 모양과 형태가 있으며 고기, 치즈, 허브, 버섯이나 야채 등과 같이 다양한 재료를 섞은 소를 사용한다. 속을 채우는 파스타는 요리한 다음 간단한 소스와 함께 제공된다. 사각형 형태인 반죽 사이에 소를 끼워 넣은 라비올리(Ravioli), 원형 파스타에 속을 채우고 반원 형태로 접어 만든 토르텔리(Tortelli), 속이 채워진 삼각형의 판소티(Pansotti) 등이 있다.

제3장 서양음식의 기본소스

1 소스의 어원

소스(sauce)에 대한 어원은 고대 라틴어 "salus"에서 유래되었다. 소금을 첨가한다는 "saltde"의 옛말로 소금 간을 한다는 말이 발전되면서 소스가 된 것으로 본다.

2 소스의 기본 기술

1) 소스의 기본 생산방법

- 육수를 만든다.
- 농도조절을 위한 매개체를 사용하여 맛과 향, 모양을 만든다.
- 소금과 후추로 간을 하고 필요한 향을 첨가한다.

3 농후제(Thickening agents)

1) 농후제란?

소스에 사용되는 농후제는 대부분 녹말이 젤라틴화되는 조리원리를 이용한 것이다. 농후제는 자신의 특성은 최소화하고 소스의 특성을 최대화하는 재료를 사용해야 한다.

2) 농후제의 종류

1 루(Roux)

▶ 루란?

서양음식에서 대표적인 소스 농후제로서 버터와 밀가루를 같은 비율로 하여 볶은 것으로 밀가루 입자 하나하나에 지방이 코팅되어 쉽게 풀어지고 서로 엉기는 것을 방지하는 조리방식을 사용한 과학적인 농후제이다.

▶ 루의 생산방법

① 두께가 두꺼운 소스 팬을 이용하고 팬을 뜨겁게 달군다.
② 달구어진 팬에 버터를 녹인다.
③ 녹인 버터에 밀가루를 넣고 약한 불에서 천천히 볶는다.

④ 밀가루를 볶는 도중 날 냄새가 없어지고 고소한 향기가 나며 끈기가 없어지면 루가 완성되었으므로 멈춘다. 많은 양의 루를 생산할 때는 색이 조금 덜난 상태에서 조리를 끝내는 것이 좋다.

▶ 루의 사용방법

루를 덩어리지지 않게 사용하려면 루의 온도와 반대되는 스톡을 사용하면 된다. 그 두 가지 방법으로는

① 차가운 스톡에 뜨거운 루를 넣어 휘퍼로 저어가며 농도조절

② 상온에서 방치된 루를 뜨거운 스톡에 넣어 휘퍼로 저어가며 농도조절

▶ 루를 사용할 때의 주의점

① 알루미늄과 같은 연철로 된 기물은 휘퍼를 사용할 때 부딪힘으로 인하여 금속성 냄새와 소스의 색이 변화될 우려가 있다.

② 바닥이 두꺼운 소스포트를 이용하여 장시간 조리할 때 바닥에 눌어붙어 타는 것을 방지하여야 한다.

③ 너무 뜨거운 상태에 있는 루의 사용은 피해야 한다.
너무 열이 높은 상태에서 루를 사용하면 액체와 결합 시 물방울이 심하게 튀어 매우 위험하다.

④ 루를 한꺼번에 너무 많이 사용하는 것을 피해야 한다. 루는 소스가 끓기 전에 농도가 발생하므로 조금씩 첨가하여 농도를 조절하는 것이 바람직하다.

▶ 루의 종류

① 화이트 루(White roux) : 밀가루와 버터를 넣고 열을 가하면 방울이 올라오고 밝은 색을 띤 상태에서 조리를 정지하면 된다. 화이트 루는 베샤멜 소스와 같이 색을 필요로 하지 않는 소스나 수프에 사용된다.

② 블론드 루(Blond roux) : 블론드 루는 화이트 루보다는 조금 더 색을 낸 것으로 밀가루에서 캐러멜화가 시작되기 바로 전에 조리를 중단한다. 조금 더 향을 필요로 하는 소스에 사용하며 상아색이 나는 소스와 벨루테 같은 약한 색을 내는 데 주로 사용한다.

③ 브라운 루(Brown roux) : 짙은 갈색이 날 때까지 밀가루와 버터를 볶아 준다. 브라운 루는 향이 강하고 짙은 소스에 주로 이용된다.

2 녹말(Starch)

녹말이 루보다 사용은 간편하나 농도를 낸 이후에 분리되기가 쉽고 일단 농도를 낸 후 소스가 식은 다음 다시 열을 가할 때는 처음과 같은 품질 유지가 곤란하기 때문에 루보다는 사용을 덜하는 편이다.

3 베르마니에(Beurre manie)

베르마니에는 밀가루와 버터를 같은 비율로 섞은 것이다. 베르마니에는 비교적 간편하고 즉시

사용할 수 있는 장점 때문에 흔히 이용하고 있으며 조리의 마무리 단계에서 첨가한다.

④ **리애종(Liaison)**

다른 농후제와 달리 리애종은 농도 조절제이다. 리애종은 계란노른자나 생크림과 같이 자신의 성격을 어느 정도 나타내어 소스에 대한 풍미와 영양을 더해 주고 부드러움을 더 강조하는 농후제로는 비교적 강도가 떨어지는 재료이다.

4 소스 마무리 작업(Finishing techniques)

1) 조리기(Reduction)

소스를 조리하는 데 있어서 수분은 소스의 형태에 중요한 영향을 준다. 소스 내에 남아 있는 수분량이 수증기로 증발하게 되면 기초재료는 농축되어 남아 있게 되어 향이 강해지고 농도는 짙어진다. 일반적으로 조리는 소스는 루나 전분을 사용하지 않고 농도를 내기 위한 방법이다.

2) 거르기(Straining)

소스를 좀 더 부드럽게 생산하기 위해 미세한 원뿔 채나 소창, 융 등을 이용해 걸러낸다. 일단 한 번 걸러진 소스에 다른 야채나 향신료를 넣는 것은 피하고 소스의 부드러움에 영향을 주지 않는 양념 정도로 끝내야 한다.

3) 버터몬테(Monte au Butter)

소스의 마지막 단계에서 버터를 넣는 것은 소스에 윤기와 풍미를 가하기 위해서다. 버터를 몬테하는 것은 소스뿐만 아니라 다른 조리 시에도 마무리 작업으로 다양하게 이용한다.

5 대표적인 모체소스(Mother sauce)

1) 베샤멜소스(Bechamel sauce)

베샤멜소스는 우유와 향신료를 가미한 모체소스로서 프랑스 소스 중 가장 먼저 모체소스로 사용되었다. 전통적으로는 농도가 짙은 송아지 벨루테에 진한 크림을 첨가하여 만드는 것이나, 오늘날 일반적인 조리장들은 화이트 루에 우유를 넣어 농도를 내고 약간의 양념을 첨가하여 베샤멜소스가 너무 진하고 많은 향이 나는 것을 피하고 있다.

Ⅰ 베샤멜소스 만들기

① 양파에 정향을 고정시키고 우유와 함께 바닥이 두꺼운 소스 팬에서 약 20분 정도 약불에서 끓인 다음 식힌다.

② 새 소스 팬에 정제된 버터와 밀가루를 넣어 화이트 루를 만든다.

③ 식은 우유에서 양파와 정향을 제거하고 천천히 화이트 루에 넣어 가며 휘퍼로 덩어리가 생기지 않도록 끓어오를 때까지 저어 준다.

④ 끓기 시작하면 불을 줄이고 너트메그와 소금, 후추로 간을 하고 약 30분 정도 약한 불에서 은근히 끓인다.

⑤ 소스를 차이나 캡과 소창을 사용하여 걸러낸 다음 그릇에 담아 표면이 마르지 않도록 녹인 버터를 발라 준다.

2) 벨루테소스(Veloute sauce)

벨루테소스는 화이트 스톡이나 생선스톡에 루를 사용함으로써 농도를 낸 소스이다. 벨루테소스를 좀 더 풍미 있고 부드럽게 생산하기 위해서는 본래의 맛을 좌우하는 스톡 생산이 무엇보다 중요하다.

Ⅰ 벨루테소스 만들기

① 바닥이 두꺼운 소스 팬에 버터를 녹이고 밀가루를 넣어 블론드 루를 만든다.

② 조심스럽게 스톡을 붓고 휘퍼로 저어 가면서 덩어리가 지지 않도록 한다. 끓기 시작하면 불을 줄이고 바닥이 눌어붙지 않도록 저어 가며 은근하게 끓인다. 이때 필요한 양념을 첨가할 수 있다.

③ 알맞게 조려지면 소창을 이용하여 걸러낸다.

④ 그릇에 담고 녹은 버터로 표면을 발라 주면 표면이 마르는 것을 방지할 수 있다.

3) 브라운소스(Brown sauce)

에스파뇰 또는 브라운소스로 알려진 갈색 소스군은 오랜 시간 동안 끓이기 때문에 그 맛을 매우 깊이 있게 느낄 수가 있고 향도 풍부하다.

브라운소스는 주로 데미글라스로 육류에 사용된다. 데미글라스란 데미가 절반 또는 중간이라는 의미로 맑은 스톡에서 출발하여 에센스 또는 글레이즈로 가는 중간단계 소스를 말한다.

Ⅰ 기본적인 브라운소스 만들기

① 양파와 당근, 셀러리는 길이 2cm 정도의 크기로 잘라 버터에 짙은 갈색이 날 때까지 볶아 준다.

② 소스 팬에 밀가루와 버터를 넣고 브라운 루를 만든다.

③ 차가운 브라운 스톡을 브라운 루에 넣고 덩어리가 지지 않도록 잘 저은 다음 토마토퓌레와 볶

아 두었던 야채, 향신료와 파슬리 줄기를 넣고 끓기 시작하면 불을 줄이고 은근하게 조린다.

④ 2시간 정도 은근하게 끓이면서 떠오르는 불순물은 수시로 제거한다.

⑤ 미세한 차이나 캡에 걸러 소금과 후추로 간을 하고 흐르는 찬물에 식혀 만든 날짜와 시간을 표기하고 냉장고에 보관한다.

2 기본적인 데미글라스소스 만들기

① 브라운 스톡과 브라운소스를 섞어 소스 팬에 담고 열을 가해 준다.

② 절반 정도까지 조린다.

③ 고운체에 걸러 셰리나 마데리아 와인을 첨가한 다음 소금과 후추로 간을 하여 응용한다.

4) 토마토소스(Tomato sauce)

요즈음 토마토소스는 농후제로 농도를 조절하지 않고 토마토와 야채, 허브와 스파이스 등 여러 가지 재료들을 혼합하여 퓌레 형식으로 농도를 조절하는데 이는 매우 바람직한 방향으로 발전하는 것이다.

토마토소스의 특징은 다른 일반 소스들과 비교하여 그 입자가 매우 크고 거칠어 토마토소스를 다른 소스와 구분하는 장점이 되기도 한다.

1 토마토소스 만드는 방법

① 소스 포트에 햄 조각과 마늘을 넣고 기름기가 흘러나오도록 열을 가해 준다.

② 양파, 셀러리, 당근 다진 것을 넣고 색깔이 투명해지고 물기가 스며 나와 냄새가 구수해질 때까지 볶는다.

③ 토마토는 끓는 물에 미리 블랜칭하여 껍질과 씨를 제거해 둔 것을 퓌레와 함께 넣는다. 이때 향신료와 후추, 설탕, 소금을 넣는다.

④ 화이트 스톡을 붓고 2~3시간 정도 토마토가 으깨지고 다른 재료에서 맛이 완전히 우러나도록 은근하게 끓여 준다.

⑤ 향신료 다발을 제거하고 굵은 체나 푸드밀에 내려 냉각시킨 다음 만든 날짜와 시간을 기재하고 냉장고에 보관한다.

5) 홀랜다이즈소스(Hollandaise sauce)

홀랜다이즈소스와 그 파생 소스들은 기름의 유화작용을 이용하여 만든 소스들이다. 홀랜다이즈 소스는 계란노른자가 다량 함유하고 있는 자연유화성분 레시틴의 영향과 따뜻한 버터, 소량의 물, 레몬주스, 식초 등이 서로 작용하여 생성된다. 완성된 홀랜다이즈소스는 매우 부드럽고 표면이 반짝거리며 잘 익은 레몬과 같이 밝은 노란색을 띠게 되며 풍미도 깊다.

Ⅰ 기본적인 홀랜다이즈소스 만들기

① 소스 팬에 물과 식초, 으깬 후추를 넣고 1/3로 조린다.

② 스테인리스 볼에 식초와 후추를 넣어 조린 물을 고운체에 내린 다음 계란노른자를 넣는다.

③ 볼을 이중탕에 올리고 휘퍼로 천천히 저어 주다가 레몬주스를 첨가한다.

④ 버터를 조금씩 넣어 가며 휘퍼로 계속 저어 주어 유화가 일어나도록 한다.

⑤ 버터를 모두 첨가하고 유화현상이 완전히 끝났을 때 소금과 후추로 간을 한다.

제4장 조리기술 및 조리용어

1 썰기

재료의 크기와 균일한 모양은 완성된 요리의 품위를 높여 줄 뿐만 아니라 재료의 익는 정도와 균일한 맛을 갖도록 해준다. 또한 써는 방법에 대한 용어를 알고 있어야 레시피를 정확히 읽을 수 있고 훌륭한 조리를 할 수 있을 것이다.

1) 막대 모양 자르기(Cutting sticks)

4~5㎝ 길이의 막대모양으로 자르는 것으로 무나 감자 등을 찌거나 튀길 때 많이 이용된다.

- ▶ Chiffonade : 실처럼 가늘게 채썰기
- ▶ Julienne : 0.3×0.3×2.5~5㎝ 크기의 막대썰기
- ▶ Allumette : 0.32×0.32×2.5~5㎝ 크기의 막대썰기
- ▶ Batonnet : 0.6×0.6×5~6㎝ 크기의 막대썰기
- ▶ Pont-neuf : 1.27×1.27×7.6㎝ 크기의 막대썰기

2) 주사위 모양 자르기(Dicing)

한 면의 길이가 1~2㎝ 정도 되도록 주사위 모양으로 자른다. 감자, 당근, 토마토 등을 이용하여 수프의 건더기를 만들 때 이용된다.

- ▶ Brunoise : 0.3㎝ 정육면체 모양 썰기
- ▶ Cube : 1.27㎝ 정육면체 모양 썰기
- ▶ Dice : small 0.6㎝, medium 0.9㎝, large 1.5㎝ 크기의 정육면체 모양 썰기
- ▶ Concassee : 토마토의 껍질과 씨를 제거하고 0.5㎝의 정육면체 모양 썰기

3) 얇게 자르기(Slice)

길쭉한 재료를 끝에서부터 얇게 자르는 방법

- ▶ Rodelles : 둥글고 얇게 썰기
- ▶ Diagonals : 어슷썰기

4) 기타 모양

- ▶ Chateau : 6㎝ 길이의 타원형 모양 썰기
- ▶ Cornet : 뿔이나 나팔형으로 자르기

- ▶ Chop (or hache) : 다지기
- ▶ Olivette : 올리브형으로 썰기(끝이 뾰족한 방추모양)
- ▶ Parisienne : Parisian scoop로 둥글게 모양을 내어 뜬 것
- ▶ Paysanne : 1.2×1.2×0.4㎝ 크기의 얇은 정사각형이나 정마름모형 썰기
- ▶ Tourner : 채소의 끝은 뭉툭하고 일곱 개의 동일한 면이 있는 럭비공 모양으로 깎는 것(5㎝×7면)
- ▶ Vichy : 당근 껍질을 깎은 다음 둥글게 썰어 가장자리를 도려내기
- ▶ Wedge : 둥근 식품을 1/4 이상 자르는 것

2 기초 조리법

조리는 열에너지를 이용하여 맛을 향상시키고, 소화되기 쉬우며, 보다 안전한 음식을 만드는 작업이라 할 수 있다. 이를 위해 사용되는 조리방법은 조리할 때 사용되는 매개체에 따라 그 종류를 구분할 수 있다. 즉 물을 이용하여 열을 전달하는 습열조리법, 오일, 지방, 뜨거운 공기의 복사에너지를 이용하는 건열조리법 및 습열조리법과 건열조리법을 함께 사용하는 복합조리법이 있다.

1) 습열조리법

1 데치기(Blanching)

데침은 짧은 시간에 재빨리 재료를 익혀내기 위한 목적으로 사용되는 조리법으로 적은 양의 식재료를 많은 양의 물 또는 기름 속에 집어넣어 짧게 조리하는 방법이다. 데침은 기름과 물을 매개체로 하여 재료를 익히는데 높은 열에서 시작하고 재료와 매개체의 비율은 1:10 정도를 유지해야 한다. 100℃의 끓는 물에 식품을 잠깐 넣었다가 꺼내어 찬물에 식히는 방법으로 채소의 색을 선명하게 유지시키고 어육류의 불순물을 제거하는 데 이용된다.

2 끓이기(Boiling)

100℃ 이상의 끓는 물에서 식품을 가열하여 익히는 방법으로 식품을 연하게 해주며 소화흡수를 도와준다. 찬물에서 끓이기 시작하는 방법과 더운물에서 끓이기 시작하는 방법이 있다.

- ▶ 찬물에서 끓이기 시작하는 방법 : 감자, 당근을 익히거나 고깃국을 끓일 때 이용된다. 또한 감자, 뼈, 건조한 야채는 뚜껑을 덮고 삶는다.
- ▶ 더운물에서 끓이기 시작하는 방법 : 스파게티, 마카로니, 채소 등을 익힐 때 이용된다. 스파게티, 마카로니 등은 뚜껑을 열고 식용유나 올리브오일을 첨가하여 삶아서 서로 달라붙지 않게 익힌 다음 찬물에 빨리 식힌다. 채소는 끓는 물에서 빨리 삶아 냄으로써 색을 선명하게 유지시키고 비타민의 손실을

줄일 수 있다.

③ 시머링(Simmering, 85~93℃)

은근히 끓이기. 낮은 불에서 대류현상을 유지하면서 조리하는 재료가 흐트러지지 않도록 조심스럽게 끓인다. 시머링은 85~93℃의 액체 속에서 음식을 일정하게 천천히 조리하는 방법으로 음식이 액체 속에 완전히 잠기게 해야 한다. 소스와 같은 액체를 졸이는 데 간단히 이용할 수 있으며 생선과 같은 뛰어난 육질을 가진 식자재에는 매우 실용적인 데치기 방법이라 할 수 있다. 요리될 재료를 습식열로 부드럽게 하고 국물을 우려내기 위해 주로 사용한다.

④ 포칭(Poaching, 66~85℃)

풍미가 뛰어난 액체를 66~85℃ 온도에서 부드럽게 시머링하여 음식을 조리하는 기술이다. 계란이나 생선을 포칭할 때는 식자재가 덮일 정도로만 액체를 넣고 조리하며, 조리하고 남은 액체는 포칭한 음식과 같이 제공하는 소스를 만들 수 있으며, 포칭은 레인지나 오븐에서 할 수 있다.

⑤ 스티밍(Steaming, 100℃)

수증기로 식품을 익히는 방법으로 증기찌기라고도 한다. 수증기의 열이 재료에 옮겨져 조리되는 원리인데, 수증기는 공기 중으로 퍼져 나가는 속도가 매우 빠르므로 일정한 공간을 확보해야 조리가 가능하다. 증기를 사용한 조리는 액체를 담고 뚜껑을 덮어 수증기를 모아 조리한다. 끓이기에 비하여 풍미와 색채를 살릴 수 있는 장점이 있다. 야채, 육류, 가금류, 생선의 조리, 푸딩 등에 이용된다. 물에 삶는 것보다 풍미와 영양의 손실이 적다.

2) 건열조리법

① 그라탱(Gratin)

오븐에서 음식을 갈색이 나도록 익혀 표면의 색을 내어 조리하는 방법이다. 감자, 파스타, 생선, 야채요리 등을 용기에 넣고 버터, 치즈, 베샤멜소스, 달걀노른자, 토마토소스 등으로 덮은 다음 270℃의 오븐에서 갈색을 낸다. 그라탱 요리는 사기그릇을 많이 이용한다.

② 그릴링(Grilling)

그릴 팬(grill pan) 속에 석쇠모양의 그릴 스탠딩(grill standing)을 넣고 그 위에 음식을 놓아 위에서 아래로 복사되는 열을 이용하여 굽는 것으로 식품의 두께는 2.5cm 이하여야 한다. 연한 고기 스테이크, 내장, 베이컨, 소시지 등을 구울 때 이용한다.

③ 그리들링(Griddling)

그릴 조리의 한 방법으로 석쇠와는 반대로 두껍고 평평한 철판 위에서 만드는 방법으로 건열과 복사열을 이용한다. 일반적으로 팬케이크, 계란요리, 샌드위치 등을 그리들에서 조리한다.

④ 로스팅(Roasting)

육류, 가금류, 생선, 야생 동물 등과 같은 식재료를 오븐과 같은 밀폐된 공간에서 건조한 대류

열을 이용하여 조리하는 방법이다. 로스팅은 육류와 같은 식자재의 표면을 센 불에서 재빨리 색을 내어 갈색화한 다음 오븐에 넣어 굽는 것이다. 오븐에서 꺼낸 후에도 조리가 계속되는데 보통 큰 덩어리의 육류는 오븐에서 꺼낸 후 5~15분 정도 조리가 계속되며 육류의 내부 온도가 상승하게 된다. 오븐에서 꺼낸 고기를 바로 썰면 육즙의 손실이 너무 커서 맛이 떨어진다.

5 브로일링(Broiling)

브로일링은 그릴링과 유사한 조리법으로 그릴링의 열원이 밑에 있는 것과 달리 브로일링의 열원은 위에 있으며 열원 밑에 석쇠를 놓는다. 최초의 열은 고온으로 1,000도 이상이지만 방사에 의해 철판 또는 금속성 조리기구에 전달되어 최종 조리온도는 조리에 알맞게 된다. 식재료에 직접적으로 열이 닿으면 재료에 손상을 입히므로 금속성 조리기구에 열을 먼저 가한 다음 적정온도가 되었을 때 재료를 넣어 조리하는 방법이다. 가스와 전기만 열원으로 이용할 수 있고 숯이나 나무는 열원으로 이용할 수 없다.

6 베이킹(Baking)

베이킹은 오븐과 같은 밀폐된 공간 내에서 건조한 대류열을 이용하는 방법으로 조리과정에서 어떠한 기름이나 액체도 사용하지 않으며, 설사 조리과정에서 식자재로부터 수분이 나온다 해도 오븐의 열이 수분을 증발시킨다. 주로 제과에서 빵을 구울 때 쓰는 조리용어로 두꺼운 케이스에 반죽을 담아 오븐에 굽는 방법이다.

7 소테잉(Sauteing)

프라이팬에 버터나 오일을 넣고 식품을 짧은 시간 내에 볶는 방법으로 건열식 조리방법 중에서도 전도열에 의한 대표적인 조리방법이다. 수분의 손실 및 비타민의 파괴가 적다. 소테는 생선 필렛, 가리비, 연한 살코기 조각, 야채, 과일 등과 같이 상대적으로 재빨리 조리하여 풍미를 유지시킬 수 있는 식재료에 적합하다. 많은 양을 조리하기보다는 적은 양을 순간적으로 익히는 데 매우 효과적인 조리법이다.

8 프라잉(Frying)

뜨거운 기름에 튀기는 것으로 식재료를 뜨거운 기름에 잠기게 하면 식재료 내부에 있는 고유의 수분이 수증기로 변하여 식재료를 튀길 때 기름 표면에 기포로 떠오른다. 소량의 기름으로 요리하는 Pan Frying은 튀길 식재료의 1/2~1/3 정도만 기름에 잠기게 하여 튀기는 방법인데 팬프라잉은 소테와 동일하나 조리시작 때의 표면 온도는 소테보다 비교적 낮으며 조리시간도 길다. 충분히 예열한 후 조리해야 재료에 필요 이상으로 기름이 스며드는 것을 막을 수 있다. 조리기름을 많이 넣고 요리하는 것은 Deep-Fat Frying이라고 한다. 튀김은 건열식 조리방법에서 기름의 대류원리를 이용하는 대표적인 조리방법으로 튀김온도는 수분이 많은 채소일수록 비교적 저온으로 하며, 생선류, 육류의 순으로 고온처리한다.

3) 복합조리법

1 브레이징(Braising)

브레이징은 복합조리법으로 식재료를 프라이팬 또는 로스팅 팬에서 색을 낸 후 식재료를 들어내고, 팬을 디글레이징한다. 들어내 놓은 식재료를 디글레이징한 팬에 다시 넣고 액체(와인, 소스 또는 육수)를 식재료의 2/3가 잠기도록 부은 다음, 180℃ 오븐에 넣어 식재료가 연해질 때까지 천천히 조리한다. 브레이징은 장시간 천천히 조리되는 과정에서 응집된 식재료로부터 추출한 풍미가 매우 뛰어난 액체를 생산한다. 브레이징한 음식은 조리 시 이용된 액체에 간을 하고 농도를 맞추어 체에 거른 정제된 소스와 함께 제공한다.

2 스튜잉(Stewing)

스튜잉은 브레이징 조리의 한 방식이다. 스튜잉은 팬에서 식재료의 색을 낸 후, 팬을 디글레이징하고 식재료를 덮을 정도로 액체를 부은 다음 레인지 위에서 식재료가 연해질 때까지 시머링한다. 야채는 스튜잉하고 있는 식재료가 거의 익었을 때 첨가한다. 스튜음식은 항상 조리 시 이용된 액체(농도를 별도로 맞추거나 거르지 않은)와 같이 제공된다.

3 조리용어

- A la : 프랑스 숙어로 '~의 방법으로'라는 뜻이다. 완전한 문구는 a la mode de이다. 요리에서 이 문구는 일정한 형식의 준비 방법이나 특별한 형태의 장식을 의미한다.
- A la king : 크림소스에 초록색 피망, 붉은 피망과 양송이, 때때로 셰리가 더하여진 일정한 크기로 썰어진 요리
- Agnolotti : 이탈리아어로 '성자의 모자'라는 의미로 작은 초승달 모양의 속을 채운 파스타
- Albert sauce : 버터, 밀가루, 크림을 기초로 양고추냉이가 다량 포함되어 있는, 고기에 함께 곁들여지는 소스
- Allemande sauce : 달걀노른자로 점도를 준 벨루테소스
- Almond : 복숭아씨 같은 타원형의 땅콩 맛이 나는 열매로 주로 버터로 볶아 갈거나, 잘게 찧어 생선 위에 뿌린다.
- Anchovy : 멸치와 비슷한 물고기로서 통조림으로 만들어 소스나 장식으로 사용한다.
- Antipasto : 이 요리는 해산물을 이용한 해물 절임, 다진 고기를 소스와 함께 버무린 육회, 햄, 살라미를 주재로 한 요리들이 많고 식당 안에 비치된 진열장에 가지런히 놓아 고객이 기호에 맞게 직접 선택할 수 있도록 해 놓은 곳이 많다.
- Aperitif : 식사 전에 식욕을 증진시키기 위하여 마시는 약한 알코올성 음료를 지칭하는 말이다. 일반

적으로 샴페인, 셰리 등을 이용한다.

▶ Appetizer : 식사를 촉진시키기 위해 식사의 맨 처음에 먹는 요리나 음료를 말한다. 유사어로는 오르되브르가 있다. 오르되브르는 손가락으로 집어먹을 수 있는 음식만을 지칭하는 반면 애피타이저는 식탁에서 첫 번째로 제공되는 음식이다.

▶ Apricot : 살구. 중국에서 4000년 이상 자라온 과일로 지금은 대부분의 온난 지역에서 자란다.

▶ Arugula : rocket, roquette, rugula, rucola라고도 불린다. 매운 겨자 맛이 나는 향미로운 야채로 매운맛을 지니고 있다.

▶ Aspic : 대개 투명한 풍미를 지닌 육수, 생선육수, 야채스톡, 젤라틴을 이용하여 만든다. 아스픽은 형태를 형성하는 요리나 생선, 가금류, 고기 그리고 닭요리의 찬요리에 글레이즈로 이용된다. 육즙을 젤리와 같이 투명하게 만든 것으로서 카나페, 오드블, 디저트 등에 사용한다.

▶ Au jus : 프랑스어로 고기가 자체의 육즙과 함께 제공되는 방법을 표현하는 것으로 주로 쇠고기에 이용된다.

▶ Au lait : 프랑스어로 '우유와 함께'로 음식이나 음료가 우유와 함께 제공되거나 준비되는 것을 의미한다.

▶ Avocado : 녹색의 미끈미끈한 살을 가진 배 모양의 열대성 과일. 앨리케이터배라고도 부른다.

▶ Bacon : 베이컨. 돼지 옆구리 살을 말리거나 소금에 절여 보존처리한 다음 훈연한 것. 지방으로 인해 달콤한 맛이 나고 연하게 바삭거린다.

▶ Bake : 음식을 오븐에서 건열로 갈색이 되도록 굽는 것

▶ Barbecue : 소, 돼지 등의 고기를 통째로 직화해 소스를 발라 가면서 굽는 것 또는 구운 요리

▶ Batter : 밀가루에 물이나 우유, 달걀, 샐러드유 등을 섞은 걸쭉한 반죽으로 요리되지 않은 것으로 팬케이크나 튀김옷 등에 이용

▶ Beat : 포크나 거품기를 속도와 방향을 같이하여 젓는 것으로서 식품을 잘 혼합하고 공기를 많이 넣는다.

▶ Beaujolais Nouveau : 프랑스 남부 버건디 지역의 가볍고 과일 맛이 많이 나는 와인. 보졸레 누보는 숙성하지 않고 발효 즉시 병에 담아 맛이 매우 신선하다.

▶ Bechamel : 이탈리아어로 발사멜라라고도 하며 소스의 기본이 되는 화이트소스로 우유, 스톡, 크림이 주재료이다. 우유를 섞는 양에 따라 농도가 달라진다.

▶ Beef : 쇠고기. 오늘날의 쇠고기는 암소(cows-암컷으로 송아지를 한 마리 이상 낳은 것), 수송아지(steers-수컷으로 매우 어릴 때 거세된 것), 암송아지(heifers-암컷으로 송아지를 낳은 적이 없는 것), 2살 이하의 황소(bulls) 등에서 온다. USDA의 쇠고기 8가지 등급은 최고 품질부터 나열하면 Prime, Choice, Select, Standard, Commercial, Utility, Cutter, Canner이다. 쇠고기는 풍미와

질감이 18~24개월 정도일 때 최고를 나타낸다.

▶ Beurre : 버터의 프랑스식 용어

▶ Bisque : 갑각류 또는 조개류를 이용한 수프

▶ Blanch : 끓는 물에 잠깐 담갔다가 꺼내는 것을 말하며 과일이나 견과류의 껍질을 벗기는 방법이다.

▶ Blue cheese : 치즈에 독특한 맛과 냄새를 주기 위해 곰팡이를 넣어 파랑 또는 녹색의 줄을 만든다. 유명한 종류로는 다나 블루, 고르곤 졸라, 스틸턴 등이 있다.

▶ Boiling : 끓이거나 끓는 물에 삶아내는 것

▶ Bologna : 이탈리아 소시지의 하나로 미리 조리되어 공급되며 샌드위치에 넣거나 그냥 잘라먹기도 한다.

▶ Bottled in bond : 위스키 제품 표시를 할 때 사용되는 문구로 100% 프루프. 적어도 4년 이상의 숙성기간을 거친 것으로 정부에서 관리하는 창고에서 판매된다는 표시

▶ Bouillon : 기름기 없는 육류, 채소 등을 삶아서 만든 수프

▶ Bouquet garni : 여러 가지 향신료(월계수잎, 파슬리, 타임, 양파, 클로브, 통후추)를 싸서 실로 묶은 것으로 수프, 스튜, 소스에 향을 내기 위해 사용한다.

▶ Bread crumbs : 빵가루

▶ Broiling : 불에 직접 굽는 것(grilling)

▶ Broth : 야채나 고기 또는 생선을 끓여 만든 육수의 한 종류

▶ Brunch : Breakfast와 lunch를 겸하여 먹는 늦은 아침식사

▶ Buffet : 손님들이 테이블이나 큰 식탁에 진열된 음식을 직접 가져다 먹는 식사

▶ Butter : 크림을 휘저어 반고형 상태가 되도록 만든 것. 미국에서 버터는 적어도 80%가 유지방이어야 한다. 버터는 염분이 들어가거나 무염으로 제조될 수 있으며 인공적으로 색상이 가미될 수도 있다. 무염버터는 베이킹이나 식사할 때 주로 사용하는데 보존제로 작용하는 소금을 전혀 함유하고 있지 않으므로 2주 정도 보관이 가능하다. 버터는 스펀지처럼 향미를 흡수하므로 공기가 차단되도록 싸서 저장해야 한다.

▶ Cacao : 카카오. 코코아 버터, 초콜릿, 코코아 파우더를 만드는 원료

▶ Caesar salad : 이탈리아 주방장인 Caesar에 의해 만들어진 샐러드로 로메인 양상추, 마늘, 비네그레트 드레싱, 파머산 치즈, 안초비로 만들어졌다.

▶ Caldo : '따뜻한' 또는 '뜨거운'이라는 이탈리아어

▶ Caldo verde : 잘게 자른 케일, 감자, 소시지, 올리브유로 만든 포르투갈 수프

▶ Canape : 작은 빵 조각이나 토스트 혹은 크래커 위에 놓아서 서브하는 애피타이저(식욕촉진제)의 일종이다.

▶ Caper : 지중해나 일부 아시아 지역에서 생산되는 꽃봉오리로 말리거나 식초에 담가서 쓴다. 쓰기 전에 반드시 씻어야 한다.

▶ Casserole : 캐서롤. 그릇과 그 안의 재료들을 함께 굽는 것을 지칭한다. 캐서롤 조리법은 재료를 한 그릇에서 조리하고 서브하기 때문에 그릇은 보통 깊고 둥글고 오븐에 넣어도 되는 용기로 손잡이와 꽉 닫히는 뚜껑이 있다.

▶ Caviar : 상어 알을 말하며 소금에 절여서 애피타이저나 카나페 등에 사용한다.

▶ Chardonnay : 최고의 백포도주를 만드는 포도 원료로 프랑스 샴페인을 만드는 원료가 되기도 한다.

▶ Cheddar cheese : 영국 서머셋 지방의 체더 마을에서 처음으로 만들어진 치즈. 우유로 만든 단단한 치즈로 부드러운 맛이 나는 것부터 자극적인 맛을 내는 것까지 여러 가지가 있고 색깔도 흰색부터 오렌지색까지 있다. 치즈만 먹기도 하지만 캐서롤, 소스, 수프 등의 음식에도 사용된다.

▶ Chicken Kiev : 허브를 넣은 버터를 닭가슴살로 싸서 달걀을 묻혀 빵가루를 입힌 다음 튀겨낸 것

▶ Chiffonade : 잎사귀를 돌돌 말아 채 써는 것

▶ Chili sauce : 토마토, 칠리, 칠리 파우더, 양파, 그린 페퍼, 식초, 설탕 등을 넣어 만든 소스. 주로 양념으로 사용된다.

▶ Chilling : 얼음이나 냉장고를 이용하여 차게 하는 것

▶ Chopping : 칼이나 Chopper로 재료를 잘게 써는 것

▶ Chorizo : 마늘과 칠리 파우더 등으로 맛을 낸 돼지고기 소시지로 주로 멕시코나 스페인 등지에서 많이 사용된다.

▶ Coleslaw : 양배추를 곱게 썰어 샐러드로 만드는 것

▶ Compote : 시럽에 과일을 익혀 차갑게 해서 먹는 것 또는 과일이나 땅콩 등을 쪄서 먹는 것

▶ Consomme soup : 국물을 맑게 끓인 수프

▶ Coulis : 토마토 coulis와 같이 걸쭉한 퓌레나 소스를 지칭하는 일반적인 용어. 원래 조리된 고기에서 나오는 육즙을 가리키는 말이었으나 걸쭉한 퓌레로 된 수프를 지칭하기도 한다.

▶ Cracker : 단맛이 적고 얇게 구운 비스킷

▶ Creaming : 버터나 마가린을 부드러워질 때까지 젓는 것

▶ Croquette : 육류, 감자, 달걀 등을 으깬 후 개어서 일정한 모양으로 튀긴 것

▶ Crouton : 식빵을 사방 1~1.5cm 네모로 썰어 갈색으로 튀긴 것. 수프, 샐러드와 같은 음식을 장식하는 데 이용된다.

▶ Custard : 달걀, 우유, 설탕의 혼합물에 소금과 향료를 적절히 넣어서 찜통에 찌거나 오븐에 구운 것

▶ Cutlet : 고기 조각에 빵가루 등의 튀김옷을 입혀서 튀겨낸 요리

▶ Date : 커다란 대추야자나무의 두꺼운 송이로 자라는 열매

▶ Decorer : 케이크, 아스픽을 장식하는 것

▶ Degrease : 스푼을 이용하여 수프, 스톡, 그레이비 등의 뜨거운 액체 위에 떠 있는 지방을 제거하는 방법. 내용물을 차게 하여 지방을 고체화시킨 후 제거하기도 한다.

▶ Delayer : 묽게 하는 것

▶ Dice : 식품을 1/8인치 크기의 사각형으로 써는 것

▶ Digestif : 리큐어 또는 강한 술로 식사 후에 마시는 술. 얼음을 사용하기도 한다.

▶ Dijon mustard : 프랑스 디종지방에서 유래된 옅은 잿빛 노란색 겨자로 깨끗하고 날카로운 향으로 유명하다. 순한 맛에서 매운맛까지 있으며 갈색이나 검은색 머스터드 씨, 백포도주, 발효시키지 않은 포도주스, 여러 가지 향신료로 만든다.

▶ Dolce : 이탈리아어로 '달다'라는 뜻이며 디저트, 캔디 혹은 다른 단 종류의 음식을 지칭한다.

▶ Dough : 밀가루에 물과 우유를 혼합하여 만든 된 반죽

▶ Draw : 가금류나 생선의 내장을 제거하는 것. 혼합물을 정제하는 것

▶ Dredge : 가루를 음식 위에 뿌리는 것

▶ Dressing : 대개 차가운 종류의 소스로 샐러드, 차가운 야채, 생선, 고기요리에 뿌리거나 섞는 데 사용된다.

▶ Dust : 밀가루나 정제 설탕을 이용하여 음식을 살짝 코팅하는 것

▶ Edam cheese : 폴란드산의 부드럽고 짭짤한 치즈. 속은 엷은 노란색이고 겉은 빨간색이나 노란색 파라핀으로 코딩되어 있다. 40% 유지방으로 만들며 아주 다양한 용도로 사용된다.

▶ Egg threads : 기다란 실모양이 되도록 포치한 달걀. 콩소메나 수프를 장식하는 데 사용된다. 달걀을 살짝 거품 낸 다음 끓는 콩소메 위에 고운체를 통과하도록 붓는다.

▶ Endaubage : 브레이즈에 사용되는 재료들의 혼합물. 베이컨, 슬라이스한 당근, 양파, 샬롯, 부케가르니, 와인, 독한 술, 오일, 식초, 마늘, 통후추, 소금, 여러 가지 향신료들이 포함될 수 있다.

▶ Entree : 세 번째 코스. 중심이 되는 요리, 주요리. 미국에서는 주로 고기의 코스요리를 지칭하고 유럽 일부에서는 공식 디너에서 생선요리와 고기요리 코스의 사이에 서브되는 요리를 지칭한다.

▶ Escargot : 달팽이

▶ Estate bottled : 양조장이 소유하고 있는 포도원에서 자란 포도 100%를 가리키는 표시이다. 포도주는 그 양조장에서 생산하여 병에 담아야 하는데 우수한 품질로 간주되는 와인을 지칭한다.

▶ Excelsior : 우유로 만드는 노르망디산 치즈. 지방함량이 72%로 갈색부분이 있는 흰색 껍질에 속은 아이보리색이다. 달콤하고 다소 견과 같은 향미가 있다.

▶ Extracts : 증발 또는 증류를 하여 다양한 식품이나 식물로부터 얻은 농축된 향신료. 고체(부이용),

액체(바닐라 추출물 등), 젤리타입(데미글라스) 등 다양한 것. 적은 양으로도 강한 향을 준다.

▶ Fajitas : 석쇠에 굽기 전에 적어도 24시간 동안 오일, 라임주스, 고춧가루, 마늘의 혼합물에 절여 두는 skirt steak

▶ Figaro sauce : 토마토퓌레와 다진 파슬리를 홀랜다이즈소스에 첨가한 것. 생선이나 가금류와 함께 먹으면 좋다.

▶ Fillet : 뼈를 발라낸 생선, 가금류의 살

▶ Filling : 속을 채움

▶ Flambee : '태워지는' 또는 '타오르는'이라는 뜻의 프랑스어로서, 음식을 서브할 때 따뜻하게 데운 술로 음식에 불을 붙여서 내는 것을 말한다.

▶ Flan : 프랑스어로 Tart라고 하며 pastry의 일종. 과일이나 채소를 이용하여 속을 채우는데, 밀가루 반죽으로 위를 덮지 않아 가지런히 담겨진 재로가 그대로 보이는 것이 특징이다.

▶ Flavour : 맛, 풍미, 향미

▶ Foam : 거품

▶ Foie gras : 거위간

▶ Fold : 거품을 낸 달걀흰자나 크림을 밀가루, 설탕과 잘 섞는 것

▶ Formaggio : '치즈'를 뜻하는 이탈리아어

▶ French dressing : 보통 소금과 후추, 다양한 종류의 허브를 첨가시킨 기름과 식초의 단순한 혼합물 또는 크림을 넣은 시큼하면서도 달콤한 붉은 오렌지색의 상업용 미국 드레싱

▶ Fumet : 생선이나 버섯으로 만드는 농축된 스톡

▶ Garnish : 음식 위를 장식하거나 장식을 위해서 곁들이는 것

▶ Gazpacho : 스페인 남쪽 지역에 있는 안델루시아에서 나온 산뜻하고 차가운 여름수프. 신선한 토마토와 달콤한 벨 페퍼, 양파, 셀러리, 오이, 빵 조각, 마늘, 올리브기름을 퓌레로 만든 혼합물로 만든다.

▶ Gelatin : 동물의 연골 등에 함유된 단백질을 가공한 것으로 40~50℃ 물에 용해된다.

▶ Gherkin : 피클을 만들 때 사용하는 작고 진한 녹색 오이

▶ Glaze : 음식 위에 소스나 설탕을 발라 오븐에서 노릇노릇하게 윤기나게 구워내는 것

▶ Gratin : 표면이 거칠고 누런색이 나도록 재료 위에 빵가루나 치즈를 올려서 구워낸 요리

▶ Gravy : 로스트한 고기나 튀긴 고기에서 나온 육즙에 다진 양파와 밀가루를 섞어 만든 되직한 소스

▶ Green goddess dressing : 마요네즈, 타라곤 식초, 안초비, 파슬리, 골파잎, 카라곤, 골파, 마늘 등을 섞어서 만든다. 샐러드 드레싱이나 생선이나 조개 소스로도 자주 사용된다.

▶ Grilling : 석쇠에 굽는 것

▶ Hafelet : 그릴용 꼬챙이

▶ Ham : 돼지 뒷다리 고기로 다리뼈 중간에서부터 엉덩이뼈 사이를 가리킨다. 또는 돼지고기의 지방이 적은 살을 훈제한 것

▶ Hash : 여러 가지 식품을 잘게 썰어서 만든 요리

▶ Head lettuce : 빽빽한 장미꽃 모양으로 자라는 잎을 가진 상추

▶ Hors d'oeuvre : 애피타이저, 전채요리. 관례적으로 아페리티프나 칵테일과 함께 먹는 작고 짭짤한 음식을 말한다.

▶ Hush puppy : 옥수수 가루로 만든 작은 덤플링. 다진 골파로 맛을 내고 튀긴 다음 뜨겁게 해서 먹는다.

▶ Ice wine : 포도밭에서 언 포도를 딴 다음 해동되기 전에 짜내서 만드는 맛좋은 디저트 와인. 포도 내부의 수분이 얼어 있기 때문에 풍미가 좋고 당도와 산도가 높다.

▶ Italian dressing : 올리브기름, 와인, 식초 또는 레몬주스로 만든 샐러드 드레싱

▶ Ivoire : 흰 육류 글레이즈 또는 송아지 고기 스톡 졸인 것을 넣은 수프나 소스의 한 종류. 주로 포치한 닭고기에 사용한다.

▶ Jerky : 길고 가는 막대모양으로 잘라서 건조시킨 고기. 장기간 보관이 가능하고 가볍고 운반이 쉽다.

▶ Judru : 짧고 두꺼운 건조 소시지. 돼지고기로만 만들며 부르고뉴 지역의 특산물

▶ Julienne : 야채, 고기 등을 채 써는 것

▶ Jus : 과일 및 야채주스 또는 육류에서 자연스럽게 나오는 즙을 지칭한다.

▶ Juter : 즙을 뿌리다.

▶ Kebab : 마리네이트(marinate)한 고기와 야채조각을 꼬챙이에 끼워서 조리하는 요리

▶ Kedgeree : 인도의 생선요리

▶ Kefir : 우유를 발효시킨 신 음료. 원래 낙타 젖으로 만들었다.

▶ kir : 소량의 cassis로 맛을 낸 백포도주. 보통 아페리티프로 사용한다.

▶ Knead : 빵을 반죽할 때 두 손을 이용하여 접어서 누르고 늘리면서 반죽하는 것

▶ Kuchen : 과일이나 치즈로 채워서 이스트로 부풀린 케이크. 아침식사나 후식으로 사용한다.

▶ Lager : 침전물이나 결정이 사라질 때까지 통에 저장된 맥주

▶ Lait : 우유를 뜻하는 프랑스어

▶ Larding : 조리 시 습기를 주기 위해 고기 표면에 염장돈육이나 베이컨의 얇은 조각을 끼워 넣는 것

▶ Liaison : 소스, 수프, 스튜 등에 사용되는 농후제

▶ Limburger cheese : 냄새가 가장 강한 치즈. 노란색에서 갈색까지 다양한 껍질 색과 풀 반죽 같은

내부를 가지고 있다. 암소의 젖으로 만든다.

▶ Linguine : 길고 좁고 납작한 국수. 납작한 스파게티로 불린다.

▶ Liqueur : 향신료와 독한 술을 혼합하여 만든 달콤한 음료

▶ Luncheon : 오찬, 점심식사

▶ Macaroni : 양질의 거친 밀가루와 물로 만든 구멍이 뚫린 관모양의 국수

▶ Marinate : 고기를 연하고 향이 좋게 하기 위하여 향신료나 식초, 기름 등에 재료를 재워 두는 것

▶ Meat extract : stock을 가열 · 농축하여 젤라틴 상태로 조린 용액

▶ Melba : 디저트로 아이스크림 위에 복숭아 설탕조림을 얹는 것

▶ Meringue : 단단하게 휘저은 달걀흰자와 설탕의 혼합물. 파이, 푸딩 등의 여러 가지 디저트에 사용하거나 구워서 사용한다.

▶ Mignon : 닭고기나 송아지 고기로 만드는 음식

▶ Mijoter : 뭉근히 끓이는 것

▶ Mince : 아주 작은 조각으로 써는 것. Chopping보다 작은 크기로 다진다.

▶ Misto : '혼합한' 이라는 의미의 이탈리아어

▶ Mix : 두 가지 이상의 재료를 혼합하여 서로 잘 섞이도록 휘저어 주는 것

▶ Mold : 틀, 형

▶ Mole : 풍부하고 진하며 붉은 갈색을 띠는 소스로 일반적으로 가금류 요리와 함께 낸다.

▶ Mousse : 크림, 달걀, 젤라틴, 초콜릿, 과일 같은 향미제를 사용하여 만든 부드럽고 맛있는 디저트

▶ Mutton : 양고기

▶ Nap : 음식을 소스로 살짝 입혀서 하나의 얇고 고른 층으로 음식을 덮는 것

▶ Olive : 남부 유럽에서 많이 생산되는 독특한 향과 맛을 가진 열매로서 열매를 그대로 가공 처리한 것과 씨를 뽑아내고 피망을 넣어서 만든 stuffed olive가 있다.

▶ Open faced : 요리에서 빵 한쪽에 얇게 썬 고기, 치즈, 피클 등 다양한 재료를 올린 샌드위치를 묘사하는 말

▶ Orangeat : 오렌지 껍질 설탕조림

▶ Orly : 생선을 반죽이나 달걀에 담근 다음 빵가루를 입혀서 튀기고 기름기를 뺀 후에 토마토소스와 함께 서브하는 생선요리법

▶ Osso buco : 이탈리아 음식으로 송아지 다리 부위에 올리브유, 백포도주, 스톡, 양파, 토마토, 마늘, 안초비, 당근, 셀러리, 레몬 껍질을 넣고 기름으로 살짝 익힌 후 푹 끓인 요리

▶ Oyster : 굴

- ▶ Parboiling : 끓는 물에 살짝 데치는 것
- ▶ Peel : 껍질을 벗기다.
- ▶ Pickle : 오이, 풋고추, 양파 등을 소금, 식초, 설탕에 담가서 만든 가공식품
- ▶ Pie : 바닥에 페이스트리 크러스트(pastry crust)를 깔고 그 위에 고기나 과일로 채워서 구운 요리
- ▶ Pinch : 건조된 재료의 양을 재는 단위로 엄지와 검지로 쥘 수 있는 정도의 양이다. 대략 1/6티스푼에 해당된다.
- ▶ Poach : 뜨거운 물에 재료를 넣어 잠시 익히는 것
- ▶ Potage : 걸쭉한 수프
- ▶ Puree : 주로 채소류를 삶아서 으깨어 걸쭉하게 한 것
- ▶ Quenelle : 생선이나 육류 또는 야채를 양념하여 달걀이나 빵죽으로 뭉쳐 만든 가볍고 부드러운 덤플링
- ▶ Relish : 맛, 풍미, 향기
- ▶ Render : 저온에서 가열하여 육류에 지방을 녹여내는 것
- ▶ Rib : 갈비고기
- ▶ Riceflour : 쌀가루
- ▶ Roasting : 큰 덩어리로 썰거나 통째로 오븐에 넣어 굽는 것
- ▶ Rosti : 양면을 소테하여 바삭바삭하고 갈변이 되도록 만든 음식
- ▶ Roux : 수프나 소스의 기초가 되는 것으로서 밀가루를 버터로 볶아서 걸쭉하게 만든 것
- ▶ Royale : 달걀과 우유를 포치한 커스터드
- ▶ Rum : 사탕수수 즙이나 당밀 발효한 것을 증류한 술
- ▶ Saute : 소량의 기름으로 가볍게 익히는 것
- ▶ Score : 고기나 생선에 다이아몬드 모양으로 칼집을 내는 것
- ▶ Sear : 강한 불에서 빠른 시간에 음식의 겉만 누렇게 지지는 것
- ▶ Shank : 소, 송아지, 돼지 또는 양의 앞다리로 맛이 좋으나 질기므로 오래 끓여야 한다.
- ▶ Sieve : 체나 망을 써서 식품의 입자나 액체를 걸러내는 것
- ▶ Sift : 가루로 된 식품재료를 체에 쳐서 덩어리가 없도록 하는 것
- ▶ Simmer : 액체 등에서 끓이지 않고 약한 불로 조리하는 것
- ▶ Skin : 요리 전후에 음식물의 껍질을 제거하는 것
- ▶ Souffle : 일반적으로 난황을 기본으로 만든 소스나 거품을 낸 난백을 넣은 퓌레로 만든 가벼운 혼합물

▶ Steaming : 증기로 쪄내거나 중탕하는 것

▶ Steep : 뜨거운 물에 담가서 색과 맛이 우러나게 하는 것

▶ Stew : 국물을 조금 붓고 저온으로 장시간 끓이는 것

▶ Stir-fry : 센 불에 휘저으면서 볶는 방법 혹은 그렇게 만들어진 음식

▶ Stock : 수프나 소스 등을 만들기 위하여 육류나 채소 등을 끓인 국물

▶ Stud : 조리 시 맛을 강화하는 것이나 먹을 수 있는 장식적인 것을 음식 표면에 삽입하여 살짝 돌출되도록 하는 것

▶ Swiss cheese : 엷은 노란색을 띠고 커다란 구멍이 있는 치즈의 통칭. 샌드위치나 샐러드에 사용하기 좋고 녹는 특성이 우수하다.

▶ Tabasco : 붉은 고추와 식초를 가공 · 농축한 매운 소스로서 애피타이저, 샐러드, 소스 등의 조미에 쓰인다.

▶ Tarragon vinegar : 타라곤을 첨가하여 향을 낸 식초

▶ Tart : 옆면이 낮은 패스트리 빵 껍질의 속을 채운 다음 또 다른 빵 껍질로 위를 덮지 않은 것

▶ Thin : 수프, 소스 반죽 등과 같은 혼합물에 액체를 더 첨가하여 희석하는 것

▶ Toast : 식빵 또는 식품의 표면만을 누렇게 되도록 굽는 것

▶ Tomato ketchup : tomato puree에 향신료와 설탕 등을 가미한 것

▶ Toss : 식품 조각들을 여러 번 뒤집어 줌으로써 재료들을 골고루 섞는 것

▶ Truffle : 송로버섯, 나무뿌리 근처의 땅속에서 자라는 균류의 일종. 돼지나 개를 이용하여 찾아낸다.

▶ Truss : 조리하는 동안 모양을 잡아 주고 육즙을 보존하기 위해 날개나 다리를 실로 묶거나 꼬챙이로 끼우는 것

▶ Vanner : 뜨거운 크림이나 소스 또는 혼합물을 나무로 만든 스패출러나 거품기로 차가워질 때까지 저어 주는 것. 매끄러운 혼합상태가 유지되고 표면에 막이 생기지 않는다.

▶ Veal : 1~3개월 정도 된 어린 송아지 고기

▶ Verti-cuit : 음식을 아주 살짝 익혀서 서브하는 경우에 사용되는 프랑스 용어

▶ Vintage : 같은 해에 수확한 포도를 95% 이용하여 만든 와인

▶ Vodka : 감자로 만든 투명하고 숙성시키지 않은 술. 러시아가 원산이며 옥수수, 밀, 호밀 등으로 만들기도 한다.

▶ Vichy a la : 버터나 소량의 설탕을 첨가한 물에 야채를 넣어서 익히는 것

▶ Vin : 포도주

▶ Whip : 달걀 등과 같은 재료를 저어서 공기를 넣어 거품을 내는 것

- ▶ Whiskey : 곡류로 만든 증류주
- ▶ Worcestershire sauce : 영국인에 의해 인도에서 개발된 조미료로 묽고 어두운 색의 톡 쏘는 맛을 가졌다. 우스터셔가 원산지이며 식품의 맛을 내기 위해 사용
- ▶ Yeast : 효모
- ▶ Yoghurt : 유익한 세균의 침투로 우유가 응고되고 발효된 유제품. 크림 같은 질감에 약간 시큼한 맛을 낸다.
- ▶ Yolk : 달걀노른자
- ▶ Yorkshire pudding : 영국의 로스트 비프에 추가되는 음식. 달걀, 우유, 밀가루를 섞은 반죽을 쇠고기를 조리하는 동안 나온 기름을 사용하여 황금갈색이 될 때까지 구운 것이다.

제5장 조리용 기구

1 조리기구의 재료

1) 스테인리스 스틸(Stainless steel)

가장 많이 사용되는 재질로 열전도율은 좋지 않으나 재질이 강하고 산이나 알칼리에 변하지 않아 주방에서 많이 이용된다. 열전도율을 높이기 위해 바닥에 구리나 알루미늄으로 3중바닥을 만든다.

2) 알루미늄(Aluminum)

무게가 가볍고 열전도율이 좋지만, 재질이 약하고 찌그러지기 쉬운 단점이 있다. 산성이나 유황이 함유된 음식에 반작용을 일으키고 색이 엷은 수프나 소스의 색상을 변화시키기도 한다. sauce pans, saute pans, frying pans에 사용된다. 알루미늄은 스테인리스 스틸을 코팅하여 사용하기도 한다.

3) 양극산화 피막처리 알루미늄(Anidized aluminum)

알루미늄의 약점을 보완하고자 한 것으로 열의 전달을 균등하고 빠르게 하는 장점이 있다. 또한 음식에 변화를 주지 않으며 음식이 팬에 달라붙지 않는 장점이 있다.

4) 구리(Copper)

구리는 우수한 전도체로 열을 빠르고 균등하게 전달하지만 빨리 식는다. 단점은 가격이 비싸고 몇몇 식재료와는 화학반응을 일으키고, 재질이 약하여 긁히기 쉬우며, 무게도 무거워 관리하기 어렵다는 점이다. 요즘은 잘 사용하지 않으며 스테인리스 3중바닥 그릇의 중간에 넣는 바닥재료로 이용된다.

5) 테플론, 실버스톤(Teflon, silverstone)

팬의 표면에 음식이 달라붙지 않도록 코팅 처리하여 지방이 적은 음식의 조리나 계란요리에 매우 유용하다. 금속 스푼이나 거품기를 사용하면 바닥이 긁혀 코팅에 상처를 주게 되고 음식이 달라붙을 수 있으므로 반드시 나무나 고무 재질을 사용해야 한다.

6) 스틸(Steel)

프라이팬에 사용되며 오믈렛, 크레이프팬, 튀김팬 등에 쓰이며 유럽에서는 빠른 요리를 할 때 사용된다.

2 조리용 칼

1) 기본적인 칼

1 다목적용 칼(French knife)

Chef's knife라고도 하며 가장 다양하게 쓰이는 칼이다. 칼면은 뒤쪽이 넓고 칼끝 쪽은 점점 좁아져서 뾰족하다. 길이는 15cm부터 30cm까지 다양하게 있으나 20cm가 가장 많이 이용되며 육류를 슬라이스하거나 생강, 마늘 등을 다지고 자를 때 다양하게 사용된다.

2 유틸리티 나이프(Utility knife)

칼날이 단단하여 작은 과일이나 채소를 손질하는 칼이다.

3 패어링 나이프(Paring knife)

채소의 껍질을 벗기거나 썰 때 사용되는 작은 칼로 길이는 5~10cm 정도이다.

4 보닝 나이프(Boning knife)

육류 해체작업에 이용되는 칼로 뼈에 붙어 있는 살을 쉽게 분리할 수 있다. 가늘고 길며 칼날에 탄력성이 있다. 칼 목부분에 턱이 없는 것이 특징이다.

5 필릿 나이프(Filleting knife)

칼날이 길고 가늘며 식재료를 얇게 슬라이스하거나 저밀 때 사용한다.

6 클리버(Cleaver)

중식의 거의 모든 부분에 사용되는 칼이다. 칼의 형태는 사각형이며 두껍고 무겁다.

7 투르네 나이프(Tourne kinfe)

패어링 나이프와 비슷한 모양이지만 칼날이 구부러져 있어 채소의 표면을 보다 쉽게 자를 수 있다. 즉 채소의 모양을 내는 데 주로 사용한다.

8 슬라이서(Slicing knife)

중간 사이즈의 칼로 칼날이 얇고 좁으며 길다. 식재료를 얇게 슬라이스할 때 주로 사용된다.

9 토마토 칼(Tomato knife)

칼날이 톱니모양이고 칼끝은 포크처럼 생겨서 겉은 단단하고 속은 부드러운 토마토를 써는 데 이용된다.

10 피시 나이프(Fish knife)

생선을 손질하거나 자를 때 사용하는 칼이다.

11 브레드 나이프(Bread knife)

껍질이 딱딱한 빵을 자를 때 사용하는 칼이다.

12 **프루츠 나이프(Fruit knife)**

과일을 자르거나 껍질을 벗길 때 사용한다.

13 **카빙 나이프(Carving knife)**

로스트 비프나 가금류를 썰 때 사용한다.

14 **데코레이팅 나이프(Decorating knife)**

과일이나 야채를 모양내서 자를 때 사용하는 칼이다.

15 **부처 나이프(Butcher knife)**

고기를 자를 때 사용한다.

16 **민싱 나이프(Mincing knife)**

파슬리나 각종 야채를 다질 때 사용하는 칼로 일반적인 칼과는 다르게 상단에 두 개의 손잡이가 달려 있다.

17 **치즈 나이프(Cheese knife)**

치즈를 자를 때 사용하는 칼로 좌우 양쪽에 손잡이가 달려 있다.

18 **스틸(Steel)**

스틸은 칼을 숫돌에 갈아 예리하게 한 직후 날을 평면으로 마무리하는 데 사용한다. 스틸을 사용할 때는 칼날을 거의 수직으로 스틸 내측 면에서 20° 정도의 각도로 세운다. 칼날은 스틸 전체 길이를 따라 문질러야 한다.

3 소도구

1) 나무로 만든 스푼(Wooden spoon)

wood는 가열할 때 길게 저어 주기 위해 사용한다.

2) 스패출러(Spatulas)

평평하고 넓적하며 날이 없는 칼로 잘 휘어지는 성질이 있고, 섞을 때, 긁어모을 때, 케이크 위에 아이싱 입힐 때 사용된다.

3) 국자(Ladle)

소스, 액체음식을 뜰 때 사용되며 컵 부분에 구멍이 뚫려 있는 것은 건더기가 많을 때 사용하고 구멍이 없는 것은 액체 음식을 담을 때 사용한다. 국자의 크기에는 여러 종류가 있다.

4) 스키머(Skimmer)

평평하고 넓으며 구멍이 뚫린 원반에 긴 손잡이가 달려 있다. 액체가 있는 음식에서 재료를 건져내거나 액체의 거품을 걷어내는 데 사용한다.

5) 롱 스푼(Long spoon)

음식을 서브할 때나 식재료를 액체에서 건져내는 데 사용한다.

6) 믹싱 볼(Mixing bowls)

도자기로 만든 볼, 플라스틱 볼 등이 있으며 주로 식품을 저을 때나 반죽할 때 이용한다.

7) 멜론 볼러(Melon baller)

채소나 과일을 공 모양이나 타원형으로 스쿠프의 모양에 따라 떠낼 수 있도록 고안한 도구로 작은 반원형의 컵에 긴 손잡이가 달려 있다.

8) 스파이더(Spider)

쇠망의 구멍이 크며 주로 튀김을 건지는 데 사용하는 체이다.

9) 시노와(Chiniois)

원추형 모양의 체로 스톡을 거르거나 소스를 짤 때 사용한다.

10) 키친 포크(Kitchen fork)

뜨겁고 커다란 고깃덩어리를 집을 때 사용한다.

11) 오이스터 나이프(Oyster knife)

굴이나 조개껍질을 열 때 사용한다.

12) 미트 소(Meat saw)

언 고기나 뼈를 자를 때 사용하는 조리용 톱이다.

13) 롤 커터(Roll cutter)

피자나 얇은 반죽을 자를 때 사용한다.

14) 제스터(Zester)

오렌지나 레몬의 껍질을 벗길 때 사용한다.

15) 샤넬나이프(Channel knife)

오이나 호박 등의 채소에 흠을 낼 때 사용한다.

16) 치즈 스크레이퍼(Cheese scraper)

단단한 치즈를 얇게 긁을 때 사용한다.

17) 버터 스크레이퍼(Butter scraper)

버터를 모양내서 긁을 때 사용한다.

18) 애플 코러(Apple corer)

사과의 씨방을 통째로 제거할 때 사용한다.

19) 웨이브 롤 커터(wave roll cutter)

라비올리나 패스트리 반죽을 웨이브 모양으로 자를 때 사용한다.

20) 피시 본 피커(Fish Bone picker)

생선살에 박혀있는 뼈를 제거할 때 사용한다.

21) 미트 텐더라이저(Meat tenderizer)

고기를 두드려서 연하게 할 때 사용한다.

22) 트러싱 니들(Trussing needle)

가금류나 고기를 꿰맬 때 사용한다.

23) 라딩 니들(Larding needle)

고기에 인위적으로 지방을 넣을 때 사용한다.

24) 피시 스케일러(Fish scaler)

생선의 비늘을 제거할 때 사용한다.

25) 올리브 스토너(Olive Stoner)

올리브의 씨를 제거할 때 사용한다.

26) 에그 슬라이서(Egg slicer)

삶은 달걀을 일정한 두께로 자를 때 사용한다.

27) 콜랜더(Colander)

음식물의 물기를 제거할 때 사용한다.

28) 푸드 밀(Food mill)

감자나 고구마 등을 으깨서 내릴 때 사용한다.

29) 테린/파테 몰드(Terrine/Pate mould)

테린이나 파테를 만들 때 사용한다.

30) 페퍼 밀(Pepper mill)

후추를 으깰 때 사용한다.

31) 미트 텐더 인젝터(Meat tender injector)

고기를 연하게 하기 위해 연육제를 첨가할 때 사용한다.

32) 만돌린(Mandoline)

다용도 채칼로 와플형으로 만들 때 사용한다.

33) 패스트리 백과 노즐세트(Pastry bag & nozzle set)

생크림 등을 넣고 모양을 내서 짤 때 사용한다.

4 포트와 팬(Pot and Pan)

1) 소스 팬(Sauce pan)

로 소스 팬(Low sauce pan)은 팬 높이가 낮은 것으로 소량의 소스를 끓이거나 데울 때 사용한다. 걸쭉한 농도의 수프나 소스가 타지 않도록 소스 팬 스터러(Sauce pan stirer)를 이용하여 자동으로 젓기도 한다. 구리 팬(copper pan)과 스테인리스 스틸 팬(stainless steel pan)이 있다. 손잡이가 길게 하나로 된 것과 짧은 손잡이가 양쪽에 있는 것이 있다. 적은 양의 음식을 끓일 때 이용되며 여러 종류의 크기가 있다. 옆면이 약간 기울어져 있는 원형의 소스 팬은 버터 소스(butter sauce)를 만들 때 주로 이용된다.

2) 스톡 포트(Stock pot)

가열면적이 넓고 둥글며 길고 깊은 냄비로서 양쪽에 튼튼한 손잡이가 달려 있다. 스톡을 만들기 위해 고기 뼈를 푹 고을 때 또는 채소 등을 끓일 때 사용한다.

3) 프라이팬(Skillet or frying pan)

쿠퍼 프라이팬(Copper frying pan)은 동으로 만든 프라이팬으로 야채, 생선, 고기 등을 볶거나 튀길 때 사용하며, 아이언 프라이팬(Iron frying pan)은 강철로 만든 프라이팬으로 음식물을 볶거나 튀길 때 사용한다. 쿠퍼 프라이팬보다 깊이가 깊은 쿠퍼 소테팬(Copper saute pan)은 동으로 된 소테 팬으로 고기를 볶아 육수를 부어 소스를 만들 때 사용한다. 아이언 그릴 팬(Iron grill pan)은 주철로 된 그릴 팬으로 생선, 야채, 고기 등을 그릴링 할 때 사용한다.

팬의 바닥은 두껍고 가열부분이 넓으며 둥근 팬으로서 긴 손잡이가 달려 있다. 구리와 철로 만든 팬으로 열전도율이 높다. 고기나 채소를 볶을 때 사용한다.

4) 오믈렛 팬(Omelette pan)

열이 잘 전달되도록 두꺼운 밑바닥으로 되어 있고 지름이 12~18cm로 아주 좁으며 옆면이 약간 경사져 있다.

5) 파스타 쿠커(Pasta cooker)

각종 파스타를 삶을 때 사용하는 것으로 동시에 소량씩 여러 가지를 삶을 수 있도록 나누어진 것도 있다.

6) 피시 케틀(Fish kettle)

적은 양의 생선이나 갑각류를 스팀으로 익힐 때 사용하는 것이다.

7) 로스팅 팬(Roasting pan)

육류나 가금류 등을 오븐에 로스팅할 때 사용한다.

8) 아스파라거스 스티머(Asparagus steamer)

깊이가 깊은 포트로 아스파라거스의 줄기부분은 강한 열에 끝부분은 약한 열에 노출되어 조리될 수 있도록 되어 있다.

9) 포트 랙(Pot rack)

소스 팬이나 소테 팬 등을 고리에 걸어놓을 수 있게 만든 랙이다.

5 주방 기기(Kitchen equipment)

1) 베지터블 커터(Vegetable cutter)

당근, 감자, 무 등을 칼날의 형태에 따라 다양하게 절단한다.

2) 푸드 블렌더(Food blender)

유동성 있는 음식물을 곱게 가는데 사용한다.

3) 슬라이서(Slicer)

채소, 육류, 생선 등 다양한 식재료를 얇게 절삭하는 데 사용한다.

4) 미트 민서(Meat mincer)

고기나 기타 식재료를 곱게 으깰 때 사용한다.

5) 푸드 차퍼(Food chopper)

고기나 야채 등을 다질 때 사용한다.

6) 더블 보일러(Double boiler)

수프, 소스, 기타 식재료를 식지 않게 중탕으로 보관할 때 사용한다.

7) 미트 소우(Meat saw)

큰 덩어리의 언 고기나 뼈를 자를 때 사용한다.

8) 플라워 믹서(Flour mixer)

기본적으로 빵이나 과자 등의 반죽을 하기 위해 밀가루를 섞을 때 사용하나 때로는 다른 식재료를 섞을 때도 사용한다.

9) 패스트리 롤러(Pastry roller)

반죽을 얇게 밀 때 사용한다.

10) 마이크로웨이브 오븐(Microwave oven)

전자식 오븐으로 음식물을 익히거나 덥히는데 사용한다.

11) 와플 머신(Waffle machine)

요철 모양의 와플을 만드는 데 사용한다.

12) 커피 머신(Coffee machine)

여러 종류의 커피를 만드는 기계이다.

13) 그릴(Grill)

무쇠로 만들어진 석쇠로 육류, 생선, 가금류, 채소 등을 구울 때 사용한다.

14) 토스터(Toaster)

로터리식으로 대량으로 빵을 토스트할 때 사용한다.

15) 샌드위치 메이커(Sandwich maker)

핫 샌드위치나 빵을 토스트할 때 쓰이며 그릴 마크가 만들어지기도 한다.

16) 그리들(Griddle)

두꺼운 철판으로 만들어졌으며 육류, 가금류, 야채, 생선을 볶을 때 사용한다.

17) 로터리 오븐(Rotary oven)

오븐 안에서 음식물이 돌아가면서 익는 전기오븐이다.

18) 브로일러(Broiler)

그릴과 달리 열원이 위쪽에 있고, 육류, 생선, 가금류 등을 구울 때 사용한다.

19) 로우 가스레인지(Row gas range)

낮은 형태의 가스레인지로 많은 양의 스톡이나 수프, 소스 등을 끓일 때 사용한다.

20) 인덕션 레인지(Induction range)

전기를 열원으로 하는 레인지이다.

21) 딥 프라이어(Deep fryer)

각종 음식을 튀길 때 사용한다.

22) 스모커 앤 그릴(smoker & grill)
육류, 가금류, 생선 등을 훈연으로 익힐 때 사용한다.

23) 토르티야 메이커(Tortilla maker)
전기를 열원으로 사용하고 멕시코 음식인 토르티야를 만들 때 사용한다.

24) 라이스 쿠커(Rice cooker)
가스를 사용하여 자동으로 불이 조절되어 밥을 짓는 기계이다.

25) 스팀 케틀(Steam kettle)
많은 양의 음식물을 끓이거나 삶아낼 때 사용한다.

26) 푸드 워머(Food warmer)
음식물을 따뜻하게 보관할 때 사용한다.

27) 틸팅 스킬렛(Tilting skillet)
다용도로 사용되는 조리기구로 기울어지며 튀김, 볶음, 삶기 등을 할 때 사용한다.

28) 컨벡션 오븐(Convection oven)
대류열을 이용한 오븐으로 열이 골고루 전달되며 음식물을 익힐 때 사용한다.

29) 가스레인지(Gas range)
일반적으로 요리할 때 가장 많이 사용하는 것으로 레인지 위에서 음식물을 요리한다.

30) 베이커리 오븐(Bakery oven)
베이커리 주방에서 빵이나 쿠키 등을 굽는데 주로 사용한다.

31) 프루퍼(Proofer)
빵을 발효시킬 때 사용되나 기계로 습도와 온도가 조절된다.

32) 디시 워셔(Dish washer)
작은 조리도구나 접시 등을 세척할 때 사용한다.

제6장 계량기기와 계량컵

식품의 계량은 과학적인 방법을 이용하여 정확한 조리를 하기 위한 첫 번째 시작단계로 식품을 낭비 없이 맛있게 조리하려면 재료의 분량이나 배합이 알맞아야 하고 조리의 온도나 시간이 적절하여야 한다. 그러므로 계량하고자 하는 식품의 상태에 따른 적절한 계기의 선택과 정확한 계량법을 익히는 것은 매우 중요한 작업이다.

1 중량 재기

1) 아날로그 계량저울

고기나 야채, 두부 등 컵으로 잴 수 없는 재료, 1컵 이상의 가루 제품으로 1~2kg까지 잴 수 있는 접시저울이 비교적 정확하다. 저울을 평평한 곳에 놓고 바늘의 위치가 '0' 에 있는지 확인한 후 식품을 저울의 중앙에 올려 바늘이 정지되었을 때 저울과 같은 높이의 정면에서 눈금을 읽는다.

2) 디지털 계량저울

아날로그 저울보다 정확히 잴 수 있는 장점이 있다. 식품을 담을 수 있는 그릇을 저울에 올린 후 영점을 맞춘 다음 식품을 올려 무게를 잰다.

2 부피 재기

1) 계량스푼

용도 : 양념 및 조미료 등을 잴 때 자주 사용한다.

종류 : 1Table spoon(15cc), 1tea spoon(5cc), 1/2tea spoon, 1/4tea spoon

사용법

1 액체

스푼의 가장자리를 넘기지 않을 정도로 담는다. 이때 표면장력에 의해 약간 볼록하게 부풀어 오른 상태가 정확한 양이다.

2 가루

조미료, 설탕, 녹말가루 같은 가루재료는 먼저 스푼 가득 담은 후에 표면을 편편히 깎아냈을 때의 양이 정확하다.

2) 계량컵

용도 : 밀가루, 소금, 물, 간장, 버터 등 컵으로 잴 수 있는 재료

종류 : 1Cup(200cc), 1/2Cup(100cc), 1/4Cup(50cc)

사용법

1 액체

액체와 같은 높이에서 계량컵의 눈금을 읽는다.

조청, 기름, 꿀과 같이 점성이 높은 것은 구분된 계량컵을 사용한다.

2 지방

버터, 마가린, 쇼트닝과 같은 지방 식품은 구분된 계량컵을 사용한다.

실온에서 컵에 꾹꾹 눌러 담은 후 수평으로 깎아서 잰다.

3 가루

가루재료는 체에 쳐서 담는다. 누르거나 흔들지 말고 담되 윗면이 수평이 되게 깎아서 잰다.

기초식품, 조미료의 계량기기별 부피 및 무게

식품	1tsp	1TS	1C	식품	1tsp	1TS	1C
물, 식초, 술	5	15	200	토마토퓌레	5	16	210
간장	6	18	230	밀가루	3	8	100
설탕	3	9	110	전분	2	7	90
소금(정제염)	1	2.7	130	겨잣가루	2	6	90
버터, 기름	4	13	180	빵가루	1	3	40
마요네즈	5	14	190	생크림	5	15	200
토마토케첩	6	18	240	깨	4	9	120

3 시간 재기

1) 타이머

용도 : 조리시간 재기

사양 : 아날로그 타이머, 디지털 타이머

사용법 : 필요한 조리시간에 맞추어 세팅한다.

4 온도 재기

1) 온도계

용도 : 조리과정에서 온도 재기

사양 : 아날로그 온도계, 레이저 온도계, 디지털 온도계

사용법

아날로그 온도계 : 온도계의 수은주 부위가 그릇의 바닥에 닿지 않게 용액의 중심에 놓는다. 눈의 높이를 온도계의 눈금 위치에 맞추어 읽는다.

레이저 온도계 : 측정하고자 하는 식품 외관의 온도를 체크하여 표시된 눈금을 읽는다.

디지털 온도계 : 온도감지 센서를 식품 내부의 중심 부분에 찔러 넣어 정확한 내부 온도를 측정하는 것으로 고기를 로스팅할 때 용이하다.

측정 단위 : 보통 섭씨(Celsius, ℃)와 화씨(Fahrenheit, ℉)를 사용한다.

Celsius(℃) = 5/9(℉−32)

Fahrenheit(℉) = 9/5(℃+32)

제7장 위생과 안전관리

1 개인위생

식품을 취급하는 자는 식품으로부터 발생되는 질병을 예방하는 중요한 역할을 하기 때문에 위생적인 측면이 매우 중요시된다. 따라서 식품을 취급하는 자는 적절한 손의 위생관리와 더불어 조리 시 위생적인 복장을 하고 개인위생관리에 철저해야 하며 식품을 다루는 데 있어서도 주의를 요한다.

1) 손 세척

개인위생에서 가장 중요한 것이 손을 자주 씻는 것이다. 손 씻는 횟수보다 더욱 중요한 것은 손을 씻는 방법이다. 손을 세척하는 경우는 따뜻한 흐르는 물에 손을 적셔 비누를 사용하여 최소한 20초간 손을 서로 문질러서 씻는다. 손가락 사이와 손톱 밑 부분까지 깨끗하게 한 후 흐르는 물에서 손을 헹구고, 드라이어 또는 깨끗한 일회용 휴지를 이용하여 말린다.

2) 자상과 찰과상 관리

자상은 칼에 베인 상처를 말한다. 치료하지 않은 상처는 병을 일으키는 세균의 원인으로 조리원을 감염시킬 수 있다. 염증이나 상처는 살균제를 포함한 반창고로 치료해야 한다. 만약 손에 밴드를 사용하였다면 상처가 아물 때까지 손으로 식품을 취급하지 않는 것이 좋으며 부득이한 경우에는 깨끗한 위생장갑이나 손가락 위생장갑을 사용해야 한다.

3) 머리와 목욕

식품 취급자는 작업을 시작하기 전에 목욕이나 샤워를 하고 위생모나 머리끈을 착용하여 식품으로 머리카락이 떨어지는 것을 막고 무의식중에 머리에 손을 대지 않도록 주의한다. 더러운 머리카락은 미생물 병원체가 잠복할 수 있으며 비듬도 식품 속이나 식품 표면에 떨어질 수 있다.

4) 복장 관리

깨끗한 위생복을 착용한다. 식품을 취급하는 장소나 조리실에서 다른 곳으로 이동할 경우에는 위생복 또는 앞치마를 벗고 이동한다. 특히 화장실이나 쓰레기장으로 이동할 때 주의한다. 적절한 신발을 착용한다. 깨끗한 신발을 착용할 뿐만 아니라 조리장에서 미끄러지거나 안전사고에 노출되지 않도록 발가락을 덮는 형태의 굽이 낮은 신발을 착용하도록 한다. 장신구는 하지 않는다. 반지, 시계와 같은 장신구는 미생물과 오염물질이 서식하기 쉬운 장소이므로 조리 시 이와 같은 장신구를 사용하면 식중독을 유발할 수 있다. 따라서 장신구는 조리 작업 중 착용하지 않아야 하며 손톱을 짧게 깎고 청결하게 씻어야 한다.

2 주방위생

1) 설비 세척 및 주방 청소

1 도마와 칼

뜨거운 물로 씻고, 세제를 묻힌 스펀지 등으로 더러움을 제거하고 흐르는 물로 세제를 씻어낸 다음 80℃의 뜨거운 물에 5분간 담근 후 세척한다. 또는 200ppm의 차아염소산나트륨 용액에 5분간 담근 후 세척하여 완전히 건조시킨 후 사용한다.

2 행주

뜨거운 물에 담가 1차 세척하고, 식품용 세제로 씻어 깨끗한 물로 헹군 다음 100℃에서 5분 이상 자비 소독한다. 의류용 세제에는 형광염료가 포함되어 있는 것이 있는데 식품에 접하는 것에 형광염료를 사용하는 것은 식품위생법으로 금지되어 있으므로 사용을 금한다.

3 조리기기

기계 본체와 부품을 분해할 수 있는 경우, 본체와 부품을 분해하여 뜨거운 물과 세제를 이용하여 더러움을 제거하고 흐르는 물로 세제를 씻어낸다. 부품은 80℃의 뜨거운 물에 5분간 담근 후 세척하거나 200ppm의 차아염소산나트륨 용액에 5분간 담근 후 세척하여 완전히 건조시킨 후 재조립한다. 분해할 수 없는 기계류는 더러운 곳을 제거한 후 청결한 행주 등으로 닦아 소독용 알코올을 분무한다.

주방위생의 기본은 주방기기 및 기물 등의 세정과 소독을 철저히 하는 데 있다.

4 주방 청소

싱크대는 식품의 준비 전후에 반드시 청소하고 위생처리하며 습기를 제거한다. 주방 바닥은 바닥용 세제를 준비하여 쓰레기를 치운 후 바닥 브러시를 이용하여 고루 닦는다. 특히 기름때를 잘 제거하고 문지르는 작업이 끝나면 물을 이용하여 세제가 남지 않도록 헹구어 준다. 바닥 스퀴저로 물기를 제거한다.

2) 해충 방지

1 바퀴의 구제

바퀴 구제의 기본은 청소와 정리 정돈으로 깨끗한 유지관리를 통해 바퀴의 먹이가 없도록 하는 것이 중요하다. 바퀴의 통로나 흔적이 있는 장소에 페니트로치오나 카바에이트계 등의 유제를 분무, 도포한다. 1개월 경과 후 한 번 더 실시하면 효과적이다.

3 안전관리

1) 칼 사용 시 안전사고 예방수칙

▶ 칼을 사용할 때는 손가락을 이용하여 칼의 날카로운 정도를 확인하면 안 된다. 이때는 적당한 야채나 종이 등을 이용하는 것이 좋다.

▶ 조리도중 칼을 떨어뜨렸을 경우 절대 손이나 발로 잡으려 하지 말고 피해야 한다.

▶ 칼은 싱크대에 넣어두지 않아야 한다. 싱크대는 설거지를 위하여 오염되어 있는 경우가 많고 부상의 위험이 있으므로 항상 따로 씻어서 보관해야 한다.

▶ 칼을 닦을 때 칼의 등 쪽에서부터 조심스럽게 닦아야 한다.

▶ 식재료 아래에 칼을 두지 않는다. 또한 타월이나 행주 등으로 칼을 덮어놓지 말아야 하고 누구든지 칼을 볼 수 있도록 해야 한다.

▶ 칼을 테이블 위에 놓아둘 때는 테이블 끝에 놓아서는 안 되며, 칼날이 작업자와 반대 방향으로 향하도록 놓아두어야 한다.

▶ 다지거나 슬라이스하거나 썰 때 손가락 끝을 고리모양으로 하여 식자재를 쥠으로써 손가락이 베이는 것을 방지할 수 있다.

2) 넘어짐 방지

▶ 엎지른 것을 즉시 닦아낸다.

▶ 미끄러운 지점에 소금을 뿌려 미끄러지지 않게 한다.

▶ 통로와 계단을 깨끗하게 하고 방해물을 제거한다.

▶ 뛰지 말고 걷는다.

3) 기계와 설비로부터의 부상 방지

▶ 작동방법을 모르는 장비는 사용하지 않는다.

▶ 장비의 모든 보호장치와 안전장치를 사용한다.

▶ 분해하거나 세척하기 전에 반드시 플러그를 뽑는다.

▶ 손이 젖어 있거나 물 속에 담그고 있을 때 전열기구를 만지거나 다루지 않는다.

▶ 꼭 맞는 옷을 입고 앞치마 줄을 꼭 매서 기계에 걸리지 않도록 한다.

▶ 그릇이나 기구는 올바르게 쌓아 안정되어 떨어지지 않게 한다.

4) 화재예방

- ▶ 소화기가 어디에 있는지 어떻게 사용하는지 사용법을 익히고 화재의 종류에 맞는 올바른 종류의 소화기를 사용한다. 그리스 화재나 전기 화재 시에는 물이나 A급 소화기를 사용하지 않는다. 이는 불을 더 번지게 하는 작용을 한다.
- ▶ 레인지 위의 화재를 끄기 위해 소금이나 베이킹소다를 손이 닿는 가까운 곳에 보관한다.
- ▶ 레인지에 뜨거운 기름을 놓아두지 않는다.
- ▶ 흡연은 지정된 장소에서만 한다.
- ▶ 화재경보가 울렸을 때 여유가 있으면, 주방을 떠나기 전에 모든 가스와 전기 기구를 끈다.

CHAPTER 2

실기편

제2부 서양음식 실기

1 기초조리

조리를 진행하기 전에 준비 작업이 완벽해야 조리과정이 착오 없이 진행될 수 있다. 조리의 준비 작업이란 조리도구 준비, 식재료의 준비, 레시피의 이해 등을 포함한다. 여기서는 식재료의 기본적인 준비 작업에 대하여 설명하고자 한다.

1) 부케가르니

소스나 육수에 향이나 풍미를 더하기 위하여 넣는 향신료 다발을 말한다.

- ▶ 셀러리 줄기에 칼집을 넣고 칼집 속에 월계수잎을 넣는다.
- ▶ 통후추와 정향을 셀러리 안쪽으로 박아둔다.
- ▶ 양파에 칼집을 넣고 월계수잎과 정향, 통후추를 박아 넣어도 좋다 (Onion pique).

2) 양파 태우기

구운 양파는 스톡이나 콩소메, 브라운소스에 황금갈색을 내는 데 쓰인다.

- ▶ 양파를 두껍게 잘라 준비한다.
- ▶ 준비한 양파를 직화를 이용하여 색이 골고루 나도록 태운다.
- ▶ 태울 때 너무 색이 한쪽으로 치우치지 않도록 한다.
- ▶ 소스나 수프에 사용한다.

3) 양파 다지기

- ▶ 양파는 껍질을 제거하고 반으로 쪼갠다.
- ▶ 쪼갠 양파는 세로로 칼집을 넣어 주고 가로로 2~3번 정도 칼집을 넣어 격자칼집이 되게 한다.
- ▶ 격자칼집이 넣어진 양파는 끝에서부터 조금씩 썰어 간다.
- ▶ 잘게 썬 양파는 칼끝을 지그시 누르고 잘리지 않은 양파를 여러 번 반복하여 다져 준다.

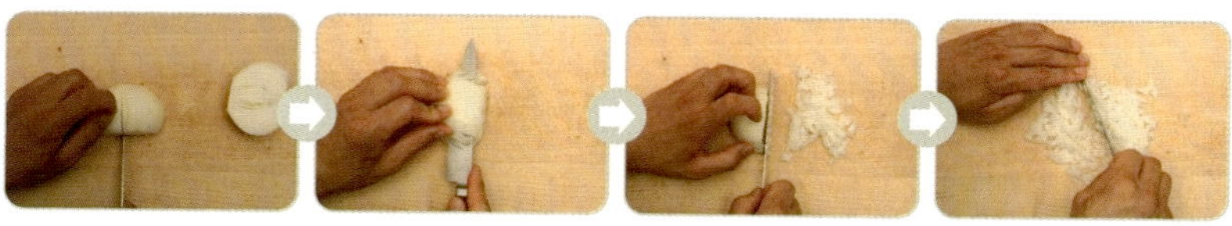

4) 셀러리 손질하기

▶ 셀러리는 겉에 있는 섬유질을 제거한다.

▶ 섬유질을 제거한 셀러리는 칼등으로 두들기거나 칼집을 양파와 같이 격자무늬로 가로세로로 넣어 준다.

▶ 칼집을 넣은 셀러리는 끝에서부터 촘촘히 썬 다음 다시 한 번 반복해서 여러 번 다져 준다.

▶ 곱게 다져지지 않은 것은 발라내고 사용한다.

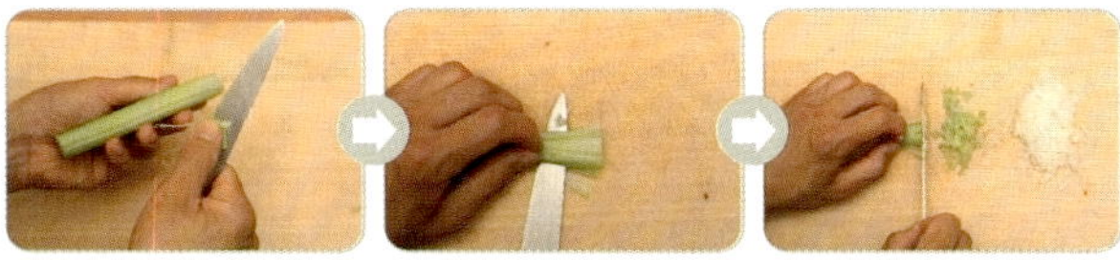

5) 야채 썰기

▶ 무나 당근은 깨끗하게 씻고 손질하며 자르기 편하도록 1/2로 자른다. 자른 무나 당근은 원하는 모양으로 잘라 준다.

▶ 야채를 자를 때는 버리는 부분이 많지 않도록 주의하고 손이 베이지 않도록 집중하여 정확하고 깔끔하게 자른다.

▶ 양파, 당근, 셀러리의 배합물인 미르포아(mirepoix)는 스톡, 수프, 브레이즈와 스튜에 맛을 더하는 데 사용된다. 재료의 배합비는 양파(2) : 당근(1) : 셀러리(1) 비율로 구성되며 조리시간이 짧은 요리를 위한 미르포아는 슬라이스하거나 짧게 썰어야 하고, 브라운스톡과 같이 장시간 조리해야 하는 요리는 채소를 크게 자르거나 통째로 사용할 수 있다.

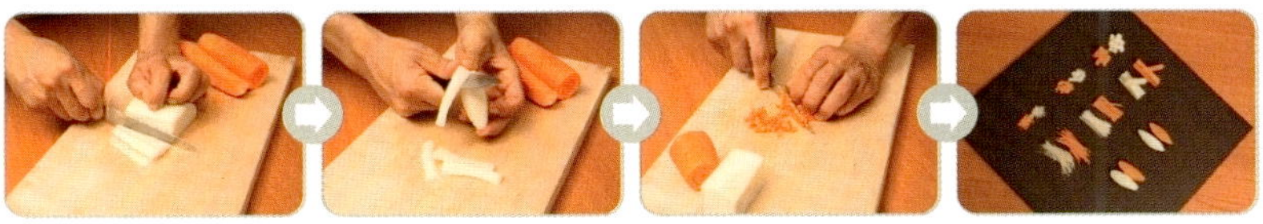

6) 파슬리 다지기

▶ 파슬리는 줄기와 잎을 따로 뜯어서 준비해 놓는다.

▶ 줄기를 제거하고 잎만을 꼭 잡고 천천히 자른다.

▶ 자른 잎은 계속해서 앞뒤로 칼을 움직이면서 아주 곱게 다져 준다.

▶ 다져진 파슬리잎을 깨끗한 행주나 소창에 싸서 흐르는 물에 2~3회 정도 씻어 쓴맛을 제거한다.

▶ 쓴맛을 제거한 파슬리를 접시에 펼쳐 말려 둔다.

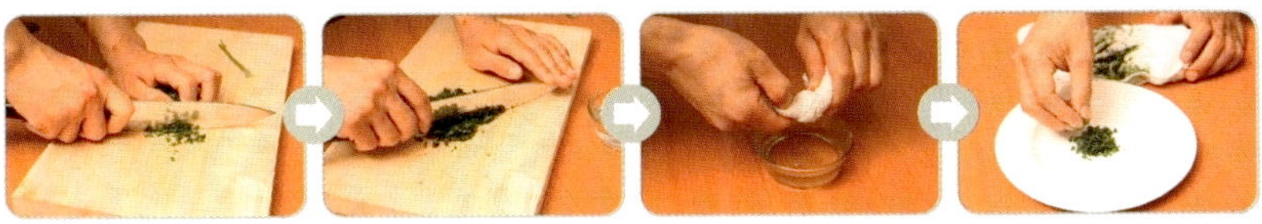

7) 토마토 껍질 벗기기

▶ 냄비에 물을 붓고 소금을 넣은 후 센 불을 이용하여 끓여 준다.

▶ 물이 끓으면 토마토 위쪽에 +자 모양으로 칼집을 넣어 준다.

▶ 칼집 넣은 토마토를 끓는 물에 넣어 데쳐 준 후 찬물에 담가 준다.

▶ 껍질을 벗겨 사용한다.

8) 레몬 손질하기

▶ 레몬은 소금으로 박박 문질러 깨끗하게 하고 반으로 쪼개 4등분한다.

▶ 4등분으로 쪼갠 레몬은 양쪽 끝과 가운데 심을 제거하여 정갈하고 깔끔하게 하여 웨지(wedge) 모양으로 만들어 생선이나 샐러드에 사용한다.

9) 루(Roux) 만들기

Ⅰ 화이트 루(White roux)

▶ 밀가루와 버터를 준비한다.

▶ 두꺼운 소스 팬을 이용하여 팬을 뜨겁게 달군다.

▶ 달구어진 팬에 버터를 녹인다.

▶ 녹인 버터에 밀가루를 넣고 약한 불에서 천천히 볶는다.

▶ 밀가루를 볶는 도중 날냄새가 없어지고 고소한 향기가 나며 끈기가 없어지면 루가 완성되었으므로 멈춘다.

2 브라운 루(Brown roux)

- ▶ 달구어진 팬에 버터를 두른다.
- ▶ 버터가 녹으면 밀가루를 넣고 불을 약간 센 불에 놓고 볶는다.
- ▶ 루에 색이 나기 시작하면 약한 불로 줄이고 천천히 골고루 볶아 준다.
- ▶ 밀가루 냄새가 나지 않고 커피색깔에 가까우면 그만 볶는다.
- ▶ 예열이 남아 있으므로 너무 색깔이 나지 않도록 주의한다.

10) 화이트소스 만들기

- ▶ 밀가루와 버터를 사용하여 화이트 루를 천천히 만든다.
- ▶ 닭육수와 크림을 넣고 너트메그를 넣고 끓여 준다.
- ▶ 소스가 끓으면 눌지 않도록 주의하고 체에 걸러 준 다음 사용한다.

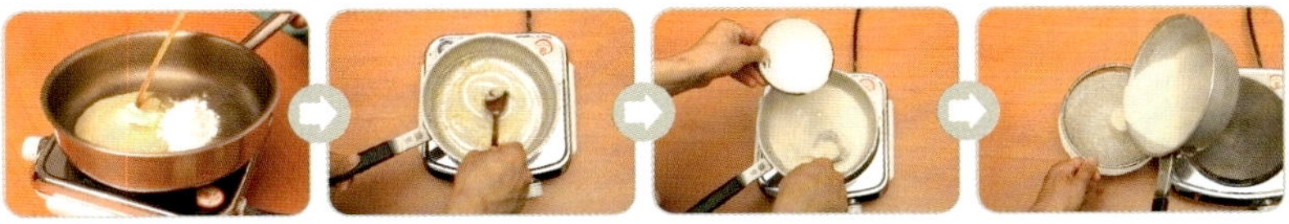

11) 닭육수

- ▶ 손질한 닭의 뼈나 살은 찬물에 담가 핏물을 제거한다.
- ▶ 채소와 부케가르니를 넣고 찬물에서부터 천천히 끓여 준다.
- ▶ 육수가 끓으면 기름기와 거품은 걷어내어 맑고 깨끗한 육수를 만든다.

12) 새우 손질

- ▶ 새우는 등 쪽 2~3번째 마디를 이쑤시개를 이용하여 내장을 제거한다. 내장에는 모래나 이물질이 많으므로 반드시 제거해야 한다.
- ▶ 껍질을 안쪽에서 돌려 가며 벗겨 준다.
- ▶ 마지막 마디와 공기주머니는 제거하여 깨끗하게 손질한다.
- ▶ 새우 안쪽으로 어슷하게 3~4회 정도 칼집을 넣어 준다.
- ▶ 칼집 넣은 새우는 엎어놓고 반듯하게 펴 준다.
- ▶ 소금, 후추를 뿌리고 튀김이나 구이에 사용한다.

13) 가자미 손질하기

- ▶ 머리 쪽에서 내장 쪽으로 칼집을 넣어 머리를 제거하고 내장을 꺼낸 다음 깨끗이 씻는다.
- ▶ 물기를 제거한 가자미를 도마에 놓고 5장 뜨기를 하며 살을 발라낸다.
- ▶ 위쪽 중앙과 뒤쪽 중앙에 칼집을 넣은 후 천천히 포를 뜬다.
- ▶ 꼬리에서 머리 쪽으로 칼을 넣어 껍질을 제거한다.

14) 삶은 계란 자르기

- ▶ 계란은 찬물에서 소금과 식초를 넣고 천천히 삶는다.
- ▶ 계란노른자가 중앙에 오도록 하려면 물이 끓기 전까지 나무주걱을 이용하여 천천히 굴려 준다.
- ▶ 찬물에 담가 껍질을 제거하고 에그 커터기(계란칼)를 이용하여 눌러 주며 자른다.

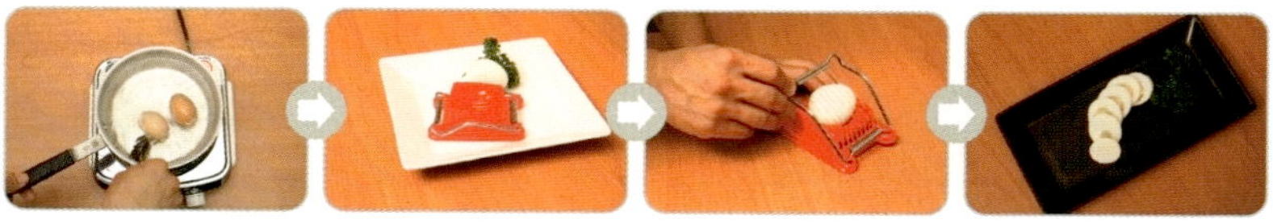

15) 감자요리

1 더치스

- ▶ 메시드한 감자를 짤주머니에 담아 고깔모양으로 짜낸다.
- ▶ 짜낸 감자에 버터 물을 발라 오븐에 노른하게 구워 낸다.

2 윌리암, 크로켓

- ▶ 메시드 감자에 밀가루, 계란물, 빵가루 순서로 옷을 입힌다.
- ▶ 빵가루 입힌 감자를 서양배 모양으로 형태를 만든 후 적당한 기름에 노릇하게 튀겨낸다.
- ▶ 모양을 예쁘게 하기 위하여 스파게티면을 꽂아 넣기도 한다.
- ▶ 모양은 원형, 사각형 등 다양하게 만들 수 있다.

16) 당근 가니쉬 만들기

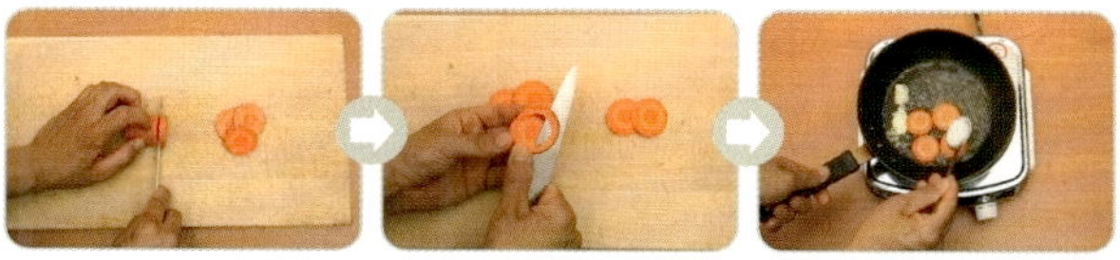

- ▶ 당근을 깨끗이 씻어 손질한다.
- ▶ 당근은 0.8㎝ 되게 원형으로 자른다.
- ▶ 당근 모서리는 보기 좋게 각을 제거한다.
- ▶ 팬에 버터와 설탕을 넣고 약간의 물을 첨가한 다음 천천히 윤기가 나도록 졸여 준다.

17) 모듬 크루통

- ▶ 식빵은 여러 가지 요구하는 대로 잘라 둔다.
- ▶ 정사각형, 직사각형, 원형 등 빵이 눌리지 않도록 조심해서 자른다.
- ▶ 팬에 기름을 두르고 빵이 타지 않도록 주의하고 색은 황금색을 유지한다.
- ▶ 정제버터를 넣고 식빵을 튀겨내기도 한다.

18) 각종 야채튀김 가니쉬

- ▶ 튀김으로 사용할 야채를 얇게 썰어 물에 담가 둔다.
- ▶ 깨끗한 거즈를 사용하여 물기를 제거하고 튀김기름을 180℃로 맞춘다.
- ▶ 적당온도가 되면 야채를 넣고 튀긴다.
- ▶ 야채가 타지 않도록 주의하고 키친타월에 건져내어 기름기를 제거한다.
- ▶ 황금색이 나도록 하여 바삭하게 튀겨낸다.

19) 오믈렛

- ▶ 달걀을 풀어서 소금으로 간한다.
- ▶ 달걀물을 체에 거른다.
- ▶ 버터를 녹인 팬에 달걀물을 부어 스크램블드에그를 만든다.
- ▶ 스크램블드에그를 반으로 접는다.
- ▶ 프라이팬을 손으로 치면서 타원형의 오믈렛으로 성형한다.

CHAPTER 2

양식조리기능사 실기 공개 문제

치즈 오믈렛

| 요구사항 |

※ 주어진 재료를 사용하여 다음과 같이 치즈 오믈렛을 만드시오.
- 치즈는 사방 0.5cm로 자르시오.
- 치즈가 들어가 있는 것을 알 수 있도록 하고, 익지 않은 달걀이 흐르지 않도록 만드시오.
- 나무젓가락과 팬을 이용하여 타원형으로 만드시오.

수검자 유의사항

- 익힌 오믈렛이 갈라지거나 굳어지지 않도록 유의한다.
- 오믈렛에서 익지 않은 계란이 흐르지 않도록 유의한다.
- 조리작품 만드는 순서는 틀리지 않게 하여야 한다.
- 숙련된 기능으로 맛을 내야 하므로 조리작업 시 음식의 맛을 보지 않는다.
- 지정된 수험자지참준비물 이외의 조리기구나 재료를 시험장 내에 지참할 수 없다.
- 채점대상에서 제외되는 경우(288p 수검자 유의사항 참조)

재료 및 분량 (시험시간 : 20분)

달걀(Egg) 3개 / 치즈(Cheese) 1장 / 생크림(Fresh cream) 20ml / 무염버터 (Unsalted butter) 30g / 소금(Salt) 2g / 식용유 20㎖

조리방법

1. 달걀은 알끈을 제거하고 소금을 넣어 준 뒤 체에 거른다.
2. 치즈는 0.5㎝ 크기로 네모나게 썬다.
3. 풀어놓은 달걀에 생크림 또는 우유를 넣고 섞은 다음 네모나게 썰어둔 치즈를 1/2만 함께 섞는다.
4. 프라이팬을 잘 달군 뒤 버터를 두르고 3을 넣어 젓가락으로 저으면서 스크램블드에그를 만든다.
5. 스크램블드에그가 부드럽게 익으면 남은 치즈 1/2을 가운데에 넣고 젓가락으로 반달모양으로 만든 후, 뒤집어서 타원형 모양의 오믈렛을 만든다.
6. 접시에 담는다.

1

2

3

4

5

조리작업순서

재료세척 및 손질 ⇒ 달걀풀기 ⇒ 치즈자르기 ⇒ 달걀, 치즈, 생크림 섞기 ⇒ 팬에 버터 두르기 ⇒ 달걀 넣어 스크램블하기 ⇒ 치즈 넣어 말기 ⇒ 담기

TIP

☞ 18㎝ 정도 되는 전용 팬을 사용하여 충분히 가열한 뒤 사용한다.

☞ 처음부터 온도를 너무 높게 하면 타원형 모양으로 만들 때 잘 어우러지지 않으므로 약한 불에서 한다.

☞ 오믈렛은 주로 아침식사로 제공되는 대표적인 달걀요리이다.

스페니시 오믈렛

| 요구사항 |

※ 주어진 재료를 사용하여 다음과 같이 스페니시 오믈렛을 만드시오.

- 토마토, 양파, 청피망, 양송이, 베이컨은 0.5cm의 크기로 썰어 오믈렛 소를 만드시오.
- 소가 흘러나오지 않도록 하시오.
- 소를 넣어 나무젓가락과 팬을 이용하여 타원형으로 만드시오.

수검자 유의사항

- 내용물이 고루 들어가고 터지지 않도록 유의한다.
- 오믈렛을 만들 때 타거나 단단해지지 않도록 한다.
- 조리작품 만드는 순서는 틀리지 않게 하여야 한다.
- 숙련된 기능으로 맛을 내야 하므로 조리작업 시 음식의 맛을 보지 않는다.
- 지정된 수험자지참준비물 이외의 조리기구나 재료를 시험장 내에 지참할 수 없다.
- 채점대상에서 제외되는 경우(288p 수검자 유의사항 참조)

재료 및 분량 (시험시간 : 30분)

달걀(Egg) 3개 / 양파(Onion) 1/6개 / 양송이(Mushroom) 10g / 토마토(Tomato) 1/4개 / 청피망(Pimiento) 1/6개 / 베이컨(Bacon) 1/2조각 / 토마토케첩(Tomato ketchup) 20g /무염버터(Unsalted butter) 20g / 소금(Salt) 5g / 검은후추(Black pepper) 2g /식용유 20㎖ / 생크림(Fresh cream) 20ml

1

2

3

4

5

조리방법

1. 달걀은 잘 풀어 놓는다.
2. 토마토는 끓는 물에 데친 다음 씨를 제거하고 사방 0.5㎝ 크기로 자른다.
3. 양송이, 피망, 양파, 베이컨도 0.5㎝로 썬다.
4. 팬에 베이컨을 볶다가 양파, 피망, 토마토 순서로 볶은 다음, 토마토케첩을 넣고 볶는다.
5. 팬에 버터를 두르고 풀어 놓은 달걀을 넣고 스크램블 형태로 약간 익었을 때 3을 넣고 젓가락으로 반달모양을 만들어 뒤집어 타원형으로 오믈렛의 모양을 완성한다.

조 | 리 | 작 | 업 | 순 | 서

재료세척 및 손질 ⇒ 달걀풀기 ⇒ 속 재료 썰기 ⇒ 속 재료와 토마토케첩 볶아 속 만들기 ⇒ 팬에 버터 두르기 ⇒ 스크램블하기 ⇒ 속 넣어 말기 ⇒ 담기

TIP

☞ 프라이팬은 충분히 길들여서 사용하도록 하고 불 조절에 주의하여 달걀이 프라이팬에 붙지 않도록 한다.
☞ 토마토케첩은 묽기 때문에 잘 볶아 수분을 증발시켜야 한다.
☞ 속을 너무 많이 넣거나, 속 재료가 묽으면 터질 염려가 있으므로 주의한다.

쉬림프 카나페

| 요구사항 |

※ 주어진 재료를 사용하여 다음과 같이 쉬림프 카나페를 만드시오.
- 새우는 내장을 제거한 후 미르포아(Mirepoix)를 넣고 삶아서 껍질을 제거하시오.
- 달걀은 완숙으로 삶아 사용하시오.
- 식빵은 지름 4cm의 원형으로 하고, 쉬림프카나페는 4개 제출하시오.

수검자 유의사항

- 새우를 부서지지 않도록 하고 계란 삶기에 유의한다.
- 식빵의 수분 흡수에 유의한다.
- 조리작품 만드는 순서는 틀리지 않게 하여야 한다.
- 숙련된 기능으로 맛을 내야 하므로 조리작업 시 음식의 맛을 보지 않는다.
- 지정된 수험자지참준비물 이외의 조리기구나 재료를 시험장 내에 지참할 수 없다.
- 채점대상에서 제외되는 경우(288p 수검자 유의사항 참조)

재료 및 분량 (시험시간 : 30분)

새우(Shrimp) 4마리 / 달걀(Egg) 1개 / 식빵(Sliced bread) 1장 / 양상추(Lettuce) 1잎 / 파슬리(Parsley) 1줄기 / 토마토케첩(Tomato ketchup) 10g / 무염버터(Unsalted butter) 30g / 소금(Salt) 5g / 백후추(White pepper) 2g / 레몬(Lemon) 1/8개 / 이쑤시개(Toothpick) 1개 / 당근(Carrot) 15g / 셀러리(Celery) 15g / 양파(Onion) 1/8개

1

2

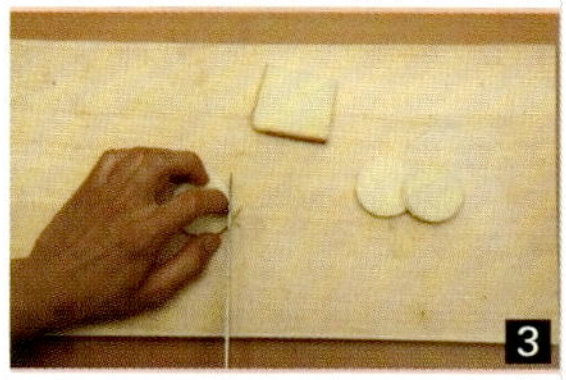
3

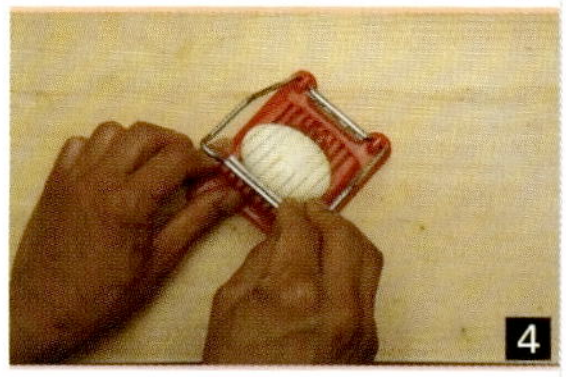
4

5

조리방법

1. 새우는 두 번째 마디에 꼬챙이를 집어넣어 내장을 제거하여 준비한다.
2. 쿠르브이용(양파, 당근, 셀러리, 부케가르니) 물을 끓이다가 새우를 삶아 식힌 후 껍질과 꼬리를 제거한다.
3. 달걀은 찬물에 넣고 끓기 시작하면 12분 정도 삶아 완숙하여 가로로 슬라이스한다.
4. 식빵을 4등분한 뒤 4㎝ 크기의 원형으로 만들고, 마른 팬에 버터를 넣어 토스트를 해 둔다.
5. 양상추는 잘 씻은 뒤 달걀의 크기에 맞게 자른 뒤 물에 담가 둔다.
6. 껍질을 제거한 새우는 이등분하거나 양끝을 남기고 칼집을 넣어 벌려 둔다.
7. 토스트한 식빵에 버터를 바르고 달걀을 얹은 후 물기를 제거한 양상추를 올린다.
8. 7 위에 새우를 올리고 케첩을 가운데 놓는다.
9. 케첩 위에 파슬리잎으로 장식을 하고 접시에 담는다.

조리작업순서

재료세척 및 손질 ⇒ 양상추, 파슬리 준비 ⇒ 새우 손질 ⇒ 마리네이드를 넣어 끓인 물에 새우 삶기 ⇒ 달걀 삶아서 슬라이스 ⇒ 빵 성형, 토스트하기 ⇒ 카나페 만들기(빵→버터→달걀→양상추→새우→케첩→파슬리) ⇒ 담기

TIP

- ☞ 식빵을 원형으로 자를 때는 가장자리가 찌그러지지 않도록 한다.
- ☞ 새우는 삶아서 식은 후 껍질을 벗겨야 부스러지지 않는다.
- ☞ 양상추는 찬물에 담가 싱싱하게 한 후 물기를 제거하고 사용한다.
- ☞ 카나페는 애피타이저와 같은 뜻으로 식전에 식욕을 돋우기 위한 요리이다.

샐러드 부케를 곁들인 참치타르타르와 채소 비네그레트

| 요구사항 |

※ 주어진 재료를 사용하여 다음과 같이 샐러드 부케를 곁들인 참치타르타르와 채소 비네그레트를 만드시오.

- 참치는 꽃소금을 사용하여 해동하고, 3~4mm의 작은 주사위 모양으로 썰어 양파, 그린올리브, 케이퍼, 처빌 등을 이용하여 타르타르를 만드시오.
- 채소를 이용하여 샐러드부케를 만드시오.
- 참치타르타르는 테이블 스푼 2개를 사용하여 퀸넬(quenelle)형태로 3개를 만드시오.
- 비네그레트는 양파, 붉은색과 노란색의 파프리카, 오이를 가로세로 2mm의 작은 주사위 모양으로 썰어서 사용하고 파슬리와 딜은 다져서 사용하시오.

수검자 유의사항

- 썬 참치의 핏물 제거와 색의 변화에 유의하시오.
- 샐러드 부케 만드는 것에 유의하시오.
- 조리작품 만드는 순서는 틀리지 않게 하여야 한다.
- 숙련된 기능으로 맛을 내야 하므로 조리작업 시 음식의 맛을 보지 않는다.
- 지정된 수험자지참준비물 이외의 조리기구나 재료를 시험장 내에 지참할 수 없다.
- 채점대상에서 제외되는 경우(288p 수검자 유의사항 참조)

1

2

3

재료 및 분량 (시험시간 : 30분)

붉은색 참치살(Tuna) 80g / 양파(Onion) 1/8개 / 그린올리브(Green olive) 2개 / 케이퍼(Caper) 5개 / 올리브오일(Olive oil) 25㎖ / 레몬(Lemon) 1/4개 / 핫소스(Hot sauce) 5㎖ / 처빌(Chervil) 2줄기 / 차이브(Chive) 5줄기 / 롤라로사(Lollo rossa) 2잎 / 그린치커리(Green chicory) 2줄기 / 물냉이(Water cress) 5g / 붉은색 파프리카(Red paprika) 1/4개 / 노란색 파프리카(Yellow paprika) 1/8개 / 오이(Cucumber) 1/10개 / 파슬리(Parsley) 1줄기 / 딜(Dill) 3줄기 / 식초(Vinegar) 10㎖ /흰후추가루(White pepper) 3g / 꽃소금(Salt) 5g / 테이블 스푼 2개 – 퀜넬용, 머릿부분 가로 6cm 세로(폭) 3.5~4cm

조리방법

1. 냉동 참치를 소금물에 녹인 후 해동시킨다. 해동한 후 참치는 행주를 이용하여 물기를 제거한다.
2. 채소는 깨끗하게 씻어 물에 담가 싱싱하게 준비한다.
3. 참치는 스몰 다이스(3㎜)로 썰어 다진 양파, 다진 케이퍼, 레몬즙, 다진 올리브, 올리브오일, 핫소스, 다진 실파, 소금, 후추를 넣고 고르게 버무려 섞는다.
4. 채소 비네그레트 만들기 : 모든 야채(양파, 노란색, 파프리카, 오이 등)는 2㎜ 다이스 모양으로 잘라 혼합 볼에 소금, 후추, 다진 딜을 넣고 잘 섞은 다음 올리브오일과 식초를 3 : 1 비율로 서서히 넣으며 거품기를 이용하여 잘 혼합해 준다.
5. 양념에 절여 놓은 참치는 테이블 스푼 2개를 이용하여 둥그런 타원형 모양으로 만든다. 처음 스푼 위에 참치 양념을 얹고, 다른 스푼으로 동그랗게 눌러 가면서 작은 럭비공 모양으로 만들어 놓는다.
6. 샐러드 부케 만들기 : 물에 담가 놓은 신선한 채소를 이용하여 샐러드 부케를 만들어 놓는다. 물기를 제거한 채소를 맨 겉잎에 놓고 붉은색 파프리카채와 팽이버섯을 가운데 놓고, 그린비타민, 그린치커리로 감싸 준다. 데친 차이브를 이용하여 샐러드 부케 밑을 묶은 다음 밑을 잘라 바로 서게 한다. 오이를 사용해도 좋다. 물냉이를 몇 줄기 얹어 모양을 낸다.
7. 완성하기 : 완성 접시에 참치 커넬 3개를 둥그렇게 놓고 중간 지점에 샐러드 부케를 놓는다. 참치 커넬 주변에 야채 비네그레트 소스를 빙 둘러서 뿌린다.

조리 작업순서

참치 해동 ⇒ 채소 씻기, 다듬기 ⇒ 참치 타르타르 만들기 ⇒ 채소 비네그레트 만들기 ⇒ 참치 타르타르 모양 만들기(커넬) ⇒ 샐러드 부케 만들기 ⇒ 담기

TIP

☞ 참치는 핏물을 제거하여 색이 곱게 한다.
☞ 해동한 참치는 반드시 물기를 제거하고 사용한다.

브라운스톡

| 요구사항 |

※ 주어진 재료를 사용하여 다음과 같이 브라운스톡을 만드시오.

- 스톡은 맑고 갈색이 되도록 하시오.
- 소뼈는 찬물에 담가 핏물을 제거한 후 구워서 사용하시오.
- 향신료로 사세 데피스(sachet d'epice)를 만들어 사용하시오.
- 완성된 스톡의 양이 200mL 이상 되도록 하여 볼에 담아내시오.

수검자 유의사항

- 불 조절에 유의한다.
- 스톡이 끓을 때 생기는 거품을 걷어내야 한다.
- 조리작품 만드는 순서는 틀리지 않게 하여야 한다.
- 숙련된 기능으로 맛을 내야 하므로 조리작업 시 음식의 맛을 보지 않는다.
- 지정된 수험자지참준비물 이외의 조리기구나 재료를 시험장 내에 지참할 수 없다.
- 채점대상에서 제외되는 경우(288p 수검자 유의사항 참조)

1

2

3

4

재료 및 분량 (시험시간 : 30분)

소뼈(작게 자른 것) 150g / 양파(Onion) 1/2개 / 당근(Carrot) 40g / 셀러리(Celery) 30g / 검은 통후추(Black whole pepper) 4개 / 토마토(Tomato) 1개 / 월계수잎 (Bay leaf) 1장 / 정향(Clove) 1개 / 식용유(Vegetable oil) 50㎖ / 파슬리(Parsley) 1줄기 / 무염버터(Unsalted butter) 5g / 면실 30cm / 타임(Thyme) 2g / 다시백 1개

조리방법

1. 야채와 토마토는 1㎝ 정도의 두께로 썬다.
2. 소뼈는 기름기를 제거하고 찬물에 담가 핏물을 뺀 뒤 뜨거운 물에 살짝 데친 다음 팬에서 구워 갈색을 낸다.
3. 팬에 버터를 두르고 야채를 갈색이 나게 볶는다.
4. 파슬리줄기, 월계수잎, 정향, 통후추, 타임을 다시백에 넣고 면실로 묶어 사세데피스를 만든다.
5. 냄비에 갈색으로 구운 소뼈와 야채, 사세데피스를 넣고 끓인다.
6. 스톡이 끓기 시작하면 불을 낮추어 맛이 우러나도록 은근하게 끓인다.
7. 표면에 떠오르는 지방질과 거품 등 불순물은 수시로 제거한다.
8. 육수가 충분히 우러나면 면포에 걸러서 스톡만 담아낸다(간은 하지 않는다)

조리작업순서

재료 세척 및 손질 ⇒ 소뼈 핏물 제거 ⇒ 재료 썰기(양파, 당근, 셀러리, 토마토) ⇒ 사세데피스 만들기 ⇒ 소뼈 데치기 ⇒ 굽기(소뼈–양파 ⇒ 당근+셀러리)⇒끓이기 (구운소뼈와채소+토마토+부케가르니) ⇒거르기⇒담기

TIP

☞ 소뼈와 채소를 태우지 않고 잘 구워야 좋은 육수를 낼 수 있으며, 이때 버터를 조금만 넣어야 육수에 기름이 많이 뜨지 않는다.

☞ 스톡이 완성된 후 한 번 더 걸러 주면 기름기를 제거할 수 있다.

☞ 스톡이란 주로 쇠고기, 양고기, 닭고기, 생선 등의 뼈를 서서히 끓여서 영양과 맛이 우러난 국물을 말하며 수프와 소스의 기본 바탕이 된다.

비프 콩소메 수프

| 요구사항 |

※ 주어진 재료를 사용하여 다음과 같이 비프 콩소메 수프를 만드시오.

- 어니언 브루리(onion brulee)를 만들어 사용하시오.
- 양파를 포함한 채소는 채 썰어 향신료, 소고기, 달걀흰자 머랭과 함께 섞어 사용하시오.
- 수프는 맑고 갈색이 되도록 하여 200mL 이상 제출하시오.

수검자 유의사항

- 맑고, 갈색의 수프가 되도록 불 조절에 유의한다.
- 조리작품 만드는 순서는 틀리지 않게 하여야 한다.
- 숙련된 기능으로 맛을 내야 하므로 조리작업 시 음식의 맛을 보지 않는다.
- 지정된 수험자지참준비물 이외의 조리기구나 재료를 시험장 내에 지참할 수 없다.
- 채점대상에서 제외되는 경우(288p 수검자 유의사항 참조)

재료 및 분량 (시험시간 : 40분)

다진 쇠고기(Grounded beef) 70g / 양파(Onion) 1개 / 당근(Carrot) 40g / 셀러리(Celery) 30g / 토마토(Tomato) 1/4개 / 달걀(Egg) 1개 / 파슬리(Parsley) 1줄기 / 월계수잎(Bay leaf) 1장 / 비프 스톡 또는 물(Water) 500㎖ / 정향(Clove) 1개 / 소금(Salt) 2g / 검은후추(Black pepper) 2g / 검은 통후추(Black whole pepper) 1개

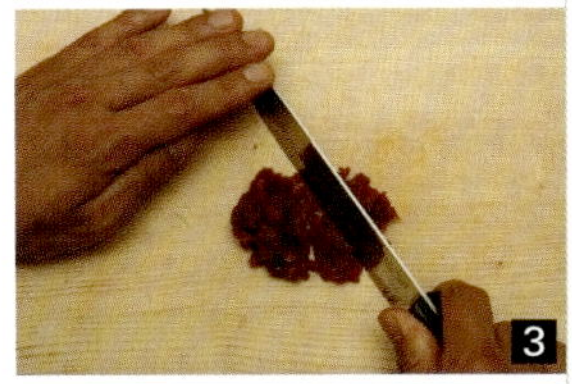

조리방법

1. 양파, 당근, 셀러리는 채를 썰고 파슬리도 줄기를 준비한다.
2. 토마토는 끓는 물에 데쳐서 껍질과 씨를 제거한 뒤 채 썰어 준비한다.
3. 쇠고기는 기름기를 제거하고 다져 놓는다.
4. 달걀흰자는 거품기로 충분히 거품을 낸 후 **1**, **2**, **3**의 재료와 혼합한다.
5. 팬에 양파를 색이 나도록 충분히 태워 준 다음 물과 **4**를 넣고 센 불에서 끓이다가 끓으면 약불로 줄여 1컵이 되도록 끓인다. 흰자 거품은 양 테두리와 가운데 구멍을 뚫어 도넛 모양을 만들어 불순물을 다 흡수하도록 한다. 뚜껑을 덮지 않고 진행한다.
6. 면포에 걸러낸 수프에 소금으로 간을 한 뒤 담아낸다.

조리작업순서

재료 세척 및 손질 ⇒ 쇠고기 핏물 제거 ⇒ 야채 채 썰기 ⇒ 토마토 콩카세 ⇒ 부케가르니 준비 ⇒ 양파 볶기 ⇒ 흰자 거품 만들기 ⇒ 섞기(흰자 거품+쇠고기+채소+향신료) ⇒ 끓이기(갈색을 낸 양파+물+거품 혼합물) ⇒ 거르기 ⇒ 간하기 ⇒ 담기

TIP

- ☞ 쇠고기는 핏물을 잘 빼 주어야 국물이 탁하지 않다.
- ☞ 처음엔 센 불에서 끓이다가 은근한 불에서 서서히 끓여야 국물이 깨끗하다.
- ☞ 흰자 거품은 뒤집어 보아 거품이 흘러내리지 않을 정도로 한다.
- ☞ 흰자는 익으면서 국물에서 나오는 지저분한 것들을 흡수해서 국물을 맑게 하는 역할을 한다.
- ☞ 뚜껑을 덮거나 끓어 넘치면 국물이 탁하게 되므로 주의한다.
- ☞ 양파는 충분히 볶아 주어야 갈색 콩소메를 얻을 수 있다.
- ☞ 콩소메는 대표적인 맑은 수프로 고단백 저지방 수프이다.

미네스트로네 수프

| 요구사항 |

※ 주어진 재료를 사용하여 다음과 같이 미네스트로네 수프를 만드시오.

- 채소는 사방 1.2㎝, 두께 0.2㎝로 써시오.
- 스트링 빈스, 스파게티는 1.2㎝의 길이로 써시오.
- 국물과 고형물의 비율을 3 : 1로 하시오.
- 전체 수프의 양은 200mL 이상으로 하고 파슬리 가루를 뿌려내시오.

수검자 유의사항

- 수프의 색과 농도를 잘 맞추어야 한다.
- 조리작품 만드는 순서는 틀리지 않게 하여야 한다.
- 숙련된 기능으로 맛을 내야 하므로 조리작업 시 음식의 맛을 보지 않는다.
- 지정된 수험자지참준비물 이외의 조리기구나 재료를 시험장 내에 지참할 수 없다.
- 채점대상에서 제외되는 경우(288p 수검자 유의사항 참조)

재료 및 분량 (시험시간 : 30분)

양파(Onion) 1/4개 / 양배추(Cabbage) 40g / 감자(Potato) 30g / 토마토(Tomato) 1/8개 / 무(Radish) 10g / 셀러리(Celery) 30g / 당근(Carrot) 40g / 완두콩(Green peas) 5알 / 스파게티(Spagetti) 2가닥 / 껍질콩(String beans) 2줄기 / 마늘(Garlic) 1쪽 / 토마토 페이스트(Tomato paste) 15g / 베이컨(Bacon) 1/2조각 / 치킨 스톡(Chicken stock) 또는 물 200㎖ / 월계수잎(Bay leaf) 1장 / 무염버터(Unsalted butter) 5g / 파슬리(Parsley) 1줄기 / 정향(Clove) 1개 / 소금(Salt) 2g / 검은후추 (Black pepper) 2g /스트링빈스(String beans) 2줄기

1

2

3

4

조리방법

1. 양파, 당근, 무, 셀러리, 양배추, 감자의 껍질을 벗겨 잘 씻은 다음 1.2×1.2×0.2㎝ 크기로 썰고 토마토는 껍질과 씨를 제거해 같은 크기로 썬다.
2. 껍질콩도 자르고 완두콩도 준비한다.
3. 스파게티 면을 완전히 익도록 13분 정도 삶아 1.2㎝로 자른다.
4. 파슬리는 곱게 다져 면포에 싸서 흐르는 물에 헹구어 물기를 꼭 짜서 파슬리가루를 만든다.
5. 냄비에 버터를 두르고 감자를 제외한 야채를 넣고 볶은 뒤 페이스트를 넣고 약불에서 떫은맛이 나지 않도록 충분히 볶는다.
6. 토마토 다진 것과 물을 넣어 끓인다.
7. 야채들이 반 정도 익으면 감자를 넣어 끓이다 껍질콩, 완두콩, 스파게티를 넣고 소금과 흰후추로 간을 한다.
8. 부케가르니를 건져내고 그릇에 담는다.
9. 파슬리가루를 중앙에 조금만 뿌린다.

조리작업순서

재료 세척 및 손질 ⇒ 스파게티 삶기 ⇒ 채소 손질 ⇒ 토마토 손질 ⇒ 파슬리가루 만들기 ⇒ 부케가르니 준비 ⇒ 볶기 ⇒ 끓이기 ⇒ 담기 ⇒ 파슬리가루 뿌리기

TIP

☞ 야채의 크기를 일정하게 썰어 준비한 후 야채가 부드러워 질 때까지 푹 끓여 간을 맞춘다.

☞ 마늘은 다져 넣으면 지저분해지므로 부케가르니를 사용하면 좋다.

☞ 주어진 야채의 양이 많은 경우에는 필요한 양만을 사용한다.

☞ 감자는 처음부터 넣으면 부서지므로 중간에 넣어 모양을 살려 준다.

☞ 거품이 생기면 반드시 제거해 주어야 깨끗한 맛을 느낄 수 있다.

☞ 스파게티는 삶아서 자른 후 수프가 거의 다 끓었을 즈음에 넣으면 농도가 약간 진해진다.

프렌치 어니언 수프

| 요구사항 |

※ 주어진 재료를 사용하여 다음과 같이 프렌치 어니언 수프를 만드시오.
- 양파는 5cm 크기의 길이로 일정하게 써시오.
- 바게트빵에 마늘버터를 발라 구워서 따로 담아내시오.
- 수프의 양은 200mL 이상 제출하시오.

수검자 유의사항

- 수프의 색깔이 갈색이 나도록 해야 한다.
- 조리작품 만드는 순서는 틀리지 않게 하여야 한다.
- 숙련된 기능으로 맛을 내야 하므로 조리작업 시 음식의 맛을 보지 않는다.
- 지정된 수험자지참준비물 이외의 조리기구나 재료를 시험장 내에 지참할 수 없다.
- 채점대상에서 제외되는 경우(288p 수검자 유의사항 참조)

재료 및 분량 (시험시간 : 30분)

양파(Onion) 1개 / 마늘(Garlic) 1쪽 / 바게트빵(Baguette) 1조각 / 무염버터(Unsalted butter) 20g / 파마산 치즈가루(Cheese) 10g / 파슬리(Parsley) 1줄기 / 백포도주(White wine) 15㎖ / 맑은 스톡(Stock) 270㎖ / 소금(Salt) 2g / 검은후추(Black pepper) 1g

조리방법

1. 양파는 가늘게 채 썰고, 마늘은 곱게 다지고, 파슬리를 곱게 다져 파슬리가루를 만든다.
2. 실온에 둔 버터에 다진 마늘과 파슬리가루를 섞는다.
3. 팬에 버터를 두르고 양파를 넣어 진한 갈색이 날 때까지 충분히 볶아 준 다음 백포도주와 물을 붓고 약한 불에서 뭉근히 끓여 떠오르는 불순물을 제거하고 소금과 후추로 간을 한다.
4. 1㎝ 두께로 썬 바게트빵에 마늘버터를 바르고 토스트한다. 뜨거울 때 파머산 치즈를 뿌린다.
5. 그릇에 수프를 담고 토스트한 바게트는 치즈가루를 뿌린 뒤 수프 위에 올린다.
6. 올린 빵 위에 다진 파슬리가루를 가운데 조금만 뿌린다.

1

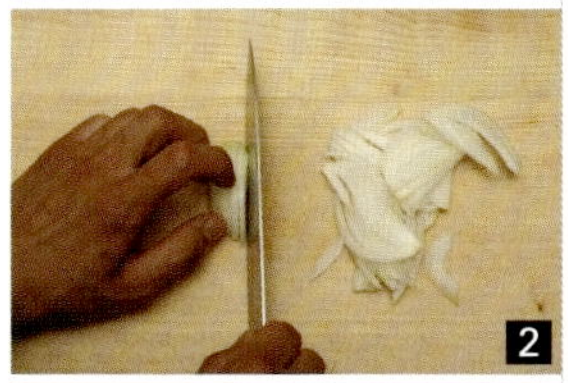
2

3

4

5

조리작업순서

재료 세척 및 손질 ⇒ 양파 채 썰기 ⇒ 마늘 다지기 ⇒ 파슬리가루 만들기 ⇒ 마늘버터 만들기 ⇒ 바게트 굽기 ⇒ 볶기(냄비에 버터 ⇒ 채 썬 양파 ⇒ 물 볶기 : 반복하여 갈색 내기) ⇒ 끓이기 ⇒ 간하기 ⇒ 담기 ⇒ 빵 얹기

TIP

- ☞ 양파는 최대한 얇고 일정하게 썰어야 한다.
- ☞ 양파는 약한 불에서 천천히 볶으면서 색깔을 낸다.
- ☞ 끓이는 도중 떠오르는 기름과 거품을 깨끗이 걷어내야 한다.
- ☞ 빵을 미리 올리면 수분을 흡수하여 수프의 양이 줄어듦으로 제출 직전에 올린다.
- ☞ 양파를 볶을 때 버터를 많이 사용하면 기름이 많이 뜨므로 주의한다.
- ☞ 양파의 수분을 완전히 날려 보내고 갈색의 누른 것을 충분히 디글레이징한다.(수분이 덜 날라가면 수프의 색이 맑지 않다.)

포테이토 크림 수프

| 요구사항 |

※ 주어진 재료를 사용하여 다음과 같이 포테이토 크림 수프를 만드시오.

- 크루통(crouton)의 크기는 사방 0.8cm~1cm로 만들어 버터에 볶아 수프에 띄우시오.
- 익힌 감자는 체에 내려 사용하시오.
- 수프의 색과 농도에 유의하고 200mL 이상 제출하시오.

수검자 유의사항

- 수프의 농도를 잘 맞추어야 한다.
- 수프를 끓일 때 생기는 거품을 걷어내야 한다.
- 조리작품 만드는 순서는 틀리지 않게 하여야 한다.
- 숙련된 기능으로 맛을 내야 하므로 조리작업 시 음식의 맛을 보지 않는다.
- 지정된 수험자지참준비물 이외의 조리기구나 재료를 시험장 내에 지참할 수 없다.
- 채점대상에서 제외되는 경우(288p 수검자 유의사항 참조)

재료 및 분량 (시험시간 : 30분)

감자(Potato) 1개 / 양파(Onion) 1/4개 / 대파(Leek) 1토막 / 무염버터(Unsalted butter) 15g / 치킨 스톡(Chicken stock) 또는 물 270㎖ / 생크림(Fresh cream) 20㎖ / 식빵(Sliced bread) 1장 / 월계수잎(Bay leaf) 1장 / 소금(Salt) 2g / 흰후추(White pepper) 1g

조리방법

1. 감자는 껍질을 벗겨 1×1×0.2㎝로 얇게 썰어 찬물에 담가 둔다.
2. 양파와 대파의 흰 부분만 채 썬다.
3. 식빵은 1㎝ 정도의 크기로 썰어 팬에 노릇노릇하게 볶거나 튀긴다.
4. 버터를 두르고 양파와 대파를 볶다가 감자를 넣고 색이 나지 않게 볶는다.
5. 4에 물과 부케가르니를 넣고 뚜껑을 덮어 센 불에서 끓이다가 끓어오르면 약불에서 뭉근히 끓인다.
6. 감자가 푹 익으면 체에 내려서 냄비에 담고 잠시 더 끓인 후 소금, 후추로 간하고 불을 끈다.
7. 한 김 나간 후 생크림을 넣고 잘 저어 준다.
8. 수프그릇에 담고 크루통을 가운데에 올린다.

조리작업순서

재료 세척 및 손질 ⇒ 감자 썰기 ⇒ 양파, 대파 채 썰기 ⇒ 크루통 만들기 ⇒ 볶기(냄비에 버터-양파, 대파, 감자) ⇒ 끓이기(육수 1.5컵+월계수잎) ⇒ 체에 내리기 ⇒ 간하기 ⇒ 생크림 넣기 ⇒ 담기

TIP

☞ 달걀노른자가 익지 않도록 불을 반드시 꺼 준 뒤 노른자를 첨가한다.
☞ 대파는 색이 나므로 흰 부분만을 사용한다.
☞ 난황이 제공될 경우 생크림과 난황의 비율은 2:1로 넣어야 적당하다.
☞ 감자가 많으므로 소금과 후추로 간을 하고, 크루통은 제출 직전에 띄운다.

피시 차우더 수프

| 요구사항 |

※ 주어진 재료를 사용하여 다음과 같이 피시 차우더 수프를 만드시오.

- 차우더 수프는 화이트 루(roux)를 이용하여 농도를 맞추시오.
- 채소는 0.7cm×0.7cm×0.1cm, 생선은 1cm×1cm×1cm 크기로 써시오.
- 대구살을 이용하여 생선스톡을 만들어 사용하시오.
- 수프는 200mL 이상 제출하시오.

수검자 유의사항

- 피시 스톡을 만들어 사용하고 수프는 흰색이 나와야 한다.
- 베이컨은 기름을 빼고 사용한다.
- 조리작품 만드는 순서는 틀리지 않게 하여야 한다.
- 숙련된 기능으로 맛을 내야 하므로 조리작업 시 음식의 맛을 보지 않는다.
- 지정된 수험자지참준비물 이외의 조리기구나 재료를 시험장 내에 지참할 수 없다.
- 채점대상에서 제외되는 경우(288p 수검자 유의사항 참조)

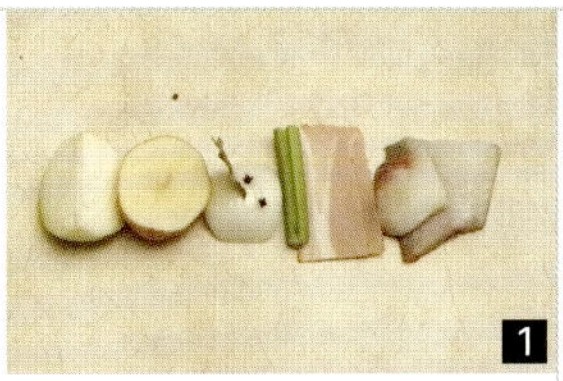

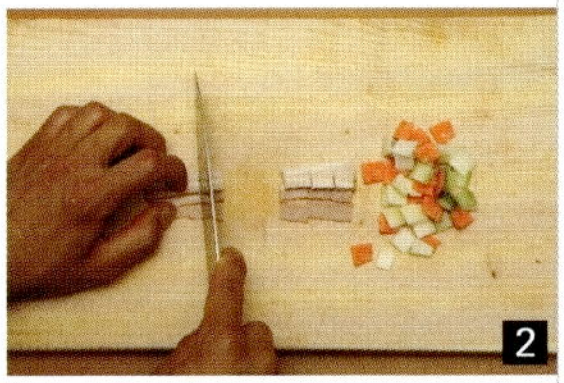

재료 및 분량 (시험시간 : 30분)

대구살(Fish fillet) 50g / 감자(Potato) 1/4개 / 베이컨(Bacon) 1/2조각 / 셀러리(Celery) 30g / 양파(Onion) 1/6개 / 밀가루(Flour) 15g / 무염버터(Unsalted butter) 20g / 우유(Milk) 200㎖ / 월계수잎(Bay leaf) 1장 / 소금(Salt) 2g / 정향(Clove) 1개 / 흰후추 (White pepper) 2g

조리방법

1. 생선살은 1.2㎝로 썰어 끓는 물에 삶은 뒤, 거즈로 걸러 물은 육수로 사용하고 생선살은 따로 둔다.
2. 감자, 양파, 셀러리는 0.7×0.2㎝로 자른다.
3. 베이컨은 사방 1㎝로 잘라 끓는 물에 데친다.
4. 냄비를 달군 뒤 베이컨을 볶다가 양파, 셀러리를 볶는다.
5. 밀가루와 버터를 1:1의 비율로 은근히 볶아 색이 나지 않도록 하여 화이트 루를 만든다.
6. 화이트 루에 육수를 넣고 잘 저어 멍울이 없도록 풀어 준다.
7. 6에 월계수잎과 정향을 넣고 끓이다가 감자와 베이컨, 양파, 셀러리를 넣어 준 뒤 우유와 소금, 흰후추를 넣고 살짝 끓인 다음 불을 끈다.
8. 7에서 월계수잎과 정향을 꺼내고 생선살을 넣어 준 뒤 한 번 잘 저은 후 담아낸다.

조리작업순서

재료 세척 및 손질 ⇒ 생선살 모양내어 익히고 육수 만들기 ⇒ 베이컨 썰어 데치기 ⇒ 감자, 양파, 셀러리 썰기 ⇒ 부케가르니 준비 ⇒ 볶기(베이컨, 양파, 셀러리) ⇒ 화이트 루 만들기 ⇒ 끓이기(화이트 루+육수+부케가르니+베이컨+양파+셀러리+감자+우유+생선살) ⇒ 간하기 ⇒ 담기

TIP

- ☞ 국물과 건더기의 비율을 동일하게 한다.
- ☞ 감자는 부서지기 때문에 볶지 않는다.
- ☞ 감자는 다른 채소가 절반 정도 익었을 때 넣어 준다.
- ☞ 루가 들어간 수프는 식으면 농도가 진해지므로 약간 묽게 해준다.
- ☞ 수프를 끓일 때 생선살이나 야채가 부서지지 않도록 해야 한다.
- ☞ 생선살은 부서지기 쉬우므로 완성 직전에 넣어 준다.

브라운 그래비소스

| 요구사항 |

※ 주어진 재료를 사용하여 다음과 같이 브라운 그래비소스를 만드시오.

- 브라운 루(brown roux)를 만들어 사용하시오.
- 소스의 양은 200mL 이상 만드시오.

수검자 유의사항

- 브라운 루(Brown roux)가 타지 않도록 유의한다.
- 소스의 농도에 유의한다.
- 조리작품 만드는 순서는 틀리지 않게 하여야 한다.
- 숙련된 기능으로 맛을 내야 하므로 조리작업 시 음식의 맛을 보지 않는다.
- 지정된 수험자지참준비물 이외의 조리기구나 재료를 시험장 내에 지참할 수 없다.
- 채점대상에서 제외되는 경우(288p 수검자 유의사항 참조)

재료 및 분량 (시험시간 : 30분)

밀가루(Flour) 20g / 양파(Onion) 1/6개 / 당근(Carrot) 40g / 셀러리(Celery) 20g / 토마토 페이스트(Tomato paste) 30g / 브라운스톡 또는 물(Water) 300㎖ / 무염버터(Unsalted butter) 30g / 월계수잎(Bay leaf) 1장 / 정향(Clove) 1개 / 소금(Salt) 2g / 검은후추가루(Black pepper) 1g

조리방법

1. 양파, 셀러리, 당근은 얇게 썬다.
2. 버터와 밀가루를 동량의 비율로 넣어 갈색이 나도록 볶아서 브라운 루를 만든다.
3. 냄비에 버터를 넣고 야채를 갈색이 나게 볶은 뒤 토마토 페이스트를 넣어 신맛과 떫은맛이 나지 않도록 충분히 볶는다.
4. 3에 물을 넣고 2의 브라운 루를 넣어 잘 풀어 준 뒤 부케가르니를 넣고 은근히 끓인다.
5. 떠오르는 거품은 수시로 제거한다.
6. 농도가 알맞게 되면 소금과 후추로 간을 한 뒤 체에 걸러서 그릇에 담는다.

조리작업순서

재료 세척 및 손질 ⇒ 채소 채 썰기 ⇒ 브라운 루 만들기 ⇒ 부케가르니 준비 ⇒ 볶기(채소 ⇒ 토마토 페이스트) ⇒ 소스 만들기(브라운 루 ⇒ 물 ⇒ 볶은 채소 ⇒ 부케가르니) ⇒ 간하기 ⇒ 체에 내리기 ⇒ 담기

TIP

☞ 브라운 루는 갈색을 내야 하기 때문에 오래 볶아야 하는데 타지 않도록 주의한다.
☞ 소스에 넣을 채소는 양파 : 당근 : 셀러리를 3 : 2 : 1 또는 2 : 1 : 1의 비율로 사용한다.
☞ 쇠고기나 닭고기 등을 구울 때 철판에 고이는 진한 육수를 이용하여 만든 소스를 그레이비소스라 한다.

이탈리안 미트소스

| 요구사항 |

> **※ 주어진 재료를 사용하여 다음과 같이 이탈리안 미트소스를 만드시오.**
> - 모든 재료는 다져서 사용하시오.
> - 그릇에 담고 파슬리 다진 것을 뿌려내시오.
> - 소스는 150mL이상 제출하시오.

수검자 유의사항

- 소스의 농도에 유의한다.
- 조리작품 만드는 순서는 틀리지 않게 하여야 한다.
- 숙련된 기능으로 맛을 내야 하므로 조리작업 시 음식의 맛을 보지 않는다.
- 지정된 수험자지참준비물 이외의 조리기구나 재료를 시험장 내에 지참할 수 없다.
- 채점대상에서 제외되는 경우(288p 수검자 유의사항 참조)

재료 및 분량 (시험시간 : 30분)

다진 쇠고기(Grounded beef) 60g / 캔 토마토(Canned Tomato) 30g / 양파(Onion) 1/2개 / 셀러리(Celery) 30g / 토마토 페이스트(Tomato paste) 30g / 마늘(Garlic) 1쪽 / 무염버터(Unsalted butter) 10g / 파슬리(Parsley) 1줄기 / 소금(Salt) 2g / 월계수잎(Bay leaf) 1장 / 검은후추가루(Black pepper) 2g

1

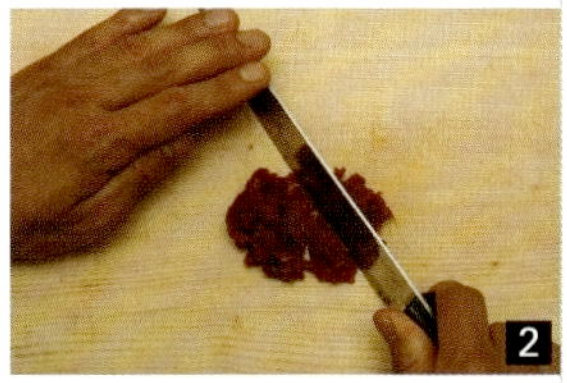
2

3

4

5

조리방법

1. 양파와 마늘, 셀러리는 곱게 다진다.
2. 토마토는 +자 모양을 낸 뒤 끓는 물에 넣었다 꺼내 껍질을 벗겨 씨를 제거하고 곱게 다져 놓는다.
3. 파슬리는 곱게 다져 면포에 싸서 흐르는 물에 헹구어 물기를 꼭 짜서 파슬리가루를 만든다.
4. 팬에 기름을 두르고 마늘을 먼저 넣고 볶다가 양파, 셀러리를 넣고 볶아 준 다음 고기를 볶는다.
5. 페이스트를 넣어 충분히 볶아 준 뒤 토마토 다진 것을 넣고 물을 붓는다.
6. 월계수잎과 파슬리 줄기 등 향신료를 넣은 후에 은근한 불에서 충분히 끓인다.
7. 다 끓으면 월계수잎, 파슬리 줄기는 건져내고 소금과 후추로 간한 다음 접시에 담는다.
8. 소스 위에 다진 파슬리가루를 뿌린다.

조리작업순서

재료 세척 및 손질 ⇒ 쇠고기 다지기 ⇒ 채소 다지기 ⇒ 파슬리가루 만들기 ⇒ 볶기(냄비에 버터-마늘-양파-셀러리-쇠고기-토마토 페이스트-토마토) ⇒ 끓이기(물+ 월계수잎 넣기) ⇒ 간하기 ⇒ 담기

TIP

☞ 소스나 수프에 허브를 넣을 때 말린 것은 끓일 때 넣고 신선한 것은 완성단계에 넣어 향을 살린다.
☞ 끓이는 도중 뜨는 기름과 거품을 깨끗이 제거해야 한다.
☞ 토마토 페이스트는 충분히 볶아 주어야 신맛과 떫은맛이 없고 색깔이 좋아진다.
☞ 캔 토마토가 없을 때에는 토마토를 콩카세한 다음 썰어서 사용한다.
☞ 이탈리안 미트소스는 주로 스파게티 요리에 사용되는 소스이다.

홀랜다이즈소스

| 요구사항 |

※ 주어진 재료를 사용하여 다음과 같이 홀랜다이즈소스를 만드시오.
- 양파, 식초를 이용하여 허브에센스를 만들어 사용하시오.
- 정제버터를 만들어 사용하시오.
- 소스는 중탕으로 만들어 굳지 않게 그릇에 담아내시오.
- 소스는 100mL이상 제출하시오.

수검자 유의사항

- 소스의 농도에 유의한다.
- 조리작품 만드는 순서는 틀리지 않게 하여야 한다.
- 숙련된 기능으로 맛을 내야 하므로 조리작업 시 음식의 맛을 보지 않는다.
- 지정된 수험자지참준비물 이외의 조리기구나 재료를 시험장 내에 지참할 수 없다.
- 채점대상에서 제외되는 경우(288p 수검자 유의사항 참조)

1

2

3

4

재료 및 분량 (시험시간 : 25분)

무염버터(Unsalted butter) 200g / 달걀(Egg) 2개 / 양파(Onion) 1/8개 / 레몬(Lemon) 1/4개 / 월계수잎(Bay leaf) 1장 / 파슬리(Parsley) 1줄기 / 검은 통후추(Black whole pepper) 3개 / 식초(Vinegar) 20㎖ / 소금(Salt) 2g / 흰후추가루(White pepper) 1g

조리방법

1. 양파는 다지고 통후추는 으깬다.
2. 버터는 뜨거운 물에 중탕으로 녹여 거품과 우유 고형물을 제거한 맑은 기름만 준비한다(정제버터).
3. 냄비에 물 1/2과 레몬식초, 타라곤, 다진 양파, 으깬 후추, 월계수잎 등을 넣고 1/3을 졸인 다음 걸러 향신즙을 만든다.
4. 중탕한 상태의 볼에 달걀노른자를 넣고 **3**의 향신즙을 약간 넣어 거품기로 잘 젓는다.
5. 정제버터를 조금씩 넣어 잘 저어 주다 되직해지면 향신즙 넣어 주기를 반복한다. 마지막에 되직해지면 향을 주기 위해 레몬즙을 넣는다.
6. 소금과 후추로 간을 하여 담아낸다.

조리작업순서

재료 세척 및 손질 ⇒ 양파 다지기 ⇒ 통후추 으깨기 ⇒ 향신즙 만들기(양파+통후추+월계수잎+식초+물 : 끓인 다음에 거르기) ⇒ 정제버터 만들기 ⇒ 달걀노른자만 볼에 준비 ⇒ 휘핑하여 소스 만들기(노른자+향신즙+버터 – 레몬즙) ⇒ 담기

TIP

☞ 온도가 너무 높으면 달걀노른자가 익어서 분리된다.
☞ 그릇은 스테인리스나 유리로 된 밑이 둥근 볼을 사용하여야 한다.
☞ 반드시 중탕을 한 상태에서 소스를 만들도록 한다.
☞ 버터를 따뜻한 상태로 유지하여야 한다.

타르타르소스

| 요구사항 |

※ 주어진 재료를 사용하여 다음과 같이 타르타르소스를 만드시오.

- 다지는 재료는 0.2㎝ 크기로 하고 파슬리는 줄기를 제거하여 사용하시오.
- 소스는 농도를 잘 맞추어 100mL이상 제출하시오.

수검자 유의사항

- 소스의 농도가 너무 묽거나 되지 않아야 한다.
- 채소의 물기 제거에 유의한다.
- 조리작품 만드는 순서는 틀리지 않게 하여야 한다.
- 숙련된 기능으로 맛을 내야 하므로 조리작업 시 음식의 맛을 보지 않는다.
- 지정된 수험자지참준비물 이외의 조리기구나 재료를 시험장 내에 지참할 수 없다.
- 채점대상에서 제외되는 경우(288p 수검자 유의사항 참조)

재료 및 분량 (시험시간 : 20분)

마요네즈(Mayonnaise) 70g / 양파(Onion) 1/10개 / 오이피클(Pickle) 1/2개 / 달걀(Egg) 1개 / 파슬리(Parsley) 1줄기 / 레몬(Lemon) 1/4개 / 소금(Salt) 2g / 흰후추가루(White pepper) 2g / 식초(Vinegar) 2㎖

조리방법

1. 달걀은 찬물에 소금과 식초를 함께 넣어 12분 정도 삶아 완숙한 다음 꺼내어 찬물에 식힌다.
2. 양파는 다져 소금을 약간 뿌려 수분이 나오면 면포에 싸서 꼭 짠다.
3. 피클은 0.2㎝로 곱게 다진다.
4. 다진 파슬리는 면포에 담아 물에 헹군 후 물기를 제거한다.
5. 삶은 달걀의 흰자는 잘 다져 놓고 노른자는 체에 내려 마요네즈를 넣고 양파, 피클, 파슬리와 잘 섞는다. 소금과 후추로 간을 하고 레몬즙을 넣어 마무리한다.
6. 그릇에 담고 파슬리 다진 것을 중앙에 약간만 뿌린다.

조리작업순서

재료 세척 및 손질 ⇒ 달걀 삶기 ⇒ 양파 다져 소금에 절여 꼭 짜기 ⇒ 피클 다지기 ⇒ 달걀 다지기 ⇒ 파슬리가루 만들기 ⇒ 버무리기(마요네즈+소금+흰후추–다진 재료–레몬즙) ⇒ 담기 ⇒ 파슬리가루

TIP

☞ 소스의 농도가 되직할 때에는 레몬즙이나 피클 국물을 약간 넣어 주면 좋다.
☞ 생선요리나 새우튀김 등에 곁들여지는 소스이다.
☞ 소스의 색깔이 노랗지 않도록 주의한다.

월도프 샐러드

| 요구사항 |

※ 주어진 재료를 사용하여 다음과 같이 월도프 샐러드를 만드시오.

- 사과, 셀러리, 호두알을 1cm의 크기로 써시오.
- 사과의 껍질을 벗겨 변색되지 않게 하고, 호두알의 속껍질을 벗겨 사용하시오.
- 상추 위에 월도프샐러드를 담아내시오.

수검자 유의사항

- 사과의 변색에 유의한다.
- 조리작품 만드는 순서는 틀리지 않게 하여야 한다.
- 숙련된 기능으로 맛을 내야 하므로 조리작업 시 음식의 맛을 보지 않는다.
- 지정된 수험자지참준비물 이외의 조리기구나 재료를 시험장 내에 지참할 수 없다.
- 채점대상에서 제외되는 경우(288p 수검자 유의사항 참조)

재료 및 분량 (시험시간 : 20분)

사과(Apple) 1개 / 호두(Walnut) 2개 / 셀러리(Celery) 30g / 레몬(Lemon) 1/4개 / 마요네즈(Mayonnaise) 60g / 소금(Salt) 2g / 흰후추가루(White pepper) 1g
양상추(Lettuce) 20g / 이쑤시개(Toothpick) 1개

1

2

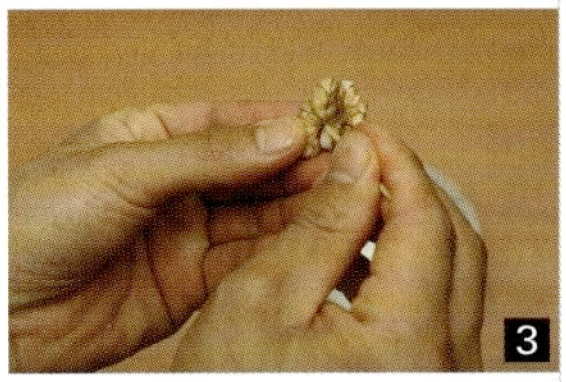
3

4

조리방법

1. 사과의 껍질과 속씨를 제거하고 사방 1㎝ 크기로 자른 다음 설탕물에 담가 사과의 변색을 방지한다.
2. 셀러리는 섬유질을 제거해 준 뒤 같은 크기로 자른다.
3. 호두는 미지근한 물에 담가 껍질을 벗겨내고 1㎝ 크기로 썰고 나머지는 굵게 다진다.
4. 사과, 셀러리, 호두에 설탕, 마요네즈, 레몬즙을 넣어 잘 섞고 소금과 후추로 간을 한다.
5. 접시에 상추 한 잎을 깔고 버무린 샐러드를 그 위에 보기 좋게 놓는다.
6. 다진 호두를 맨 위에 뿌려 준다.

조리작업순서

재료 세척 및 손질 ⇒ 호두 불리기 ⇒ 셀러리 썰기 ⇒ 양상추 모양내기 ⇒ 호두 손질(껍질 제거 후 썰기 및 다지기) ⇒ 사과 썰기 ⇒ 버무리기(마요네즈+레몬즙+설탕+소금+흰후추+사과+셀러리+호두) ⇒ 담기

TIP

☞ 사과를 썰어 놓으면 색이 변하므로 물에 소금이나 설탕을 약간 타서 담갔다 건져서 사용한다.
☞ 호두는 미지근한 물에 담갔다가 불린 후 껍질을 벗기면 잘 벗겨진다.
☞ 마요네즈를 지나치게 많이 넣지 않는다.
☞ 다진 호두는 맨 위에 뿌려 준다.

포테이토 샐러드

| 요구사항 |

※ 주어진 재료를 사용하여 다음과 같이 포테이토 샐러드를 만드시오.

- 감자는 껍질을 벗긴 후 1㎝의 정육면체로 썰어서 삶으시오.
- 양파는 곱게 다져 매운맛을 제거하시오.
- 파슬리는 다져서 사용하시오.

수검자 유의사항

- 감자는 잘 익고 부서지지 않도록 유의하고 양파의 매운맛 제거에 유의한다.
- 양파와 파슬리는 뭉치지 않도록 버무린다.
- 조리작품 만드는 순서는 틀리지 않게 하여야 한다.
- 숙련된 기능으로 맛을 내야 하므로 조리작업 시 음식의 맛을 보지 않는다.
- 지정된 수험자지참준비물 이외의 조리기구나 재료를 시험장 내에 지참할 수 없다.
- 채점대상에서 제외되는 경우(288p 수검자 유의사항 참조)

재료 및 분량 (시험시간 : 30분)

감자(Potato) 1개 / 양파(Onion) 1/6개 / 마요네즈(Mayonnaise) 50g / 파슬리(Parsley) 1줄기 / 소금(Salt) 5g / 흰후추가루(White pepper) 1g

조리방법

1. 감자는 껍질을 벗겨 사방 1㎝ 정도로 자르고 헹궈 전분질을 제거한 뒤 소금을 넣고 삶은 후 헹구지 말고 식혀 놓는다.
2. 상추와 파슬리는 씻어 물에 담가 놓는다.
3. 양파는 소금을 약간 뿌린 뒤 씻어 면포를 이용하여 수분을 제거한다.
4. 파슬리는 다진 후 면포에 싸서 물에 헹궈 준 뒤 꼭 짜서 파슬리가루를 만든다.
5. 감자, 양파, 마요네즈, 파슬리를 뭉치지 않도록 고루 섞어 잘 버무린 다음 소금과 후추를 조금 넣어 간을 해준다.
6. 양상추를 깐 접시에 담고 다진 파슬리를 중앙에 조금만 뿌린다.

1

2

3

4

5

조 | 리 | 작 | 업 | 순 | 서

재료 세척 및 손질 ⇒ 감자 손질 후 삶아서 수분 제거 ⇒ 양파 다져 절인 다음 수분 제거 ⇒ 파슬리가루 만들기 ⇒ 버무리기(감자+마요네즈+양파+파슬리가루+소금+흰후추) ⇒ 담기 ⇒ 파슬리가루 뿌리기

TIP

☞ 감자를 삶은 후 찬물에 헹구면 물기가 돌므로 주의한다.

☞ 감자가 속까지 충분히 식은 후 마요네즈에 버무려야 한다.

☞ 마요네즈에 버무릴 때 감자가 부서지지 않도록 주의한다.

☞ 버무릴 때 양파 다진 것이나 파슬리가루를 너무 많이 넣으면 샐러드가 깔끔하지 않다.

해산물 샐러드

| 요구사항 |

※ 주어진 재료를 사용하여 다음과 같이 해산물 샐러드를 만드시오.
- 미르포아(mirepoix), 향신료, 레몬을 이용하여 쿠르부용을 만드시오.
- 해산물은 손질하여 쿠르부용에 데쳐 사용하시오
- 샐러드 채소는 깨끗이 손질하여 싱싱하게 하시오.
- 레몬 비네그레트는 양파, 레몬즙, 올리브 오일 등을 사용하여 만드시오.

수검자 유의사항

- 조리작품 만드는 순서는 틀리지 않게 하여야 한다.
- 숙련된 기능으로 맛을 내야 하므로 조리작업 시 음식의 맛을 보지 않는다.
- 지정된 수험자지참준비물 이외의 조리기구나 재료를 시험장 내에 지참할 수 없다.
- 채점대상에서 제외되는 경우(288p 수검자 유의사항 참조)

재료 및 분량 (시험시간 : 30분)

새우(Shrimp) 3마리 / 관자살(Shellfish adductor) 1개 / 피홍합(Mussel with shell) 3개 / 중합(Medium clam) 3개 / 양파(Onion) 1/4개 / 마늘(Garlic) 1쪽 / 실파(Small leek) 20g / 그린치커리(Green chicory) 2줄기 / 양상추(Lettuce) 10g / 롤라로사 (Lollo rossa) 2잎 / 올리브오일(Olive oil) 20㎖ / 레몬(Lemon) 1/4개 / 식초(Vinegar) 10㎖ / 딜(Dill) 2줄기 / 월계수잎(Bay leaf) 1장 / 셀러리(Celery) 10g / 흰 통후추(White whole pepper) 3개 / 당근(Carrot) 15g / 소금(Salt) 5g / 흰후추가루(White pepper) 5g

조리방법

1. 치커리, 롤로로사, 양상추, 그린비타민을 깨끗하게 씻어서 물에 담가 놓는다.
2. 쿠르부용 준비하기 : 마늘, 양파, 당근, 셀러리, 흰 통후추, 소금, 월계수잎, 레몬, 물 2컵을 냄비에 끓인다.
3. 해산물 손질하기 : 관자는 껍질을 제거하고 내장은 다듬어 놓는다. 홍합은 껍데기에 붙어 있는 흡착판을 제거한다. 새우는 내장을 제거한다. 중합은 소금물에 담가 놓는다.
4. 쿠르부용(채소 육수)에 새우, 관자를 먼저 데치고, 피홍합과 중합을 데쳐서 식힌다. 데친 관자, 새우는 적당한 크기로 3등분하고, 홍합과 중합은 껍질을 제거한다.
5. 레몬 비네그레트소스 준비하기 : 혼합 볼에 레몬에서 짜낸 주스를 넣고, 다진 마늘, 다진 딜, 식초, 소금, 후추를 거품기로 저으면서 잘 섞은 다음, 올리브오일을 조금씩 천천히 부어 주면서 거품기로 잘 섞어 준다.
6. 손질해 놓은 해산물에 레몬 비네그레트소스를 넣고 잘 버무려 준다.
7. 레몬 제스트 만들기 : 레몬껍질은 흰 부분을 제거하고 노란 부위만을 채 썰어 끓는 물에 데쳐 준비해 놓는다.
8. 채소 부케(샐러드) 만들기 : 롤라로사를 접시 위쪽에 놓고 양상추를 3~4㎝ 크기로 손으로 뜯어 위에 놓는다. 그 위에 치커리, 비타민 등 야채를 놓는다. 채소 샐러드 위에 드레싱에 버무린 해산물 샐러드를 놓는다.
9. 해산물 샐러드 위에 레몬 제스트를 4~5개 올려서 모양을 낸다.

조리작업순서

채소 씻어 물에 담그기 ⇒ 쿠르부용 준비하기 ⇒ 해산물 손질하기 ⇒ 쿠르부용에 해산물 데치기 ⇒ 레몬 비네그레트소스 준비하기 ⇒ 해산물에 레몬 비네그레트소스를 넣고 버무리기 ⇒ 레몬 제스트 만들기 ⇒ 야채 부케(샐러드) 만들기 ⇒ 담기

TIP

☞ 새우는 내장을 제거한다.
☞ 레몬 비네그레트소스가 분리되지 않도록 주의한다.
☞ 양상추는 손으로 뜯어서 사용한다.

시저샐러드

| 요구사항 |

※ 주어진 재료를 사용하여 다음과 같이 시저샐러드를 만드시오.

- 마요네즈(100g 이상), 시저드레싱(100g 이상), 시저샐러드(전량)를 만들어 3가지를 각각 별도의 그릇에 담아 제출하시오.
- 마요네즈(mayonnaise)는 달걀노른자, 카놀라오일, 레몬즙, 디존 머스터드, 화이트와인 식초를 사용하여 만드시오.
- 시저드레싱(caesar dressing)은 마요네즈, 마늘, 앤초비, 검은후춧가루, 파미지아노 레기아노, 올리브오일, 디존 머스터드, 레몬즙을 사용하여 만드시오.
- 파미지아노 레기아노는 강판이나 채칼을 사용하시오.
- 시저샐러드(caesar salad)는 로메인 상추, 곁들임(크루통(1cm x 1cm), 구운 베이컨(폭 0.5cm) 파미지아노 레기아노, 시저드레싱을 사용하여 만드시오.

수검자 유의사항

- 소스의 농도에 유의한다.
- 조리작품 만드는 순서는 틀리지 않게 하여야 한다.
- 숙련된 기능으로 맛을 내야 하므로 조리작업 시 음식의 맛을 보지 않는다.
- 지정된 수험자지참준비물 이외의 조리기구나 재료를 시험장 내에 지참할 수 없다.
- 채점대상에서 제외되는 경우(288p 수검자 유의사항 참조)

재료 및 분량 (시험시간 : 35분)

달걀(Egg) 2개 / 디존 머스타드(Dijon mustard) 10g / 레몬(Lemon) 1개 / 로메인 상추(Romaine) 50g / 마늘(Garlic) 1쪽 / 베이컨(Bacon) 15g / 엔초비(Anchovy) 3개 / 올리브오일(Extra Virgin olive oil) 20ml / 카놀라오일(Canola oil) 300ml / 식빵(Bread) 1장 / 검은 후추가루(Black pepper) 5g / 파미지아노 레기아노치즈(Parmigiano-reggiano) 20g / 화이트와인식초(White wind vinegar) 20ml / 소금(Salt) 10g

조리방법

1. 로메인 상추는 손으로 뜯어 찬물에 담가 놓는다.
2. 달걀 노른자만 분리하여 디존 머스터드를 넣어 거품기로 잘 섞은 후 카놀라 오일을 조금씩 나누어 넣고 농도가 나도록 젓는다.
3. 되직하게 농도가 나올 때 소금, 레몬즙과 화이트 와인식초를 조금씩 첨가하여 마요네즈소스를 만든다. (마요네즈 100g은 별도로 제출한다.)
4. 마늘과 엔초비를 다지고, 파미지아노 레기아노는 강판에 갈아 준 후 마요네즈에 다진 마늘과 앤초비, 디존 머스타드, 레몬즙, 올리브오일, 검은 후추가루를 넣고 섞어준다.(시저드레싱 100g은 별도로 제출한다.)
5. 식빵은 1cm×1cm의 정사각형 깍둑썰기 하여 오일과 함께 볶아 준다.
6. 베이컨은 0.5cm로 썰어 팬에 볶아 기름을 제거한다.
7. 파미지아노 레기아노 치즈는 강판을 이용하여 갈아 준 후 샐러드에 뿌려준다.
8. 로메인 상추의 물기를 제거하고 시저 드레싱을 뿌려 완성 그릇에 담고 구운 베이컨과 크루통을 곁들인다.
9. 시저 샐러드와 마요네즈, 시저드레싱을 제출한다.

요리작업순서

재료 세척 및 손질 ⇒ 로메인 상추 손질 ⇒마요네즈 소스만들기(달걀노른자, 카놀라 오일, 레몬즙, 디존머스타드, 화이트와인식초) ⇒ 시저드레싱 만들기(마요네즈, 마늘, 앤초비, 검은 후추가루, 파미지아노레기아노, 올리브오일, 디존머스타드, 레몬즙) ⇒ 식빵(크루통), 베이컨굽기, 파미지아노 레기아노 ⇒ 로메인 상추 물기 제거 후 시저 드레싱에 버무리기⇒ 샐러드에 크루통과 구운 베이컨 곁들이기 ⇒ 마요네즈, 시저드레싱, 시저샐러드를 그릇에 담아 제출

TIP

☞ 마요네즈 만들 때 오일은 조금씩 넣어준다.
☞ 시저드레싱에 마늘과 앤초비를 최대한 잘게 다져 골고루 섞는다.
☞ 식빵 크루통은 불을 약하게 하여 노릇하게 굽도록 한다.

사우전드 아일랜드 드레싱

| 요구사항 |

※ 주어진 재료를 사용하여 다음과 같이 사우전드 아일랜드 드레싱을 만드시오.
- 드레싱은 핑크빛이 되도록 하시오.
- 다지는 재료는 0.2㎝ 정도의 크기로 하시오
- 드레싱은 농도를 잘 맞추어 100mL이상 제출하시오.

수검자 유의사항

- 다진 재료의 물기를 제거한다.
- 조리작품 만드는 순서는 틀리지 않게 하여야 한다.
- 숙련된 기능으로 맛을 내야 하므로 조리작업 시 음식의 맛을 보지 않는다.
- 지정된 수험자지참준비물 이외의 조리기구나 재료를 시험장 내에 지참할 수 없다.
- 채점대상에서 제외되는 경우(288p 수검자 유의사항 참조)

재료 및 분량 (시험시간 : 20분)

마요네즈(Mayonnaise) 70g / 토마토케첩(Tomato ketchup) 20g / 양파(Onion) 1/6개 / 오이피클(Pickle) 1/2개 / 레몬(Lemon) 1/4개 / 달걀(Egg) 1개 / 청피망(Pimiento) 1/4개 / 소금(Salt) 2g / 식초 10ml / 흰후추가루(White pepper) 1g

조리방법

1. 달걀은 찬물에 소금과 함께 넣어 12분 정도 삶아 완숙한 후 찬물에 담가 식혀 둔다.
2. 삶은 달걀은 흰자와 노른자를 분리해서 흰자는 굵게 다지고 노른자는 체에 내린다.
3. 양파는 곱게 다져 소금을 살짝 뿌린 뒤 씻어 물기를 꼭 제거해 놓는다.
4. 피클, 셀러리, 피망도 0.2㎝ 크기로 다진 다음 소금으로 버무려 물기를 제거한다.
5. 준비한 재료에 마요네즈와 토마토케첩, 소금, 후추를 넣고 골고루 섞어 준 후 레몬즙과 식초으로 농도를 맞춘다.
6. 그릇에 잘 담고 파슬리 다진 것을 가운데 조금만 뿌려 준다.

조리작업순서

재료 세척 및 손질 ⇒ 달걀 삶기 ⇒ 양파 다진 후 소금에 살짝 절이기 ⇒ 피클, 피망 다지기 ⇒ 달걀 다지기 ⇒ 버무리기(마요네즈+토마토케첩+소금+흰후추+다진 재료+레몬즙) ⇒ 담기

TIP

☞ 색이 너무 진한 분홍빛이 된다든지, 다진 재료들이 너무 거칠지 않도록 유의한다.
☞ 마요네즈와 토마토케첩의 비율은 3 : 1이 적당하다.
☞ 속 재료 혼합물에 마요네즈와 케첩의 혼합물을 넣어 가면서 비율(건더기와 소스의)을 맞춘다.
☞ 소스의 농도는 샐러드에 드레싱을 곁들일 때 완전히 흘러내리는 것보다는 흐르듯이 멈추어지는 농도를 보여야 한다.

프렌치 프라이드 쉬림프

| 요구사항 |

※ 주어진 재료를 사용하여 다음과 같이 프렌치 프라이드 쉬림프을 만드시오.

- 새우는 꼬리쪽에서 1마디 정도 껍질을 남겨 구부러지지 않게 튀기시오.
- 새우튀김은 4개를 제출하시오.
- 레몬과 파슬리를 곁들이시오.

수검자 유의사항

- 새우는 꼬리 쪽에서 1마디 정도만 껍질을 남긴다.
- 튀김반죽에 유의하고, 튀김의 색깔을 깨끗하게 한다.
- 조리작품 만드는 순서는 틀리지 않게 하여야 한다.
- 숙련된 기능으로 맛을 내야 하므로 조리작업 시 음식의 맛을 보지 않는다.
- 지정된 수험자지참준비물 이외의 조리기구나 재료를 시험장 내에 지참할 수 없다.
- 채점대상에서 제외되는 경우
  - 실격 : 불을 사용하여 만든 조리작품이 작품특성에 벗어나는 정도로 타거나 익지 않은 경우, 가스레인지 화구 2개 이상 사용한 경우, 시설 · 장비 사용 시 감독위원 및 타수험자의 진행에 위협이 될 것으로 감독위원 전원이 판단한 경우
  - 오작 : 요리의 형태를 다르게 만들거나 해당과제의 지급재료 이외의 재료를 사용한 경우
  - 미완성 : 문제의 요구사항대로 작품의 수량이 만들어지지 않은 경우
시험시간 내에 과제 두 가지를 제출하지 못한 경우

1

2

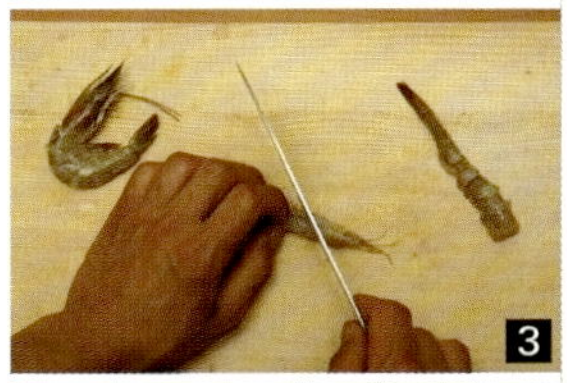
3

4

5

6

재료 및 분량 (시험시간 : 25분)

새우(Shrimp) 4마리 / 달걀(Egg) 1개 / 레몬(Lemon) 1/6개 / 파슬리(Parsley) 1줄기 / 백설탕(Sugar) 2g / 밀가루(Flour) 80g / 소금(Salt) 2g / 흰후추가루(White pepper) 2g / 식용유(Vegetable oil) 500㎖ / 냅킨(Napkin) 2장 / 이쑤시개(Toothpick) 1개

조리방법

1. 새우를 깨끗이 씻은 다음 내장과 꼬리 쪽 한 마디를 제외한 껍질을 제거한다. 꼬리부분은 칼끝으로 훑어 깨끗이 씻고 V자로 다듬는다. 꼬리부분의 공기 주머니는 튀길 때 물이 튈 염려가 있으므로 제거한다.
2. 배 안쪽에 칼집을 2~3회 넣고 소금과 후추로 간을 한다(꼬리부분이 떨어지지 않도록 주의한다).
3. 달걀을 흰자와 노른자로 분리하여 흰자는 거품을 내놓는다(머랭).
4. 노른자에 물을 먼저 섞고 밀가루, 설탕을 혼합한 후 머랭을 넣어 거품이 꺼지지 않게 튀김옷을 만든다.
5. 새우에 밀가루를 묻히고 튀김옷을 입혀 160~170℃의 온도에서 튀긴다.
6. 접시에 4쪽의 새우튀김을 가지런히 놓고 레몬과 파슬리로 보기 좋게 장식한다.

조리작업순서

재료 세척 및 손질 ⇒ 파슬리 찬물에 담그기 ⇒ 새우 손질(머리, 내장, 껍질, 물총 제거–칼집–소금–후추) ⇒ 레몬 손질 ⇒ 흰자 거품내기 ⇒ 튀김옷 만들기 ⇒ 새우 튀김옷 입히기(새우 수분 제거–밀가루–튀김옷) ⇒ 튀기기 ⇒ 담기 ⇒ 레몬, 파슬리 장식

TIP

☞ 흰자 거품은 그릇을 뒤집었을 때 쏟아지지 않아야 한다. 그러나 지나치면 물러지므로 주의한다.
☞ 튀김반죽이 너무 되면 튀김옷이 갈라진다.
☞ 튀김옷 비율 : 노른자 1개 + 물 1.5Ts + 설탕 1/2tsp + 밀가루 3Ts + 흰자 거품 2Ts(스푼에 넘치게)
☞ 칼집을 넣은 새우는 등 쪽을 엄지손가락으로 눌러 힘줄을 확실히 끊어 주어야 새우가 휘지 않는다.

치킨커틀릿

| 요구사항 |

※ 주어진 재료를 사용하여 다음과 같이 치킨커틀릿을 만드시오.
- 닭은 껍질째 사용하시오.
- 완성된 커틀릿의 색에 유의하고 두께는 1㎝ 정도로 하시오.
- 딥 팻 프라잉(Deep fat frying)으로 하시오

수검자 유의사항

- 닭고기 모양에 유의한다.
- 완성된 커틀릿의 색깔에 유의한다.
- 조리작품 만드는 순서는 틀리지 않게 하여야 한다.
- 숙련된 기능으로 맛을 내야 하므로 조리작업 시 음식의 맛을 보지 않는다.
- 지정된 수험자지참준비물 이외의 조리기구나 재료를 시험장 내에 지참할 수 없다.
- 채점대상에서 제외되는 경우
  - 실격 : 불을 사용하여 만든 조리작품이 작품특성에 벗어나는 정도로 타거나 익지 않은 경우, 가스레인지 화구 2개 이상 사용한 경우, 시설 · 장비 사용 시 감독위원 및 타수험자의 진행에 위협이 될 것으로 감독위원 전원이 판단한 경우
  - 오작 : 요리의 형태를 다르게 만들거나 해당과제의 지급재료 이외의 재료를 사용한 경우
  - 미완성 : 문제의 요구사항대로 작품의 수량이 만들어지지 않은 경우
시험시간 내에 과제 두 가지를 제출하지 못한 경우

재료 및 분량 (시험시간 : 30분)

닭다리(허벅지살 포함) 1개 / 밀가루(Flour) 30g / 빵가루(Bread crumb) 50g / 달걀(Egg) 1개 / 소금(Salt) 2g / 검은후추가루(Black pepper) 2g / 식용유(Vegetable oil) 500㎖ / 냅킨(Napkin) 2장

조리방법

1. 닭은 껍질을 제거하지 않은 상태로 깨끗이 씻어서 뼈를 발라내고 익힐 때 오그라들지 않도록 군데군데 칼집을 넣어 준다.
2. 1의 손질한 닭고기에 소금과 후추로 밑간을 한다.
3. 달걀을 깨뜨려 젓가락으로 저어 둔다.
4. 2의 밑간한 닭고기에 밀가루, 달걀, 빵가루의 순서로 튀김옷을 입힌다.
5. 160~180℃ 정도의 식용유에 황금갈색으로 튀겨낸다.

1

2

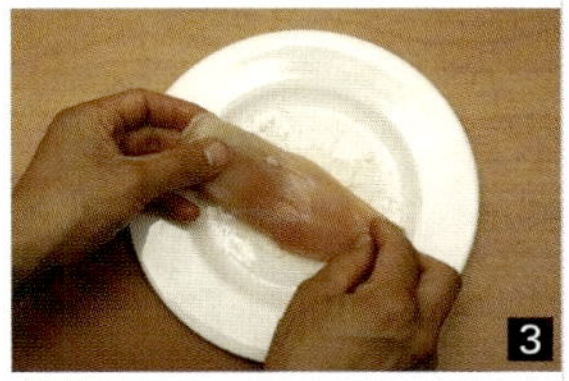
3

4

5

조리작업순서

재료 세척 및 손질 ⇒ 닭 손질(뼈 발라내고 칼집 넣기-소금, 후추로 간하기) ⇒ 달걀 풀기 ⇒ 닭 튀김옷 입히기(닭-밀가루-달걀물-빵가루) ⇒ 튀기기 ⇒ 담기

TIP

- ☞ 닭은 칼집을 잘 넣어야 튀길 때 모양이 오그라들지 않는다.
- ☞ 밀가루를 묻힌 후 여분의 밀가루를 털어내야 한다.
- ☞ 빵가루를 묻힌 후 바로 튀기면 타기 쉬우므로 5분 정도 방치하여 빵가루가 촉촉해지면 튀긴다.
- ☞ 속 재료가 익는 데 시간이 오래 걸리므로 중불에서 속까지 익힌 후 색깔을 낸다.
- ☞ 튀김은 기름에서 건져도 후조리가 진행되어 색이 진해지므로 색깔 조절에 주의한다.

치킨 알라킹

| 요구사항 |

※ 주어진 재료를 사용하여 다음과 같이 치킨 알라킹을 만드시오.

- 완성된 닭고기와 채소, 버섯의 크기는 1.8×1.8㎝ 정도로 균일하게 하시오.
- 닭뼈를 이용하여 치킨 육수를 만들어 사용하시오.
- 화이트 루(roux)를 이용하여 베샤멜소스를 만들어 사용하시오.

수검자 유의사항

- 소스의 색깔과 농도에 유의한다.
- 조리작품 만드는 순서는 틀리지 않게 하여야 한다.
- 숙련된 기능으로 맛을 내야 하므로 조리작업 시 음식의 맛을 보지 않는다.
- 지정된 수험자지참준비물 이외의 조리기구나 재료를 시험장 내에 지참할 수 없다.
- 채점대상에서 제외되는 경우
  - 실격 : 불을 사용하여 만든 조리작품이 작품특성에 벗어나는 정도로 타거나 익지 않은 경우, 가스레인지 화구 2개 이상 사용한 경우, 시설 · 장비 사용 시 감독위원 및 타수험자의 진행에 위협이 될 것으로 감독위원 전원이 판단한 경우
  - 오작 : 요리의 형태를 다르게 만들거나 해당과제의 지급재료 이외의 재료를 사용한 경우
  - 미완성 : 문제의 요구사항대로 작품의 수량이 만들어지지 않은 경우
    시험시간 내에 과제 두 가지를 제출하지 못한 경우

재료 및 분량 (시험시간 : 30분)

닭다리(허벅지살 포함) 1개 / 홍피망(Red pimiento) 1/6개 / 청피망(Pimiento) 1/4개 / 양파(Onion) 1/6개 / 양송이(Mushroom) 20g / 밀가루(Flour) 15g / 무염버터(Unsalted butter) 20g / 우유(Milk) 150㎖ / 생크림(Fresh cream) 20ml / 정향(Clove) 1개 / 소금(Salt) 2g / 흰후추가루(White pepper) 2g / 월계수잎(Bay leaf) 1장

1

2

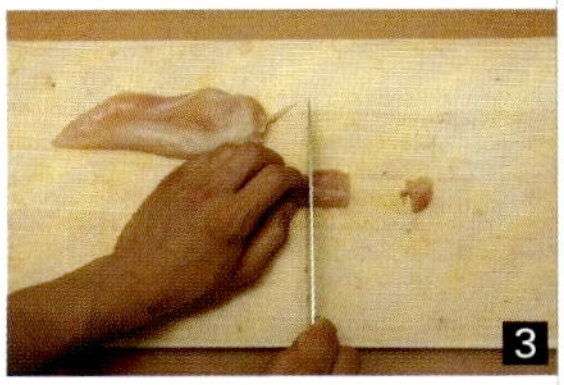

3

4

조리방법

1. 닭고기의 뼈와 껍질을 제거하고 살은 2.5㎝의 사각형으로 자른다.
2. 뼈로 육수를 끓인 물에 닭고기를 데쳐낸 후 버터에 살짝 볶는다. 육수는 면포에 걸러 준비한다.
3. 양송이는 두껍게 슬라이스하고, 피망과 양파는 1.8×1.8㎝ 크기로 잘라 볶는다.
4. 버터와 밀가루를 동량으로 하여 화이트 루를 만든 뒤 육수를 넣고 멍울이 지지 않도록 잘 풀어 준다.
5. 4에 정향과 우유를 넣고 수프의 농도까지 끓여 준 뒤 닭과 야채를 넣어 조금 더 끓인다.
6. 그릇에 담는다.

조리작업순서

재료 세척 및 손질 ⇒ 닭 뼈와 껍질을 제거하고 살만 자르기 ⇒ 육수 만들기 ⇒ 닭살 익히기 ⇒ 양파, 양송이, 피망 썰기, 볶기 ⇒ 화이트 루 만들기 ⇒ 끓이기(루+육수+우유+닭+채소) ⇒ 간하기 ⇒ 담기

TIP

☞ 완성된 요리에 기름이 뜨지 않도록 육수는 면포에 걸러 찌꺼기와 기름을 제거한다.
☞ 채소 볶을 때 부서지지 않도록 주의한다.
☞ 끓이면서 이물질을 제거해 준다.
☞ 국물이 되직할 때에는 육수 또는 우유로 농도를 조절한다.

서로인 스테이크

요구사항

※ **주어진 재료를 사용하여 다음과 같이 설로인 스테이크를 만드시오.**
- 스테이크는 미디엄(medium)으로 구우시오.
- 더운 채소(당근, 감자, 시금치)를 각각 모양 있게 만들어 함께 내시오.

수검자 유의사항

- 스테이크의 색에 유의한다(곁들이는 소스는 생략한다).
- 주어진 조미재료를 활용하여 더운 채소의 요리법(색, 모양 등)에 유의한다.
- 조리작품 만드는 순서는 틀리지 않게 하여야 한다.
- 숙련된 기능으로 맛을 내야 하므로 조리작업 시 음식의 맛을 보지 않는다.
- 지정된 수험자지참준비물 이외의 조리기구나 재료를 시험장 내에 지참할 수 없다.
- 채점대상에서 제외되는 경우
  - 실격 : 불을 사용하여 만든 조리작품이 작품특성에 벗어나는 정도로 타거나 익지 않은 경우, 가스레인지 화구 2개 이상 사용한 경우, 시설 · 장비 사용 시 감독위원 및 타수험자의 진행에 위협이 될 것으로 감독위원 전원이 판단한 경우
  - 오작 : 요리의 형태를 다르게 만들거나 해당과제의 지급재료 이외의 재료를 사용한 경우
  - 미완성 : 문제의 요구사항대로 작품의 수량이 만들어지지 않은 경우
    시험시간 내에 과제 두 가지를 제출하지 못한 경우

재료 및 분량 (시험시간 : 30분)

쇠고기 등심(Sirloin) 200g / 감자(Potato) 1/2개 / 당근(Carrot) 70g / 양파(Onion) 1/6개 / 시금치(Spinach) 70g / 식용유(Vegetable oil) 150㎖ / 무염버터(Unsalted butter) 50g / 백설탕(Sugar) 25g / 소금(Salt) 2g / 검은후추가루(Black pepper) 1g

조리방법

1. 당근은 동전 모양으로 잘라 모서리를 다듬어 끓는 물에 삶은 다음 버터, 설탕을 1 : 1 비율로 섞어 가열하여 졸인다.
2. 시금치는 끓는 소금물에 데쳐 찬물에 식힌 후 물기를 짜서 5㎝ 정도의 길이로 썬다.
3. 버터에 다진 양파를 볶다가 시금치를 넣어 볶고 소금과 후추로 간을 한다.
4. 감자는 껍질을 벗겨 0.7×0.7×5㎝로 썰어서 기름에 튀기고 간을 하여 프렌치 프라이드 포테이토를 만든다.
5. 등심은 소금과 후추로 간을 해준 뒤 프라이팬에 식용유를 살짝 바른 후 한 면이 갈색이 나면 뒤집어서 중간 정도로 굽는다.
6. 당근, 시금치, 감자를 등심과 함께 접시에 보기 좋게 놓고, 당근에 다진 파슬리를 뿌린다.

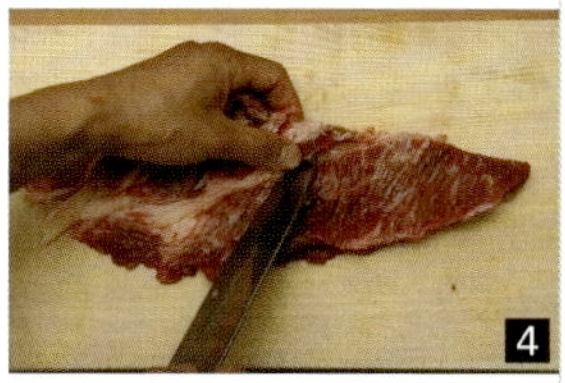

조 | 리 | 작 | 업 | 순 | 서

재료 세척 및 손질 ⇒ 감자, 당근 모양 만든 뒤 데치기 ⇒ 시금치 데치기 ⇒ 시금치 버터에 볶기 ⇒ 당근 졸이기 ⇒ 감자 튀기기 ⇒ 스테이크 손질하기 ⇒ 스테이크 굽기 ⇒ 담기

TIP

☞ 스테이크는 강하게 달군 팬에서 구워야 색깔도 좋고 육즙이 많이 유출되지 않아 맛이 좋다.
☞ 강한 불에서 겉부분을 익힌 후 불을 약간 줄여서 미디엄으로 익혀 준다.
☞ 소고기는 약간 타원형으로 다듬는다.

살리스버리 스테이크

| 요구사항 |

※ 주어진 재료를 사용하여 다음과 같이 살리스버리 스테이크를 만드시오.

- 살리스버리 스테이크는 타원형으로 만들어 고기 앞, 뒤의 색을 갈색으로 구우시오.
- 더운 채소(당근, 감자, 시금치)를 각각 모양 있게 만들어 곁들여 내시오.

수검자 유의사항

- 고기가 타지 않도록 하며, 구워진 고기가 단단해지지 않도록 유의한다(곁들이는 소스는 생략한다).
- 주어진 조미재료를 활용하여 더운 채소의 요리법(색, 모양 등)에 유의한다.
- 조리작품 만드는 순서는 틀리지 않게 하여야 한다.
- 숙련된 기능으로 맛을 내야 하므로 조리작업 시 음식의 맛을 보지 않는다.
- 지정된 수험자지참준비물 이외의 조리기구나 재료를 시험장 내에 지참할 수 없다.
- 채점대상에서 제외되는 경우
  - 실격 : 불을 사용하여 만든 조리작품이 작품특성에 벗어나는 정도로 타거나 익지 않은 경우, 가스레인지 화구 2개 이상 사용한 경우, 시설 · 장비 사용 시 감독위원 및 타수험자의 진행에 위협이 될 것으로 감독위원 전원이 판단한 경우
  - 오작 : 요리의 형태를 다르게 만들거나 해당과제의 지급재료 이외의 재료를 사용한 경우
  - 미완성 : 문제의 요구사항대로 작품의 수량이 만들어지지 않은 경우
    시험시간 내에 과제 두 가지를 제출하지 못한 경우

재료 및 분량 (시험시간 : 40분)

다진 쇠고기(Grounded beef) 130g / 양파(Onion) 1/6개 / 감자(Potato) 1/2개 / 당근(Carrot) 70g / 시금치(Spinach) 70g / 우유(Milk) 10㎖ / 달걀(Egg) 1개 / 빵가루(Bread crumb) 20g / 백설탕(Sugar) 25g / 무염버터(Unsalted butter) 50g / 식용유(Vegetable oil) 150㎖ / 소금(Salt) 2g / 검은후추가루(Black pepper) 2g

조리방법

1. 양파는 곱게 다진 뒤 살짝 볶아서 식힌다.
2. 볼에 볶은 양파, 다진 쇠고기, 빵가루, 소금, 후추, 우유, 달걀 등을 혼합하여 끈기가 생기도록 잘 치대어 가운데가 약간 들어간 타원형으로 만든다.
3. 팬에 기름을 두르고 가열한 다음, 타원형 고기의 한쪽 면을 먼저 갈색 나게 굽고 뒤집어서 은근한 불에서 익힌다.
4. 당근을 동전 모양으로 잘라 모서리를 다듬어 끓는 물에 삶은 다음 버터, 설탕을 1 : 1의 비율로 섞어 가열해서 당근을 졸인다.
5. 시금치는 소금 넣은 물에 데치고 찬물에 식혀서 물기를 짠 다음 5㎝ 정도의 길이로 썬다.
6. 가니쉬에 들어갈 양파는 다져서 5의 시금치와 같이 버터에 볶아 준 다음 소금과 후추로 간을 한다.
7. 감자는 껍질을 벗겨 0.7×0.7×5㎝로 썰어서 기름에 튀겨낸 후 뜨거울 때 소량의 소금을 뿌려 간을 하여 프렌치 프라이드 포테이토를 만든다.
8. 접시에 준비한 더운 야채를 보기 좋게 놓고, 살리스버리 스테이크를 담는다.

조리작업순서

재료 세척 및 손질 ⇒ 스테이크 반죽하기 ⇒ 감자, 당근 모양 만든 뒤 데치기 ⇒ 시금치 데치기 ⇒ 양파 다지기 ⇒ 시금치 볶기 ⇒ 당근 졸이기 ⇒ 감자 튀기기 ⇒ 스테이크 만들기 ⇒ 스테이크 굽기 ⇒ 담기

TIP

- ☞ 양파를 곱게 다진 후 볶아 식혀 넣어야 수분이 나오지 않는다.
- ☞ 고기는 오래 끈기 있게 치대어 사용해야 모양이 매끄럽다.
- ☞ 가장자리부터 익기 때문에 중심부분을 약간 얇게 만드는 것이 좋다.
- ☞ 한쪽 면은 색깔을 낸 후 뒤집어서 구울 때 불을 약하게 조절해야 천천히 색깔이 나면서 속까지 잘 익는다.
- ☞ 달걀과 우유를 너무 많이 넣으면 반죽이 질어지므로 주의한다.

비프스튜

| 요구사항 |

※ 주어진 재료를 사용하여 다음과 같이 비프스튜를 만드시오.

- 완성된 쇠고기와 야채의 크기는 1.8㎝ 정도의 정육면체로 하시오.
- 브라운 루(Brown roux)를 만들어 사용하시오.
- 파슬리 다진 것을 뿌려 내시오

수검자 유의사항

- 소스의 농도와 분량에 유의한다.
- 고기와 야채는 형태를 유지하면서 익는 정도에 유의한다.
- 조리작품 만드는 순서는 틀리지 않게 하여야 한다.
- 숙련된 기능으로 맛을 내야 하므로 조리작업 시 음식의 맛을 보지 않는다.
- 지정된 수험자지참준비물 이외의 조리기구나 재료를 시험장 내에 지참할 수 없다.
- 채점대상에서 제외되는 경우
  - 실격 : 불을 사용하여 만든 조리작품이 작품특성에 벗어나는 정도로 타거나 익지 않은 경우, 가스레인지 화구 2개 이상 사용한 경우, 시설 · 장비 사용 시 감독위원 및 타수험자의 진행에 위협이 될 것으로 감독위원 전원이 판단한 경우
  - 오작 : 요리의 형태를 다르게 만들거나 해당과제의 지급재료 이외의 재료를 사용한 경우
  - 미완성 : 문제의 요구사항대로 작품의 수량이 만들어지지 않은 경우
    시험시간 내에 과제 두 가지를 제출하지 못한 경우

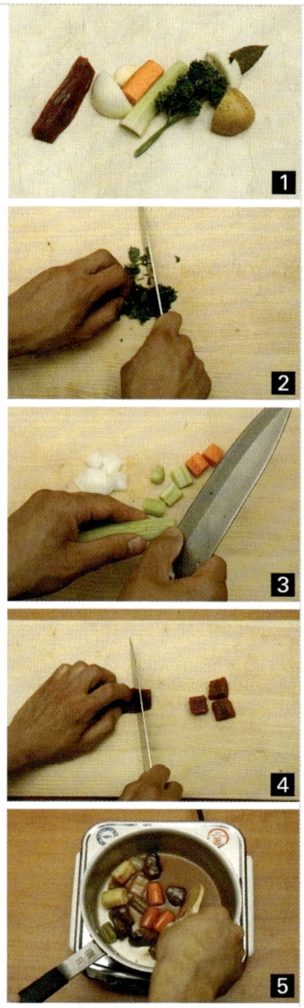

재료 및 분량 (시험시간 : 40분)

쇠고기(Beef) 100g / 감자(Potato) 1/3개 / 당근(Carrot) 70g / 양파(Onion) 1/4개 / 셀러리(Celery) 30g / 마늘(Garlic) 1쪽 / 토마토 페이스트(Tomato paste) 20g / 무염버터(Unsalted butter) 30g / 밀가루(Flour) 25g / 월계수잎(Bay leaf) 1장 / 파슬리(Parsley) 1줄기 / 정향(Clove) 1개 / 소금(Salt) 2g / 검은후추가루(Black pepper) 2g

조리방법

1. 쇠고기는 2.5㎝ 크기의 육면체로 썬다.
2. 셀러리, 당근, 감자, 양파도 2㎝ 크기의 육면체로 썰고 모서리를 둥글게 다듬는다.
3. 마늘은 곱게 다진다.
4. 파슬리는 다진 후 면포에 싸서 물에 헹궈 준 뒤 꼭 짜서 파슬리 가루를 만든다.
5. 버터와 밀가루를 동량으로 하여 브라운 루로 볶아 둔다.
6. 쇠고기는 소금과 후추로 간하고 밀가루를 묻힌 뒤 잘 털어서 버터 두른 팬에 갈색이 나도록 지진다.
7. 팬에 마늘을 볶다가 채소를 넣고 함께 볶는다. 페이스트를 넣어 준 뒤 신맛과 떫은맛이 나지 않도록 충분히 볶는다.
8. 7에 쇠고기와 브라운 루, 물을 넣어 잘 풀어 준 다음 부케가르니를 넣고 끓인다.
9. 약불에서 푹 익힌다.
10. 적당한 농도로 졸여지면 소금, 후추로 간을 맞추고 부케가르니를 꺼내 준 뒤 그릇에 담는다.
11. 파슬리가루를 뿌린다.

조리작업순서

재료 세척 및 손질 ⇒ 쇠고기(모양 만든 후 소금, 후추, 밀가루) ⇒ 채소 손질 ⇒ 파슬리가루 만들기 ⇒ 부케가르니 만들기 ⇒ 브라운 루 볶기 ⇒ 쇠고기 볶기 ⇒ 채소 볶기 ⇒ 페이스트 넣고 볶기 ⇒ 끓이기 ⇒ 간하기 ⇒ 담기 ⇒ 파슬리가루 뿌리기

TIP

- ☞ 감자는 채소가 절반 정도 익었을 때 넣는다.
- ☞ 끓이는 도중에 위에 뜨는 기름과 거품은 깨끗이 제거해 준다.
- ☞ 루는 약한 불에서 서서히 볶아야 한다.
- ☞ 비프스튜는 수분의 증발을 막기 위해 뚜껑을 덮고 조리해야 한다.
- ☞ 소스의 색은 붉은색보다 갈색에 가까운 것이 좋다.
- ☞ 고기는 밀가루를 많이 묻히면 멍울이 생기기 때문에 조금만 사용한다.

바비큐포크찹

| 요구사항 |

※ 주어진 재료를 사용하여 다음과 같이 바비큐포크찹을 만드시오.
- 고기는 뼈가 붙은 채로 사용하고 고기의 두께는 1cm로 하시오.
- 양파, 셀러리, 마늘은 다져 소스로 만드시오.
- 완성된 소스는 농도에 유의하고 윤기가 나도록 하시오.

수검자 유의사항

- 주어진 재료로 소스를 만들고 농도에 유의한다.
- 재료의 익히는 순서를 고려하여 끓인다.
- 조리작품 만드는 순서는 틀리지 않게 하여야 한다.
- 숙련된 기능으로 맛을 내야 하므로 조리작업 시 음식의 맛을 보지 않는다.
- 지정된 수험자지참준비물 이외의 조리기구나 재료를 시험장 내에 지참할 수 없다.
- 채점대상에서 제외되는 경우
  - 실격 : 불을 사용하여 만든 조리작품이 작품특성에 벗어나는 정도로 타거나 익지 않은 경우, 가스레인지 화구 2개 이상 사용한 경우, 시설 · 장비 사용 시 감독위원 및 타수험자의 진행에 위협이 될 것으로 감독위원 전원이 판단한 경우
  - 오작 : 요리의 형태를 다르게 만들거나 해당과제의 지급재료 이외의 재료를 사용한 경우
  - 미완성 : 문제의 요구사항대로 작품의 수량이 만들어지지 않은 경우
    시험시간 내에 과제 두 가지를 제출하지 못한 경우

1

2

3

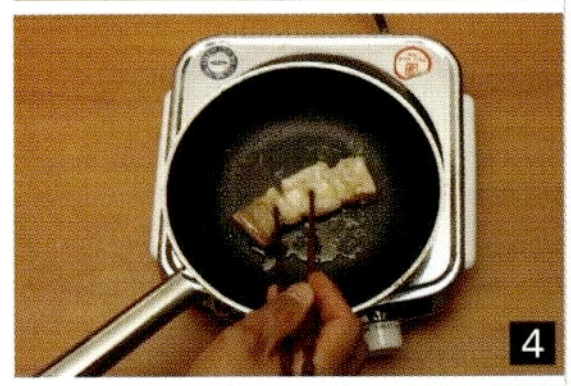
4

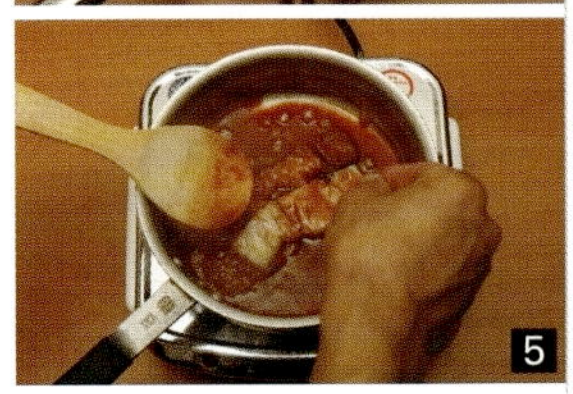
5

재료 및 분량 (시험시간 : 40분)

돼지갈비(Pork ribs) 200g / 양파(Onion) 1/4개 / 셀러리(Celery) 30g / 토마토케첩(Tomato ketchup) 30g / 황설탕(Brown sugar) 10g / 핫소스(Hot sauce) 5㎖ / 우스터셔소스(Worcestershire sauce) 5㎖ / 식초(Vinegar) 10㎖ / 무염버터(Unsalted butter) 10g / 밀가루(Flour) 10g / 월계수잎(Bay leaf) 1장 / 레몬(Lemon) 1/6개 / 마늘(Garlic) 1쪽 / 소금(Salt) 2g / 검은후추가루(Black pepper) 2g / 비프 스톡(Beef stock) 또는 물 200㎖ / 식용유(Vegetable oil) 30㎖

조리방법

1. 양파와 셀러리를 다듬어 씻은 다음 다진다.
2. 돼지갈비는 힘줄과 기름기를 제거하고 포를 뜬다. 포를 뜬 돼지갈비살에 칼집을 넣는다.
3. 소금과 후추를 뿌려 밑간을 하고 밀가루를 앞뒤로 잘 묻힌 뒤 털어 팬에 노릇노릇하게 구워 둔다.
4. 팬에 버터를 두르고 가열하여 양파와 셀러리를 넣고 볶은 다음 케첩, 핫소스, 우스터셔소스, 흑설탕, 식초, 월계수잎, 정향과 육수를 넣고 끓여 준 뒤 노릇하게 구워 둔 돼지갈비를 함께 넣고 충분히 익힌다.
5. 위에 뜨는 기름을 수시로 건져내고 농도와 맛을 조절한 다음, 돼지갈비가 다 익으면 월계수잎을 건져내고 갈비를 접시에 담는다.
6. 바비큐포크찹 위에 소스를 올린다.

조리작업순서

재료세척 및 손질 ⇒ 돼지갈비 핏물 제거 ⇒ 양파, 셀러리 다지기 ⇒ 돼지갈비 손질(기름기 제거 후 소금, 후추-밀가루-지지기) ⇒ 바비큐소스 만들기 ⇒ 소스에 돼지갈비 넣고 익히기 ⇒ 간하기 ⇒ 담기

TIP

☞ 소스 비율 : 토마토케첩 3Ts, 우스터셔소스 1tsp, 핫소스 1tsp, 흑설탕 2tsp, 식초 1tsp, 물 1/2C
☞ 소스는 새콤달콤한 맛을 강하게 하고 윤기가 나도록 한다.
☞ 황설탕과 우스터셔소스를 많이 넣으면 색이 진해지므로 유의한다.
☞ 소스의 농도가 되직할 때에는 육수 또는 물을 넣어 농도를 조절해 주어야 한다.

스파게티 카르보나라

| 요구사항 |

- 스파게티 면은 al dante(알단테)로 삶아서 사용하시오.
- 파슬리는 다지고 통후추는 곱게 으깨서 사용하시오.
- 베이컨은 1cm 정도 크기로 썰어, 으깬 통후추와 볶아서 향이 잘 우러나게 하시오.
- 생크림은 달걀노른자를 이용한 리에종(Liaison)과 소스에 사용하시오.

수검자 유의사항

- 크림에 리에종을 넣어 소스 농도를 잘 조절하며, 소스가 분리되지 않도록 한다.
- 조리작품 만드는 순서는 틀리지 않게 하여야 한다.
- 숙련된 기능으로 맛을 내야 하므로 조리작업 시 음식의 맛을 보지 않는다.
- 지정된 수험자지참준비물 이외의 조리기구나 재료를 시험장 내에 지참할 수 없다.
- 채점대상에서 제외되는 경우
  - 실격 : 불을 사용하여 만든 조리작품이 작품특성에 벗어나는 정도로 타거나 익지 않은 경우, 가스레인지 화구 2개 이상 사용한 경우, 시설 · 장비 사용 시 감독위원 및 타수험자의 진행에 위협이 될 것으로 감독위원 전원이 판단한 경우
  - 오작 : 요리의 형태를 다르게 만들거나 해당과제의 지급재료 이외의 재료를 사용한 경우
  - 미완성 : 문제의 요구사항대로 작품의 수량이 만들어지지 않은 경우
시험시간 내에 과제 두 가지를 제출하지 못한 경우

재료 및 분량 (시험시간 : 30분)

스파게티면(건조된 것)(Spagetti) 80g / 올리브오일(Olive oil) 20㎖ / 무염버터(Unsalted butter) 20g / 베이컨(Bacon) 2개 / 생크림(Whipping cream) 180㎖ / 달걀(Egg) 1개 / 파머산 치즈가루(Parmesan Cheese) 10g / 검정 통후추(Black whole pepper) 5알 / 파슬리(Parsley) 1줄기 / 정제염(Salt) 5g / 식용유(Vagetable oil) 20㎖

조리방법

1. 면 삶기 : 3~4컵 양의 물에 소금과 기름을 넣고 물이 끓으면 스파게티면을 약 6~7분 정도 삶아 물기를 제거하고 올리브오일을 뿌린 후 식혀 준비해 놓는다.
2. 베이컨은 1cm 크기로 잘라 준비하고 파슬리는 다져서 거즈에 헹궈 물기를 말린다.
3. 생크림에 달걀노른자(3:1)를 넣어 리에종을 준비한다.
4. 통후추는 곱게 으깬다.
5. 팬에 버터를 두르고 베이컨을 볶은 다음 베이컨이 바삭해지면 통후추를 넣어 향을 잘 우러낸다.
6. 면을 한 번 더 볶고 나머지 생크림을 넣고 졸인 다음 온도를 낮추고 리에종의 달걀노른자가 익지 않도록 불 조절에 유의한다. 소금으로 간을 맞추고 파머산 치즈가루와 다진 파슬리를 뿌려 완성한다.

요리작업순서

면 삶기 ⇒ 속재료 손질하기(통후추, 베이컨) ⇒ 리에종 만들기 ⇒ 스파게티 완성하기 ⇒ 치즈가루, 파슬리 뿌리기

TIP

☞ 면은 심이 있는 상태(알단테)로 삶아 오일을 발라 준다.
☞ 리에종의 달걀노른자가 익지 않도록 온도를 낮춰서 졸인다.
☞ 통후추를 으깰 때 계량컵 바닥을 사용한다.

토마토소스 해산물 스파게티

| 요구사항 |

- 스파게티 면은 al dante(알단테)로 삶아서 사용하시오.
- 조개는 껍질째, 새우는 껍질을 벗겨 내장을 제거하고, 관자살은 편으로 썰고, 오징어는 0.8cm×5cm 크기로 썰어 사용하시오.
- 해산물은 화이트 와인을 사용하여 조리하고, 마늘과 양파는 해산물 조리와 토마토소스 조리에 나누어 사용하시오.
- 바질을 넣은 토마토소스를 만들어 사용하시오.
- 스파게티는 토마토소스에 버무리고, 다진 파슬리와 슬라이스한 바질을 넣어 완성하시오.

수검자 유의사항

- 토마토소스는 자작한 농도로 만들어야 한다.
- 스파게티는 토마토소스와 잘 어우러지도록 한다.
- 조리작품 만드는 순서는 틀리지 않게 하여야 한다.
- 숙련된 기능으로 맛을 내야 하므로 조리작업 시 음식의 맛을 보지 않는다.
- 지정된 수험자지참준비물 이외의 조리기구나 재료를 시험장 내에 지참할 수 없다.
- 채점대상에서 제외되는 경우
  - 실격 : 불을 사용하여 만든 조리작품이 작품특성에 벗어나는 정도로 타거나 익지 않은 경우, 가스레인지 화구 2개 이상 사용한 경우, 시설 · 장비 사용 시 감독위원 및 타수험자의 진행에 위협이 될 것으로 감독위원 전원이 판단한 경우
  - 오작 : 요리의 형태를 다르게 만들거나 해당과제의 지급재료 이외의 재료를 사용한 경우
  - 미완성 : 문제의 요구사항대로 작품의 수량이 만들어지지 않은 경우
시험시간 내에 과제 두 가지를 제출하지 못한 경우

재료 및 분량 (시험시간 : 35분)

스파게티면(건조된 것)(Spagetti) 70g / 홀토마토(캔)(Canned Tomato) 300g / 마늘(Garlic) 3쪽 / 양파(Onion) 1/2개 / 신선한 바질잎(Basil leaf) 4장 / 파슬리(Parsley) 1줄기 / 방울토마토(Cherry Tomato) 2개 / 올리브오일(Olive oil) 40㎖ / 새우(Shrimp) 3마리 / 모시조개(Short-necked Clam) 3개 / 오징어 몸통(Squid body) 50g / 관자살(Scallops) 1개 / 화이트 와인(White wine) 20㎖ / 소금(Salt) 5g / 흰 후춧가루(White pepper) 5g / 식용유(Vegetable oil) 20㎖

조리방법

1. 토마토 소스 만들기
   냄비에 올리브오일을 두르고 다진 양파와 마늘을 넣고 볶은 다음 향이 우러 나오면 다진 홀토마토를 넣어 오랫동안 졸여 신맛을 제거하고 바질과 소금을 넣어 토마토소스를 완성한다.
2. 면 삶기 : 3~4컵 정도 양의 물에 소금과 기름을 넣고 물이 끓으면 스파게티면을 약 6~7분 정도 삶아(알단테) 물기를 제거하고 올리브오일을 뿌린 후 식혀 준비해 놓는다.
3. 모시조개는 물에 소금을 조금 넣어 해감하고 새우는 내장과 껍질을 제거하고 관자살은 크기에 따라 2~3등분을 한다. 오징어는 안쪽에 칼집을 넣고 5×1cm 크기로 잘라 놓는다.
4. 바질은 세로로 채 썰고 방울토마토는 4등분해 놓는다.
5. 프라이팬을 달군 다음 올리브오일을 두르고 양파를 넣고 볶다가 해산물과 와인을 넣고 졸여 신맛을 없앤다. 면을 넣고 한 번 더 볶은 다음 토마토소스를 넣어 천천히 졸이고 소금, 후추로 간을 맞춘다. 접시에 면이 풀어지지 않게 조심스럽게 담고 완성된 토마토소스 해산물 스파게티 위에 슬라이스한 바질을 올려 완성한다.

요리작업순서

면 삶기 ⇒ 토마토소스 만들기 ⇒ 해산물 손질하기 ⇒ 속재료 자르기 ⇒ 토마토소스 넣어 졸이기 ⇒ 바질 채썬 것 뿌리기

TIP

☞ 면은 심이 있는 상태(알단테)로 삶아 오일을 발라 준다.
☞ 토마토소스를 졸일 때 면 삶은 면수 넣어 졸이기(신맛도 제거되고 윤기와 광택이 난다)
☞ 해산물 해감 때 3% 소금 풀기(1컵에 소금 1/2큰술)

베이컨, 레터스, 토마토 샌드위치

| 요구사항 |

※ 주어진 재료를 사용하여 다음과 같이 베이컨, 레터스, 토마토 샌드위치를 만드시오.
- 빵은 구워서 사용하시오.
- 토마토는 0.5㎝ 두께로 썰고, 베이컨은 구워서 사용하시오.
- 완성품은 4조각으로 썰어 전량을 제출하시오.

수검자 유의사항

- 베이컨의 굽는 정도와 기름 제거에 유의한다.
- 샌드위치의 모양이 나빠지지 않도록 썰 때 유의한다.
- 조리작품 만드는 순서는 틀리지 않게 하여야 한다.
- 숙련된 기능으로 맛을 내야 하므로 조리작업 시 음식의 맛을 보지 않는다.
- 지정된 수험자지참준비물 이외의 조리기구나 재료를 시험장 내에 지참할 수 없다.
- 채점대상에서 제외되는 경우(288p 수검자 유의사항 참조)

1

2

3

4

5

재료 및 분량 (시험시간 : 30분)

샌드위치용 식빵(Toast bread) 3조각 / 베이컨(Bacon) 2조각 / 토마토(Tomato) 1/2개 / 양상추(Lettuce) 또는 잎상추 20g / 마요네즈 30g / 소금(Salt) 3g / 검은후추가루(Black pepper) 1g

조리방법

1. 식빵은 구워서 토스트를 한 뒤 눅눅해지지 않도록 세워 놓는다.
2. 베이컨은 프라이팬에 구워서 기름기를 빼고 바삭바삭하게 한다.
3. 토마토는 0.5㎝ 두께로 썰어 씨를 제거한 뒤 키친타월에 올려 수분을 제거한다.
4. 양상추는 깨끗이 씻어 물기를 제거한다.
5. 토스트 두 장은 버터를 한쪽 면만 바르고, 한 장은 양쪽 면에 발라 둔다.
6. 한쪽 면만 버터를 바른 빵 위에 양상추와 베이컨을 올리고 양면에 버터 바른 빵을 덮어 준 뒤 양상추, 토마토를 올리고 그 위에 빵을 덮는다.
7. 접시로 눌러 고정시킨 뒤 양끝을 잘라내고 사선으로 잘라 4조각으로 만든다.
8. 속 재료가 보이도록 4조각을 가지런히 담는다.

조리작업순서

재료 세척 및 손질 ⇒ 빵 토스트 - 베이컨 굽기 ⇒ 토마토(썰기-소금-수분 제거) ⇒ 양상추 물기 제거 ⇒ 빵에 버터 바르기 ⇒ 샌드위치 만들기(빵 ⇒ 양상추, 베이컨 ⇒ 빵 ⇒ 양상추, 토마토 - 빵) ⇒ 4조각 내기 ⇒ 담기

TIP

☞ 베이컨을 마른 팬에 구운 후 키친타월에 올려 기름을 제거한다. 너무 바삭하게 구우면 잘 잘라지지 않는다.
☞ 빵에 마요네즈를 너무 많이 바르면 자를 때 마요네즈가 밀려나와 깨끗하지 않다.
☞ 토마토나 양상추는 물기를 잘 없앤 후 빵에 넣어야 습기가 차지 않는다.

햄버거 샌드위치

| 요구사항 |

※ 주어진 재료를 사용하여 다음과 같이 햄버거 샌드위치를 만드시오.

- 빵은 버터를 발라 구워서 사용하시오.
- 고기는 미디움웰던(medium-wellden)으로 굽고, 구워진 고기의 두께는 1cm로 하시오.
- 토마토, 양파는 0.5cm 두께로 썰고 양상추는 빵 크기에 맞추시오.
- 샌드위치는 반으로 잘라 내시오.

수검자 유의사항

- 구워진 고기가 단단해지거나 부서지지 않도록 한다.
- 빵에 수분이 흡수되지 않도록 유의한다.
- 조리작품 만드는 순서는 틀리지 않게 하여야 한다.
- 숙련된 기능으로 맛을 내야 하므로 조리작업 시 음식의 맛을 보지 않는다.
- 지정된 수험자지참준비물 이외의 조리기구나 재료를 시험장 내에 지참할 수 없다.
- 채점대상에서 제외되는 경우(288p 수검자 유의사항 참조)

재료 및 분량 (시험시간 : 30분)

햄버거용 빵(Hamburger bun) 1개 / 쇠고기(beef) 100g / 양파(Onion) 1개 / 셀러리(Celery) 30g / 토마토(Tomato) 1/2개 / 양상추(Lettuce) 20g / 달걀(Egg) 1개 / 빵가루(Bread crumb) 30g / 무염버터(Unsalted butter) 15g / 식용유(Vegetable oil) 20㎖ / 소금(Salt) 3g / 검은후추가루(Black pepper) 1g

조리방법

1. 양파의 일부는 0.5㎝ 두께로 슬라이스하고 나머지 양파와 셀러리는 곱게 다진 후 살짝 볶아 식힌다.
2. 토마토는 0.5㎝ 두께로 원형으로 썰어 씨를 제거하고 키친타월에 올려 수분을 제거한다.
3. 양상추는 손질하여 물에 담갔다가 싱싱해지면 건져 물기를 제거해 둔다.
4. 소고기는 겉에 있는 힘줄과 지방을 제거한 후 곱게 다진다.
5. 다진 양파, 셀러리, 다진 쇠고기, 빵가루, 달걀을 넣고 소금, 후추로 간하여 잘 치댄 후 햄버거용 빵의 지름보다 약 1㎝ 정도 크게 원형의 패티를 만든다.
6. 프라이팬에 식용유를 두르고 3의 고기를 색이 나도록 굽는다.
7. 햄버거 빵은 반으로 자른 뒤 마른 팬에 토스트한다.
8. 토스트한 햄버거 빵에 버터를 바르고 밑부분을 반듯이 놓고 양상추를 깔고, 구운 고기, 양파, 토마토를 차례로 얹은 다음 위에 빵을 올린다.
9. 이등분하여 속 재료가 보이도록 접시에 담는다

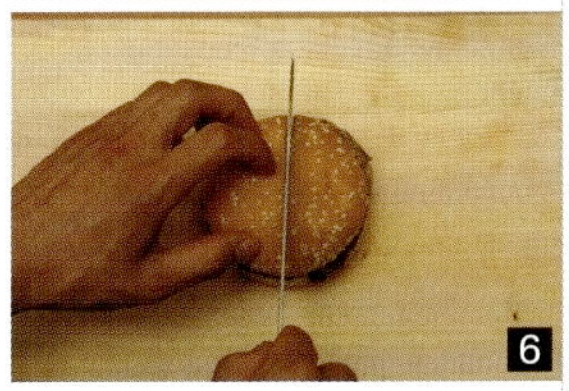

조리작업순서

재료 세척 및 손질 ⇒ 빵 이등분하여 토스트 ⇒ 토마토 손질(원형 썰기-수분 제거) ⇒ 양상추 손질 ⇒ 다지기(양파, 셀러리, 쇠고기) ⇒ 다진 양파, 셀러리 볶기 ⇒ 고기 반죽하기 ⇒ 모양 내기 ⇒ 굽기 ⇒ 햄버거 만들기 ⇒ 자르기 ⇒ 담기

TIP

- ☞ 양파와 셀러리는 곱게 다진 뒤 살짝 볶는다.
- ☞ 달걀은 고기의 수분량에 따라 가감한다.
- ☞ 구운 빵에는 보통 버터를 바르고 굽지 않는 빵에는 마요네즈를 바른다.
- ☞ 빵은 구운 뒤 눅눅하지 않게 한다.

CHAPTER 2

양식조리산업기사 예상문제

쇠고기 안심스테이크와 베어네이즈소스, 핫 베지터블

재료 및 분량

소고기 안심 150g, 당근 30g, 아스파라거스 1개, 브로콜리 20g, 감자 1개

※ 베어네이즈소스 : 버터 100g, 계란 1개, 양파 20g, 식초 20㎖, 백포도주 50㎖, 타라곤 약간, 통후추 3개, 소금/후추 약간

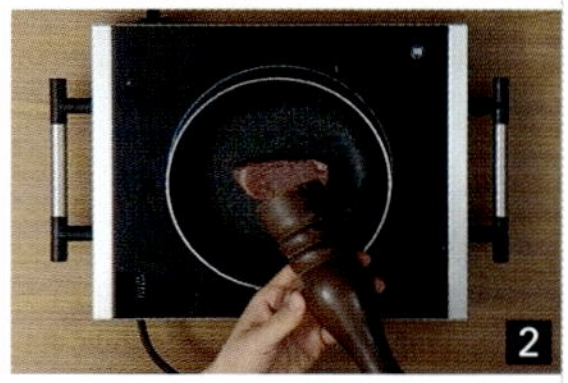

조리방법

1. 소고기는 안심으로 준비하여 소창으로 감싼 다음 미트 텐더라이저를 이용하여 일정한 두께로 스테이크 모양을 만든 다음 소금, 후추, 오일을 발라 양념한다.
2. 팬을 달구고 팬이 뜨거워지면 올리브오일을 두르고 양념해 놓은 소고기 안심을 양면에 색을 내어 250도 오븐에 미디엄으로 알맞게 익혀 준비해 놓는다.
3. 당근은 샤토 모양으로 잘라 소금을 넣고 끓는 물에 데친 다음 버터 1큰술과 설탕 1/2큰술을 넣고 소금, 후추로 양념하여 글레이즈한다.
4. 아스파라거스는 칼로 껍질을 벗긴 다음 소금을 넣은 끓는 물에 데쳐 얼음물에 식힌 다음 소량의 닭육수에 넣고 소금으로 간한다.
5. 브로콜리는 데친 후 팬에 버터를 넣고 볶은 다음 소금, 후추로 양념하고 알맞은 양의 닭육수를 넣어 은근히 익혀 준다.
6. 감자는 껍질을 벗겨 작은 계란크기로 모양을 다듬는다. 팬에 버터를 두르고 손질해 놓은 감자를 넣고 볶다가 소금, 후추로 양념한다. 브라운소스를 넣고 감자가 중간 정도 익을 때까지 졸여 준다.
7. 준비된 접시에 핫 베지터블을 담고 구운 접시 중앙에 브라운소스를 깔고 소고기 안심을 놓는다. 베어네이즈소스를 안심 위에 올려 완성한다.

베어네이즈소스

❶ 팬에 알맞은 양의 다진 양파와 타라곤, 식초, 백포도주, 식초를 넣고 1/3로 졸인 후 체에 걸러 놓는다.

❷ 볼에 계란노른자를 넣고 알맞은 양의 에센스를 넣어 중탕시킨 후, 거품기를 이용하여 정제된 버터를 넣어 가며 크림형태로 유화시킨다.

❸ 일정량의 소스가 만들어지면 소금, 후추로 양념을 한다.

웰링턴 스타일의 쇠고기 안심구이

재료 및 분량

쇠고기 안심 150g, 당근 30g, 아스파라거스 1개, 브로콜리 20g, 감자 1개

※ 퍼프 패스트리 : 강력분 100g, 중력분 100g, 버터 20g, 계란 30g, 소금 2g, 충전버터 70g, 물 85㎖

조리방법

1. 쇠고기 안심은 소창으로 감싼 다음 미트 텐더라이저를 이용하여 일정한 두께로 스테이크 모양을 만든 다음 소금, 후추, 오일을 발라 양념한다.
2. 뜨겁게 달구어진 팬에 올리브오일을 넣고 양념한 쇠고기 안심의 표면에 색을 내준다.
3. 퍼프 패스트리 반죽을 밀어 펴서 구워 놓은 안심을 감싼 다음 250도 오븐에서 약 20분간 굽는다.
4. 레드와인을 넣고 반으로 졸인 다음 브라운소스를 넣어 소금, 후추로 양념하고 체에 내려 준비해 놓는다.
5. 곁들임 채소를 접시 윗부분에 놓고 중앙에 웰링턴을 놓은 다음 소스를 뿌려 보기 좋게 담아 완성한다.

퍼프 패스트리

❶ 버터를 중탕시킨다. 충전용 버터는 실온에 보관하여 부드러운 상태가 되도록 한다.

❷ 체에 내린 2종의 밀가루에 중탕한 버터, 소금, 물을 넣고 반죽한 다음 비닐에 싸서 냉장고에서 30분간 휴지시킨다.

❸ 냉장고에서 반죽을 꺼내어 얇게 펴고 그 위에 충전용 버터를 올린 다음 사각형 모양으로 만들어 냉장고에서 휴지시킨다.

❹ 1차 접기 : 냉장고에서 꺼낸 반죽을 다시 길게 펴서 3등분으로 접고 다시 냉장고에 넣어 준다.

❺ 같은 방법으로 3번 반복하여 준비해 놓는다.

핫 베지터블

❶ 당근–당근은 샤토 모양으로 잘라 끓는 소금물에 데친 다음 버터 1큰술과 설탕 1/2큰술을 넣고 소금, 후추로 양념하여 글레이즈한다.

❷ 아스파라거스–칼로 껍질을 벗긴 아스파라거스는 끓는 소금물에 데쳐 얼음물에 식힌 다음 소량의 닭육수에 넣고 소금으로 간한다.

❸ 브로콜리–팬에 버터를 넣고 데친 브로콜리를 볶은 다음 소금, 후추로 양념하고 알맞은 양의 닭육수를 넣어 은근히 익혀 준다.

❹ 감자–껍질을 벗겨 삶은 감자는 체에 내린 다음 소금, 우유로 양념하여 메시드 포테이토를 만든다. 밀가루, 달걀물, 빵가루를 입혀 원형이나 타원형으로 만들어 180도 오븐에 황금색이 나도록 튀겨 기름기를 제거한다.

에그 누들을 곁들인 헝가리안 굴라시

재료 및 분량

쇠고기 엉덩이살 150g, 양파 1/2개, 레드와인 100㎖, 브라운 그레이비소스 200㎖, 올리브오일 30㎖, 감자 1/2개, 마늘 1개, 파프리카 파우더 약간, 토마토 페이스트 1큰술, 파슬리 약간

※ 에그 누들 : 밀가루 100g, 계란노른자 1개, 물 30㎖, 올리브오일/소금 약간

1

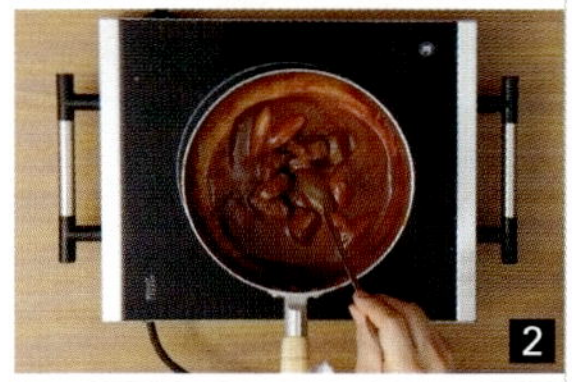

2

3

조리방법

1. 소고기는 우둔살을 사방 2.5㎝ 크기의 주사위 모양으로 썬 다음 소금, 후추로 양념하여 놓는다.
2. 마늘을 곱게 다져서 준비해 놓는다.
3. 양파도 다져서 준비해 놓는다.
4. 감자는 주사위 모양으로 썰어 놓거나 샤토 모양으로 깎아 준다. 끓는 물에 소금을 넣고 중간 정도 익도록 삶아 준다.
5. 팬에 올리브오일을 두르고 다진 마늘과 양파를 넣고 볶아 준 다음 쇠고기를 넣는다. 레드와인을 넣고 1/2 이상 졸여 준다.
6. 5의 쇠고기에 파프리카 파우더와 토마토 페이스트를 넣고 신맛이 없어질 때까지 잘 볶아 준다. 브라운 그레이비소스를 넣고 소금, 후추로 양념한다.
7. 양념해 놓은 쇠고기에 손질해 놓은 샤토 감자를 넣고 한 번 더 익힌 다음 원하는 농도가 되면 완성한다.
8. 준비된 완성접시에 알맞은 양의 헝가리안 비프 굴라시를 담고 다진 파슬리를 뿌려 준 다음 에그 누들을 담아 제출한다.

에그 누들

❶ 볼에 알맞은 양의 체에 내린 밀가루, 계란노른자, 물, 소금을 넣어 고르게 혼합한 다음 랩을 씌워 20분간 숙성시킨다.

❷ 숙성시킨 반죽을 얇게 펴고 0.5㎝의 폭으로 썰어 준다.

❸ 끓는 물에 소금과 오일을 넣고 국수를 넣어 알맞게 삶아 준다.

❹ 팬에 올리브오일을 두르고 국수를 넣어 볶아 준다. 파슬리를 다져서 뿌려 준다.

TIP

☞ 완성된 헝가리안 비프 굴라시는 고기가 잘 익어서 매우 부드러워야 하며 감자는 형태가 일그러지지 않아야 한다.

말린 자두를 넣은 돼지안심구이와 애플소스

재료 및 분량

돼지안심 200g, 말린 자두 50g, 당근 30g, 아스파라거스 2개

※ 애플소스 : 브라운 그레이비소스 100㎖, 사과 1/2개, 계핏가루 약간, 레몬 1/8개, 황설탕 5g
　더치스 포테이토 : 감자 1개, 버터 10g, 생크림 20㎖, 소금 약간

조리방법

1. 돼지안심은 지방과 힘줄을 제거하고 기구를 이용하여 가운데 구멍을 내주고 말린 자두를 채워 넣는다.
2. 손질해 놓은 돼지안심은 조리용 실을 이용하여 가지런하게 묶은 다음 소금, 후추로 양념하여 오일을 발라 약 30분간 냉장고에 넣어 준다.
3. 팬에 올리브오일을 두르고 돼지안심을 갈색이 나도록 고르게 구워 준 다음 오븐에 넣고 미디엄 웰턴으로 구워 준다.
4. 완성 접시에 구운 돼지안심을 일정한 두께로 썰어 접시에 놓은 다음 핫 베지터블과 더치스 포테이토를 보기 좋고 예쁘게 담아낸다.

애플소스

❶ 사과는 껍질을 벗긴 다음 가늘게 썰어 물에 담가 준비해 놓는다.

❷ 팬을 뜨겁게 달구고 버터를 두른 다음 채 썬 사과를 볶고 브라운 그레이비소스와 레몬주스를 넣는다.

❸ 계핏가루와 황설탕을 넣어 준 다음 소금, 후추로 양념하고 체에 걸러 사과소스를 완성한다.

더치스 포테이토

❶ 감자는 껍질을 벗겨 알맞은 크기로 썬 다음 찬물에 담가 놓는다.

❷ 끓는 물에 소금을 넣고 감자를 충분히 삶아 준 다음 고운체에 내려놓는다.

❸ 체에 내린 감자에 버터와 생크림을 넣고 잘 섞어 준 다음 짤주머니에 넣어 원하는 모양으로 짜 준다. 200도 오븐에서 표면이 갈색이 나도록 구워 준다.

사프란 리조토를 곁들인 닭고기 프리카세

재료 및 분량

닭가슴살 1개, 마늘 1쪽, 밀가루 30g, 백포도주 80㎖, 월계수잎 1장, 치킨 스톡 100㎖, 생크림 30㎖, 양송이 2개, 브로콜리 20g, 당근 30g

※ 사프란 리조토 : 쌀 50g, 양파 30g, 사프란 약간, 올리브오일 약간, 파마산 치즈 약간, 닭육수 200㎖

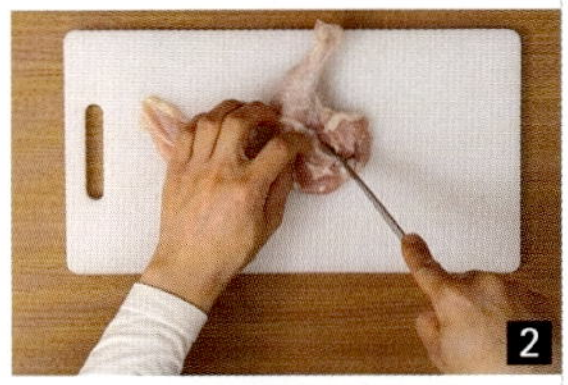

조리방법

1. 닭고기는 잘 손질하여 뼈와 기름기를 제거하고 가슴살만 발라 낸 다음 소금, 후추로 양념하여 냉장고에 넣어 준비해 놓는다.
2. 마늘과 양파는 아주 곱게 다져서 준비해 놓는다.
3. 팬을 달군 다음 버터를 넣고 버터가 녹으면 닭가슴살을 노릇하게 구워 놓는다.
4. 구워 놓은 닭가슴살에 다져 놓은 마늘과 양파를 넣고 백포도주와 월계수잎, 닭육수를 넣어 뚜껑을 덮어 익혀 준다.
5. 신선한 양송이는 먹기 좋은 크기로 잘라 놓는다.
6. 손질한 양송이는 생크림과 함께 익힌 닭가슴살에 넣고 소금, 후추로 맛을 낸다.
7. 완성 접시에 닭고기 프리카세와 가니쉬와 리조토를 곁들여 담아 완성한다.

사프란 리조토

❶ 쌀은 2~3회 씻어서 30분 이상 물에 불려 놓는다.

❷ 자루 냄비에 올리브오일을 두르고 다진 양파와 불린 쌀을 넣고 볶아 준 다음 사프란을 넣어 준다.

❸ 쌀 양의 4배의 닭육수를 붓고 파머산 치즈와 소금으로 양념한다.

가니쉬

1. 당근은 샤토 모양으로 잘 다듬어 끓는 소금물에 삶은 다음 버터와 설탕을 넣어 윤기가 나도록 알맞게 졸여 준비한다.
2. 브로콜리는 먹기 좋은 크기로 다듬어 끓는 소금물에 살짝 데친 다음 버터+물에 익혀 준비해 놓는다.

과일 처트니를 곁들인 닭가슴살 구이

재료 및 분량

닭고기 1/2마리, 소금/후추/올리브오일 약간

※ 프로방살 : 청피망 20g, 홍피망 20g, 양파 20g, 애호박 20g, 블랙올리브 15g, 마늘 1쪽, 백포도주 약간, 토마토소스 약간

※ 처트니소스 : 오렌지 1개, 사과 1개, 건살구 3개, 설탕 100g, 버터 50g, 파슬리 다진 것 약간

조리방법

1. 닭고기는 잘 손질하여 뼈와 기름기를 제거하고 가슴살만 발라 낸 다음 소금, 후추, 올리브오일로 양념해 준비해 놓는다.
2. 홍피망, 청피망, 양파, 애호박, 블랙올리브는 깍뚝썰기해서 준비한다.
3. 파슬리는 잎만 따서 곱게 다진 다음 면포에 싸서 흐르는 물에 흔들어 씻은 다음 깨끗하게 말린다.
4. 팬에 버터를 두르고 다진 마늘을 넣은 다음 향을 내고 나머지 채소를 넣고 화이트와인을 넣어 졸여 준다. 토마토소스를 넣어 준 다음 소금, 후추로 양념하고 파슬리를 넣어 준다.
5. 팬에 올리브오일을 넣고 팬을 뜨겁게 한 다음 양념해 놓은 닭가슴살을 갈색이 나도록 색을 낸 다음 250℃ 오븐에서 약 12분간 익혀 준다.
6. 완성 접시에 프로방살 채소를 놓고 구운 닭가슴살을 올린다. 닭가슴살에 처트니소스를 곁들이고 신선한 허브로 장식하여 제출한다.

과일 처트니소스

❶ 오렌지는 껍질을 제거하고 과육만을 발라 다이스로 잘라 준비해 놓는다.

❷ 사과는 껍질을 제거하고 다이스로 잘라 준비한다.

❸ 건살구도 같은 방법으로 네모지게 썰어 준비한다.

❹ 냄비에 버터를 넣고 오렌지, 사과, 건살구를 넣고 볶아 준 후 식초와 설탕을 넣고 은근한 불에서 충분히 끓여 준다. 처트니소스가 윤기가 돌면서 졸여져 완성되면 파슬리가루를 뿌린다.

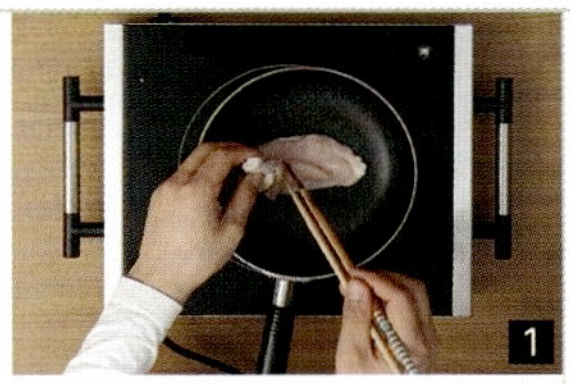

오리 가슴살 구이와 비가라드소스

재료 및 분량

오리 가슴살 1개, 소금/후추/올리브오일 약간

※ 오렌지 비가라드소스 : 오렌지 1개, 오렌지주스 30㎖, 레드와인 20㎖, 브라운 그레이비소스 50㎖, 설탕 10g, 소금/후추/올리브오일 약간

※ 곁들임 채소 : 당근 50g, 아스파라거스 1개, 애호박 50g, 감자 50g, 소금/후추 약간

조리방법

1. 오리 가슴살은 날개 뼈를 제외한 나머지 뼈를 제거하고 소금, 후추, 올리브오일로 양념하여 준비해 놓는다.
2. 오렌지 비가라드소스를 레시피대로 완성해 놓는다.
3. 곁들임 야채를 레시피대로 조리해서 준비해 놓는다.
4. 팬에 소량의 올리브오일을 넣고 양념해 놓은 오리 가슴살의 양면을 노릇하게 색을 내고 브랜디로 플람베한다.
5. 250℃ 오븐에서 원하는 정도로 구워 준다(미디엄 웰던).
6. 미디엄 웰던으로 구운 오리 가슴살을 3~4등분으로 썰어 준다.
7. 준비된 완성 접시에 썰어 놓은 오리 가슴살을 가지런하게 놓은 다음 곁들임 채소를 보기 좋고 예쁘게 담아낸다.
8. 준비해 놓은 오렌지 비가라드소스를 알맞게 뿌려 완성하여 제출한다.

오렌지 비가라드소스

❶ 오렌지는 겉껍질만 얇게 벗겨 곱게 채 썰어 준 후 데쳐 준비해 놓는다(오렌지 제스트).

❷ 오렌지 속살은 섹션으로 썰어 준비한다.

❸ 소스 팬에 설탕을 넣어 갈색을 낸 다음 포도주, 오렌지주스, 오렌지 제스트를 넣고 끓인다.

❹ 브라운 그레이비소스를 넣고 소금, 후추 양념하여 소스를 완성한다.

곁들임 야채

❶ 아스파라거스는 껍질을 제거하고 끓는 물에 데친 다음 버터에 살짝 볶아 소금, 후추로 양념하여 준비해 놓는다.

❷ 당근은 껍질을 벗겨 올리브 모양으로 잘라 다듬은 다음 끓는 소금물에 데쳐 설탕과 버터를 넣고 졸여 글레이징해 놓는다.

❸ 애호박과 가지는 편으로 잘라 오일을 바른 다음 그릴에 구운 후 소금, 후추로 양념한다.

바비큐 폭립과 바비큐소스

재료 및 분량

돼지 등갈비 400g, 감자 1개, 쌀 100g, 사프란 약간, 샐러드용 채소 약간

※ 바비큐소스 : 버터 10g, 칠리 파우더 10g, 마늘 5g, 홍피망 20g, 양파 30g, 핫소스 20㎖, 토마토케첩 300㎖, 사과 1개, 식초 50㎖, 물엿 100c, 후추 약간

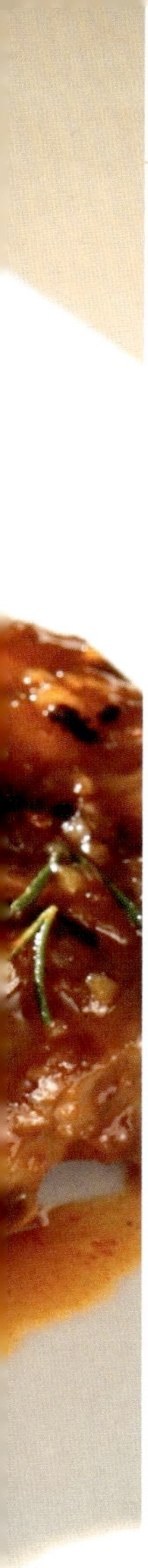

조리방법

1. 돼지 등갈비는 3시간 정도 물에 담가서 핏물을 뺀 다음 갈비 안쪽의 껍질을 제거하여 뼈 사이까지 피를 제거한다.
2. 갈비에 소금, 통후추, 올리브오일을 뿌려 밑간을 한다.
3. 분무기를 이용하여 레드와인과 레몬주스를 섞어 뿌린 후 그릴에서 초벌구이하여 잡냄새를 제거한다.
4. 홍피망, 사과, 양파, 마늘은 다져서 팬에 기름을 둘러 볶은 다음 케첩, 물엿, 핫소스, 칠리 파우더, 후추를 넣고 천천히 끓여서 바비큐소스를 만든다.
5. 돼지 등갈비는 그릴에서 약 10분 정도 구운 다음 바비큐소스를 계속 발라 가며 굽는다.
6. 쌀은 씻어서 물에 1시간 정도 불린 다음 팬에 버터를 넣고 쌀을 볶은 다음 사프란 우린 물을 2~3회 넣어 가며 리조토를 만든다. 여기에 치즈를 넣어 양념을 한다. 숟가락 2개를 사용하여 커넬 모양으로 만들어 접시 위쪽에 놓는다.
7. 감자는 껍질을 벗기고 샤토 모양으로 깎아서 끓는 소금물에 살짝 삶는다. 팬에 버터를 두르고 노릇하게 구워 소금으로 양념한다.
8. 완성 접시에 가니쉬를 놓고 그릴에 구운 바비큐 립을 보기 좋게 담아 제출한다.

치킨 갤런틴과 적포도주소스, 샐러드

재료 및 분량

닭 1마리, 피스타치오 50g, 당근 50g, 마늘 30g, 로즈마리 2g, 치커리 5g, 올리브오일 20㎖, 버터 20g, 소금/후추 약간, 처트니소스 약간, 적포도주소스 약간, 감자 메시드 커넬 1개, 글레이징 당근 1개, 샐러드용 채소 약간

※ 레드와인소스 : 양파 20g, 레드와인 30㎖, 브라운 그레이비소스 100㎖, 버터 20g

조리방법

1. 준비된 허브는 깨끗이 손질하여 냉수에 담가 놓는다.
2. 준비된 재료를 깨끗이 정리정돈하고 피스타치오는 미지근한 물에 불린다.
3. 닭가슴살은 껍질과 살코기로 분리하여 살코기는 곱게 다져 체에 내려서 소금과 후추로 밑간해 놓는다. 껍질은 따로 둔다.
4. 당근은 스몰 다이스한 후 데쳐서 식혀 놓고, 불린 피스타치오는 속껍질을 벗겨 비슷한 크기로 썰어 준비한다.
5. 감자는 껍질을 벗겨 소금을 넣고 삶아서 체에 내려 우유와 버터로 양념한 다음 커넬 모양으로 만들고, 당근은 둥글게 잘라 끓는 물에 삶은 후 소금, 설탕, 올리브오일에 졸여 윤기를 내주고 마늘은 오븐에서 구워 준비한다.
6. 준비한 속 재료를 모두 섞어 소금, 후추로 양념한다.
7. 20×30㎝ 정도의 비닐을 깔고 그 위에 소창지와 닭 껍질을 펴고 소금, 후추로 살짝 밑간 후 속 재료를 올리고 원기둥 형태로 말아 비닐은 벗겨 내고 양쪽을 노끈으로 묶는다.
8. 찜통에 약 30분간 쪄내서 한 김 나간 후 소창지를 벗겨 내고 요구하는 크기로 썰어 준비한다.
9. 접시에 갤런틴을 담고 처트니와 레드와인소스, 가니쉬를 뿌려 완성한다.

레드와인소스

❶ 양파는 얇게 슬라이스해서 준비한다.

❷ 팬에 버터를 두르고 양파를 넣고 갈색이 나게 볶다가 와인을 넣고 1/2가량 졸인다.

❸ 소금으로 양념하고 버터를 넣고 몽테해 준다.

처트니소스

❶ 닭가슴살 구이 참조

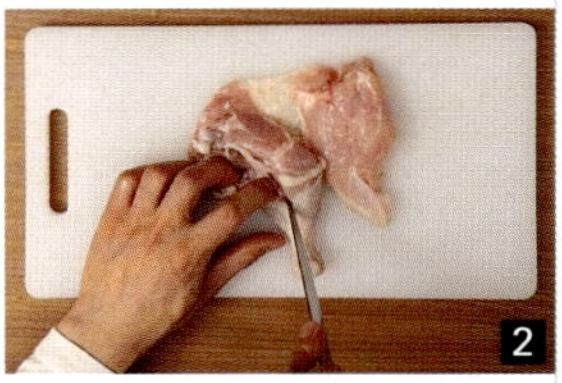

연어 스테이크와 레몬크림소스

재료 및 분량

연어 140g, 딜 2g, 대파 10g, 붉은 파프리카 오일 5㎖, 피망 20g, 비트 20g, 올리브오일 30㎖, 시금치 40g, 레몬크림소스 40㎖, 버터 20g, 양파 10g, 사프란 리조토 60g, 소금/후추 적당량

※ 사프란 리조토 : 쌀 50g, 파머산 치즈 10g, 사프란 약간, 양파 10g, 버터 6g, 타라곤 2g, 소금/후추 약간

※ 레몬크림소스 : 크림 80㎖, 레몬 1/4개, 버터 10g, 백포도주 60㎖, 계란 1개, 소금/후추 약간

조리방법

연어스테이크

❶ 재료는 깨끗이 정리정돈하고 연어는 소금, 후추, 딜잎으로 양념하여 올리브오일을 발라 둔다.

❷ 시금치는 데쳐서 식히고, 양파는 다져 놓는다.

❸ 준비된 연어를 기름 두른 팬에 껍질 쪽을 제외한 3면을 약간 노릇노릇하게 고루 익힌다.

❹ 접시에 닿는 면을 바닥으로 하여 430°F에서 5분간 구워 낸다.

❺ 대파 흰 부분과 비트는 채 썰어 찬물에 담가 놓고, 시금치는 양파 다진 것과 함께 볶는다.

❻ 따뜻한 접시에 준비된 사프란 리조또, 시금치, 연어 순으로 놓는다.

❼ ❻ 위에 샐러드용 여린 잎을 보기 좋게 담고 레몬크림소스를 뿌려 완성한다.

사프란 리조토

❶ 쌀은 더운물에 불리고 사프란은 분량의 물과 함께 끓인다.

❷ 냄비에 버터를 녹이고 양파를 볶다가 불은 쌀을 볶아 준 후 사프란 우린 물을 넣어 저어 주면서 익힌다.

❸ ❷에 파머산 치즈를 넣고 소금, 후추로 간하여 완성한다.

레몬크림소스

❶ 소스 팬에서 백포도주를 1/3로 조린 후 크림을 넣어 1/2로 조린다.

❷ 불에서 팬을 내린 후에 버터, 난황, 레몬주스 순으로 넣어 고루 섞어 준다.

❸ ❷를 약한 불에 살짝 올려서 농도를 맞추고 소금, 후추로 가미하여 완성한다.

쇠고기 등심스테이크와 버섯소스

재료 및 분량

쇠고기 등심 160g, 감자 1개, 당근 1/2개, 연근 50g, 가지 20g, 로즈마리 약간

※ 버섯소스 : 표고버섯 2개, 양파 20g, 브라운소스 100㎖, 레드와인 50㎖, 버터 30g

조리방법

1. 쇠고기 등심은 소금, 후추, 오일로 밑간하여 준비해 둔다.
2. 프라이팬에 기름을 적당량 두르고 등심을 색이 골고루 나게 한다.
3. 오븐을 사용하여 미디엄으로 익힌다.
4. 접시에 쇠고기 등심과 곁들임 채소를 놓은 후 버섯소스를 곁들이고 로즈마리로 가니쉬하여 서빙한다.

버섯소스

❶ 소스 팬에 양파와 버섯을 넣고 볶는다.

❷ 브라운소스를 넣고 소금, 후추로 간한 다음 버터 몽테한다.

가니쉬

1. 감자, 당근은 깨끗이 씻어 잘라서 데친 다음 감자는 튀겨 소금을 뿌리고 당근은 버터와 설탕으로 졸여 소금으로 간한다.
2. 연근은 슬라이스하여 170℃에 튀겨 기름을 제거한다.
3. 가지는 슬라이스하여 팬에 구워 소금, 후추로 간한다.

1

2

3

4

TIP

☞ 고기가 타지 않도록 한다.

☞ 가니쉬는 주어진 재료에 따라 만들어 준비한다.

감자를 곁들인 가자미찜과 화이트와인소스

재료 및 분량

가자미 1마리, 버터 30g, 레몬 1/2개, 백포도주 50㎖, 양파 1/4개, 감자 2개, 생크림 30㎖, 시금치 30g, 소금/후추 약간, 파슬리가루 약간, 허브(차이브, 처빌 1잎)

조리방법

1. 생선을 깨끗하게 씻은 후 5장 뜨기로 포를 떠서 소금, 후추, 레몬으로 밑간을 한다.
2. 손질하고 남은 생선뼈는 채소와 부케가르니 등을 넣고 찬물에서부터 천천히 육수를 만들어 놓는다.
3. 준비된 생선살은 꼬리에서 머리 쪽을 향해 말아 준 다음 실이나 이쑤시개를 사용하여 고정해 준다.
4. 냄비 바닥에 양파를 깔고 생선을 올린 후 생선육수를 자작하게 붓고 뚜껑을 덮어 포칭한다.
5. 접시 바닥에 소스를 깔고 볶은 시금치를 놓은 다음 생선살 찜한 것을 올려놓는다. 완성된 접시에 감자와 레몬으로 가니쉬하고 허브를 사용하여 장식한다.

화이트와인소스

❶ 냄비에 버터를 두르고 양파 다진 것을 볶다가 화이트와인을 넣고 1/3 정도 졸여 준다.

❷ 생선육수를 넣고 1/3로 다시 한 번 졸여 준다.

❸ 생크림을 넣고 소금, 후추, 레몬즙으로 간하고 체에 걸러 사용한다.

가니쉬

1. 시금치는 끓는 물에 데쳐 준비한다.
2. 팬에 버터를 두르고 물기를 제거한 시금치를 살짝 볶은 다음 소금, 후추로 간한다.
3. 감자는 껍질을 벗기고 샤토 모양으로 잘라 찬물에 담가 둔다. 끓는 물에 소금을 넣고 삶아 준다. 삶아 둔 감자에 파슬리가루를 묻혀 준다.

TIP

☞ 생선살은 껍질을 안으로 하여 말아 준다.

☞ 둥글게 만 다음 생선살이 타지 않도록 유의한다.

☞ 소스의 색깔과 농도에 유의한다.

아스파라거스를 곁들인 연어(광어)스테이크와 홀랜다이즈소스

재료 및 분량

연어 150g, 물냉이 5g, 아스파라거스 3개, 버터 5g, 소금/후추 약간, 설탕 약간

※ 홀랜다이즈소스 : 정제버터 100㎖, 달걀 1개, 양파 10g, 레몬 1조각, 부케가르니 1개, 통후추 약간

조리방법

1. 연어는 깨끗이 손질하여 소금과 후추, 레몬즙으로 밑간하여 놓는다.
2. 물냉이(워터크레스)는 찬물에 담가 싱싱하게 준비하고 아스파라거스는 껍질을 벗긴 다음 살짝 데쳐 준비한다. 버터를 두르고 아스파라거스를 살짝 볶아 준 다음 소금, 후추, 설탕으로 간한다.
3. 팬에 오일을 두르고 연어를 겉표면이 노릇하게 구운 다음 알맞은 온도의 오븐에서 약 6~8분간 익혀 준다.
4. 준비된 접시에 아스파라거스를 깔고 그 위에 연어를 올린 다음 홀랜다이즈소스를 연어가 살짝 덮어지게 뿌리고 물냉이로 포인트 장식을 한다.

홀랜다이즈소스

❶ 냄비에 물을 붓고 버터를 넣어 중탕으로 정제하여 둔다.

❷ 냄비에 양파와 으깬 통후추, 레몬 등을 넣어 충분히 졸여 에센스를 만들어 준비한다.

❸ 볼에 계란노른자와 적당량의 에센스를 넣고 따뜻한 물에 중탕하여 크림형태를 만들어 준다.

❹ ❸의 내용물에 윤기가 돌기 시작하면 정제버터를 조금씩 넣어 가며 유화시킨다.

❺ 원하는 형태의 소스가 완성되면 소금, 후추, 파슬리가루로 간한다.

가니쉬

1. 아스파라거스는 몸통의 껍질을 벗겨 끓는 소금물에 데친다.
2. 팬에 버터를 두르고 아스파라거스를 넣어 살짝 볶은 다음 소금, 후추로 양념한다.

TIP

☞ 연어를 너무 오래 굽지 않도록 한다.

☞ 소스를 만들 때 분리되지 않도록 주의한다.

필라프 라이스와 쇠고기 스트로가노프

재료 및 분량

쇠고기 안심 100g, 양송이 20g, 양파 20g, 마늘 1쪽, 브라운 루 20g, 브라운 그레이비소스 120㎖, 적포도주 약간, 파프리카 약간, 로즈마리 약간, 바질 1장, 생크림 30㎖, 소금/후추 약간

※ 필라프 라이스 : 양파 20g, 불린 쌀 120g, 육수 200㎖, 버터 약간, 소금 약간

조리방법

1. 쇠고기 안심을 결 방향으로 6×2㎝ 크기로 썰고 소금, 후추, 파프리카로 밑간한 다음 밀가루로 간한다.
2. 마늘은 다져 놓는다.
3. 양파와 양송이는 2등분 또는 4등분한다.
4. 팬에 버터를 두르고 안심을 갈색으로 색을 내고 양파와 버섯을 넣은 후 적포도주로 졸여 준다.
5. 브라운 그레이비소스와 생크림을 넣어 주고 소금, 후추로 간을 맞춰 준다.
6. 준비된 접시에 필라프 라이스를 몰드에 찍어내고 곁들임 채소와 함께 스트로가노프를 완성한다.
7. 로즈마리와 바질로 가니쉬 포인트를 준다.

필라프 라이스

❶ 냄비에 버터를 두르고 양파 다진 것을 살짝 볶아 준다.

❷ 알맞은 양의 닭육수를 붓고 소금, 후추로 간을 맞추고 밥을 짓는다.

TIP

☞ 고기는 결 방향으로 자른다.

☞ 크기가 균일하도록 주의한다.

국수를 곁들인 닭 코르동 블루와 화이트소스

재료 및 분량

닭가슴살 1장, 양송이 30g, 당근 20g, 브로콜리 20g

※ 녹색국수 30g : 시금치즙 15㎖, 밀가루 50g, 달걀 1개, 소금 약간

※ 화이트소스 : 닭육수 200㎖, 양파 30g, 백포도주 30㎖, 화이트 루 약간, 생크림 30㎖, 소금/후추 약간

조리방법

1. 닭가슴살을 저며 소금, 후추로 밑간하여 준비한다.
2. 양송이를 다이스로 썰어 버터에 살짝 볶아 준비한다.
3. 준비한 닭가슴살에 버섯 속을 채워 넣고 잘 덮은 후 밀가루, 달걀물, 빵가루를 입혀 노릇하게 튀겨낸다.
4. 당근과 샤토 모양으로 손질하여 준비하고 브로콜리는 데친다.
5. 준비된 채소는 닭육수에 버터와 소금, 설탕으로 간한 뒤 살짝 데쳐낸다.
6. 준비된 접시에 화이트소스를 깔고 노릇하게 튀겨놓은 닭가슴살 코르동 블루는 먹기 좋은 크기로 잘라 소스 위에 조심스럽게 올린다.
7. 녹색국수와 곁들임 채소로 마무리하여 제공한다.

녹색국수

❶ 시금치즙에 밀가루, 계란흰자, 소금을 넣고 반죽하여 젖은 수건으로 싸 놓는다.
❷ 반죽을 밀대로 밀어 1×5㎜ 크기로 채 썬다.
❸ 끓는 물에 국수를 삶아낸 다음 팬에 기름을 두르고 볶은 뒤 소금, 후추로 간한다.

화이트소스

❶ 양파를 다져 버터에 볶다가 와인을 넣고 졸인 후 닭육수를 붓는다.
❷ 알맞은 양의 화이트 루를 넣고 끓으면 생크림을 적당량 넣어 준다.
❸ 소금, 후추로 간을 맞추고 체에 걸러 사용한다.

TIP

☞ 소스는 너무 묽거나 되지 않도록 하고 색깔은 흰색을 내도록 한다.
☞ 고기는 노릇하게 튀겨낸다.
☞ 녹색국수 대용으로 달걀국수를 사용하기도 한다.

해산물 그라탱

재료 및 분량

관자 2개, 홍합 2개, 새우 3마리, 연어살 50g, 달걀 1개, 처빌 약간, 버터 20g

※ 홀랜다이즈소스 : 정제버터 100㎖, 양파 1/2개, 통후추 5g, 월계수잎 1장, 식초 50㎖, 레몬 20g, 소금/후추 약간

1

2

3

4

조리방법

1. 준비된 재료를 깨끗이 손질하고 해산물은 소금물에 한 번 더 씻어서 물기를 제거하여 준비한다.
2. 준비된 해산물에 소금과 후추, 레몬즙으로 밑간해 둔다.
3. 해산물은 끓는 물에 소금과 레몬을 넣고 살짝 데친다.
4. 그라탱 볼에 버터를 바르고 해산물을 보기 좋게 담은 후 소스를 뿌려 살라만더(오븐)에서 색을 낸다.
5. 골고루 색을 내고 허브로 장식하여 서브한다.

홀랜다이즈소스

❶ 냄비에 물을 붓고 버터를 넣어 중탕으로 정제하여 둔다.

❷ 냄비에 양파와 으깬 통후추, 레몬 등을 넣어 충분히 졸여 에센스를 만들어 준비한다.

❸ 볼에 달걀노른자와 적당량의 에센스를 넣고 뜨거운 물에 중탕하여 크림형태를 만들어 준다.

❹ ❸의 내용물이 윤기가 돌기 시작하면 정제버터를 조심씩 넣어 가며 유화시킨다.

❺ 원하는 형태의 소스가 완성되면 소금, 후추로 간한다.

TIP

☞ 소스는 너무 묽거나 되지 않도록 하고 색깔은 흰색을 내도록 한다.

☞ 색을 낼 때 타지 않도록 주의한다.

☞ 해산물은 신선하게 관리하고 위생적으로 취급한다.

망고를 채워 구운 돼지안심과 사과소스

재료 및 분량

돼지안심 200g, 망고 10g, 감자 2개, 연근 1조각, 가지 2조각, 아스파라거스 1개, 단호박 20g, 로즈마리 약간, 타임 약간

※ 사과소스 : 사과 1개, 버터 5g, 소금/후추 약간, 계핏가루 약간

조리방법

1. 돼지안심은 기름기를 제거하고 손질한 다음 넓게 펴서 망고를 넣어 말아 준다.
2. 소금, 후추로 간을 맞추고 오일로 양념한 다음 실로 묶는다.
3. 팬에 기름을 두르고 돼지안심을 갈색이 나도록 골고루 색을 낸 다음 오븐에서 완전히 익혀 준다.
4. 익힌 돼지안심은 먹기 좋게 썰어내고 접시 중앙에 담은 다음 감자와 곁들임 채소인 단호박, 아스파라거스, 가지, 튀긴 연근으로 디자인한다.
5. 소스는 알맞은 양을 살짝 뿌린 다음 허브로 마무리한다.

애플소스

❶ 사과는 껍질을 벗기고 다진다.

❷ 팬에 버터를 두르고 사과를 볶아 준 다음 물을 붓고 충분히 삶아 체에 걸러 준비한다.

❸ 준비된 내용물에 소금, 후추, 계핏가루로 간을 맞추고 버터 몽테한다.

가니쉬

1. 아스파라거스는 껍질을 벗기고 물에 데쳐 준비한 다음 버터에 볶는다.
2. 단호박도 한 입 크기로 잘라 데쳐 둔다.
3. 가지는 슬라이스하여 그릴로 색을 낸 후 펜에 기름을 두르고 구워 둔다.
4. 감자는 샤토로 자른 후 데쳐 버터에 볶는다.

안심 트윈 스테이크와 레드와인소스

재료 및 분량

쇠고기 안심 140g(2쪽), 버섯 1개, 아스파라거스 40g, 마늘 30g, 레몬 20g, 차이브 3개

※ 레드와인소스 : 양파 1/2개, 브라운소스 100㎖, 레드와인 30㎖

조리방법

1. 쇠고기 안심은 실로 고정하여 형태를 유지하고 소금, 후추, 오일로 밑간한다.
2. 준비된 안심 2쪽은 팬에 기름을 두르고 색을 낸 후 오븐에서 미디엄으로 익혀 준다.
3. 접시에 곁들임 채소와 안심을 놓은 후 레드와인소스를 만들어 곁들인다.

레드와인소스

❶ 양파를 채 썰어 볶아 준비한다.

❷ 레드와인을 넣고 1/2로 충분히 졸여 준다.

❸ 브라운소스를 넣어 준다.

❹ 간을 맞추고 버터 몽테한다. (부드럽게 하기 위해 크림을 사용하기도 한다.)

가니쉬

1. 당근과 아스파라거스는 손질한 다음 끓는 물에 데쳐 버터, 소금으로 간한다.
2. 새송이버섯은 먹기 좋은 크기로 잘라 펜에 버터를 두르고 구워 놓는다.
3. 레몬은 버터를 두르고 설탕, 소금으로 간을 한 후 졸여 준다.
4. 마늘은 팬에 기름을 두르고 구워낸다.

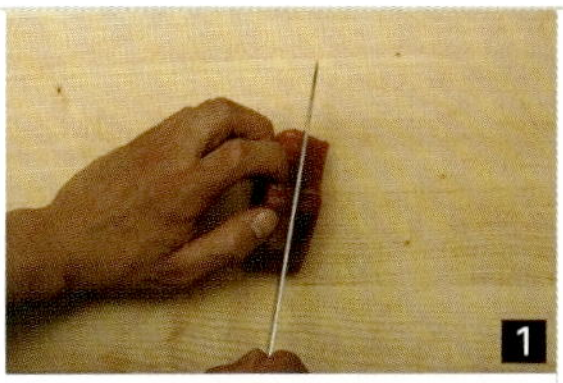
1

2

3

4

5

6

쇠고기 안심스테이크와 브라운소스

재료 및 분량

쇠고기 안심 140g, 감자 1개, 당근 40g, 브로콜리 30g, 아스파라거스 20g, 로즈마리 1줄기, 소금/후추 약간

※ 브라운소스 : 버터 15g, 밀가루 20g, 토마토 페이스트 30g, 브라운 스톡 300㎖, 소금/후추 약간

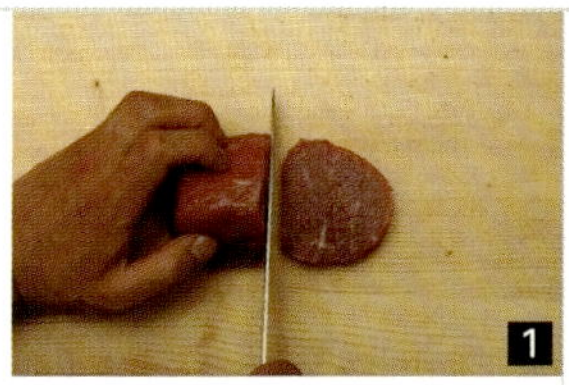

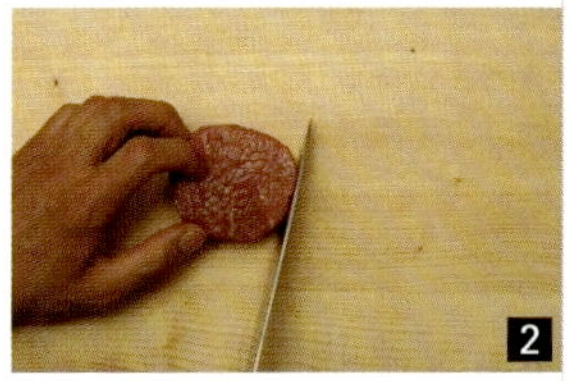

조리방법

1. 쇠고기 안심은 소창으로 감싸고 칼등을 이용하여 고기를 부드럽게 준비한 다음 소금, 후추, 오일로 밑간해 둔다.
2. 준비된 안심은 팬에 기름을 두르고 색을 낸 후 오븐에서 미디엄으로 익혀 준다.
3. 접시에 곁들임 핫 베지터블과 안심을 놓은 후 브라운소스를 뿌려 제공한다.
4. 로즈마리로 포인트를 준다.

브라운소스

❶ 채소(양파, 당근, 셀러리) 미르포아는 색이 나도록 볶아 준비한다.

❷ 팬에 밀가루와 버터를 넣어 브라운 루를 만들고 토마토 페이스트를 넣어 볶아 준다. 브라운 육수를 붓고 채소를 넣은 다음 충분히 끓여 준다.

❸ 소금, 후추로 간을 하고 체에 걸러 사용한다.

가니쉬

1. 당근은 샤토 모양으로 손질한 다음 끓는 물에 데쳐 버터, 소금, 설탕을 넣고 졸여 윤기를 내준다.
2. 브로콜리는 먹기 좋은 크기로 떼어내 끓는 물에 데쳐 준비한 다음 버터에 살짝 볶아 소금, 후추로 간한다.
3. 감자는 프렌치 프라이드 포테이토로 준비한다. (막대모양(1×1×5㎝)으로 자른 다음 물에 담가 전분기를 제거하고 170℃의 고온에서 튀겨낸다.)
4. 아스파라거스는 줄기 부분을 작은 칼을 사용하여 껍질을 제거하고 끓는 물에 소금을 넣어 데쳐낸다. 팬에 버터를 두르고 아스파라거스를 볶아낸다.

TIP

☞ 스테이크는 요구하는 대로 익혀 낸다(미디엄, 미디엄 웰).

☞ 가니쉬(곁들임 채소)는 각각 다른 방법으로 조리하고 주어진 재료를 최대한 활용한다.

☞ 소스는 브라운 루를 사용하여 브라운소스를 만든다.

채소로 속을 채운 닭가슴살 요리와 토마토소스

재료 및 분량

닭가슴살 1개, 양송이버섯 1개, 양파 1/4개, 감자 1개, 당근 1/5개, 새송이버섯 1/2개, 마늘 15g, 토마토 70g, 토마토 페스트 10g, 버터 30g, 밀가루 10g, 민트잎 1장

조리방법

1. 닭고기는 껍질을 제거하고 깨끗이 손질한 후 얇게 저며 소금, 후추로 밑간한다.
2. 양파, 버섯을 스몰 다이스로 썰어 기름에 볶은 후 소금, 후추로 간한다.
3. 밑간한 가슴살에 속 재료 2를 넣고 조심해서 실로 고정한 다음 팬에 노릇하게 익혀낸다.
4. 익혀낸 가슴살은 먹기 좋은 크기로 2~3쪽으로 자른다.
5. 메시드 감자를 깔고 닭가슴살을 올린 후 곁들임 채소로 꾸민다.
6. 토마토소스로 나페(Napper)한다.

토마토소스

❶ 브라운 루를 만들어 놓는다.
❷ 토마토 페이스트는 버터에 살짝 볶아 둔다.
❸ 준비된 팬에 기름을 두르고 마늘, 양파 다진 것을 넣고 노릇하게 볶는다.
❹ 냄비에 육수를 붓고 루와 토마토 페이스트, 토마토 으깬 것을 넣고 충분히 끓인 후 소금, 후추로 간을 한다.
❺ 체에 거르고 버터 몽테하여 사용한다.

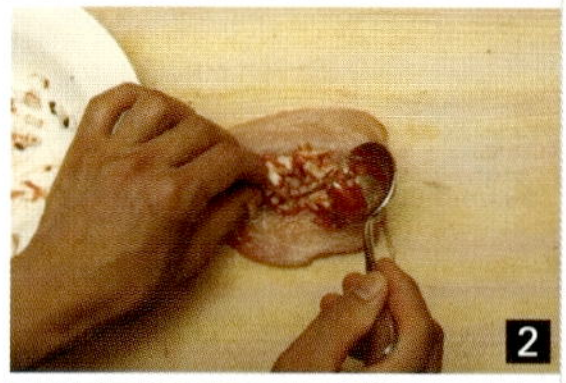

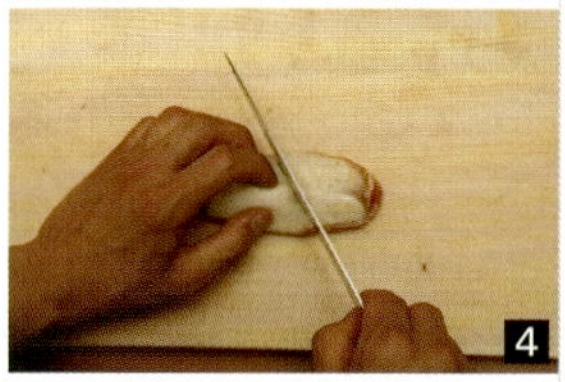

가니쉬

1. 당근은 접시모양으로 오려 버터와 설탕에 졸인다.
2. 감자는 삶아 으깬 다음 소금, 후추, 버터로 양념한다.
3. 새송이버섯과 마늘은 그릴로 굽고 소금으로 간을 맞춘다.
4. 허브는 물에 담가 신선하게 해둔다.

TIP

☞ 요구하는 사항에 따라 가슴살을 잘 손질한다.
☞ 토마토는 껍질을 제거하고 콩카세하여 소스에 사용한다.
☞ 닭가슴살이 다 익도록 주의한다.

3가지 카나페

재료 및 분량

중하 3마리, 연어 30g, 미니토마토 3개, 팽이버섯 20g, 식빵 2조각, 무순 10g, 케이퍼 10g, 레몬 1조각, 달걀 1개, 마요네즈 약간

조리방법

1. 식빵은 원형, 3각, 4각 모양으로 자르고 버터가 타지 않도록 주의하여 노릇하게 굽는다.
2. 훈제연어는 얇게 썰어 장미모양으로 말아 준비해 둔다.
3. 새우는 등쪽 내장을 제거하여 소금물에 데쳐 준비해 둔다.
4. 달걀은 노른자가 중앙에 오도록 굴려가며 삶아 슬라이스해 둔다.
5. 미니토마토와 무순, 팽이버섯도 손질해 둔다.
6. 원형모양의 빵에 버터를 바르고 삶은 달걀을 올린 다음 새우를 올리고 마무리한다.
7. 4각 식빵 토스트에는 훈제연어와 케이퍼를 올린 다음 마무리한다.
8. 삼각형 모양의 토스트에 토마토와 무순, 팽이버섯으로 마무리한다.

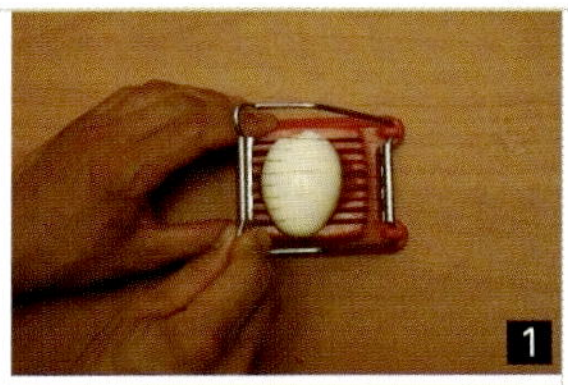
1

2

3

4

TIP

☞ 식빵은 빵이 눌리지 않도록 주의한다.
☞ 빵 위에 올리는 내용물은 조심해서 올리고 한 입에 먹기 좋은 크기로 구성한다.
☞ 마요네즈나 겨자를 골고루 발라 내용물이 떨어지지 않도록 한다.

아보카도를 곁들인 토마토 타르타르

재료 및 분량

토마토 2개, 오렌지 1/2개, 아보카도 20g, 물냉이 20g, 처빌 5g, 차이브 2줄기, 레몬 1조각

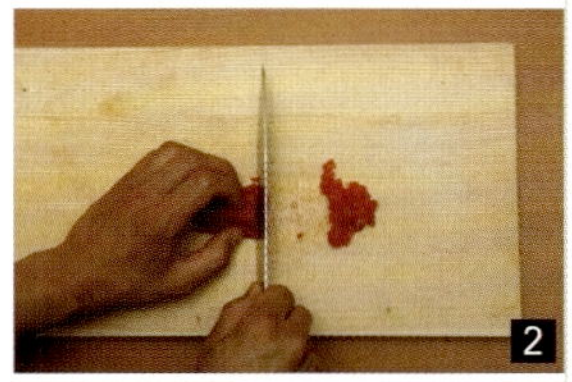

조리방법

1. 모든 허브는 찬물에 담가 싱싱하게 한다.
2. 토마토는 잘 익은 것을 골라 껍질을 제거하고 콩카세한다.
3. 오렌지 껍질은 제스트하고 과육은 미디엄 다이스로 잘라 둔다.
4. 토마토 콩카세에 소금, 후추, 레몬, 오일로 양념하고 몰드를 이용하여 조심스럽게 찍어낸다.
5. 싱싱한 허브를 보기 좋게 올려 담고 레몬껍질을 올린다.
6. 접시 가장자리에 오렌지 다이스와 아보카도를 교대로 돌려 담고 차이브로 디자인한다.

TIP

☞ 토마토는 끓는 물에 데쳐 껍질을 제거해서 사용한다.
☞ 몰드를 사용해서 조심스럽게 빼낸다.
☞ 허브는 주어진 것을 싱싱하게 살려서 사용한다.

파프리카를 곁들인 파스타 샐러드

재료 및 분량

붉은색 파프리카 1개, 노란색 파프리카 1개, 물냉이 1줄기, 양파 1/6개, 파스파(파르펠레) 100g, 올리브유 약간

※ 레몬 비네그레트 : 올리브유 30g, 레몬 1/2조각, 꿀 약간, 소금/후추 약간

조리방법

1. 파프리카는 그릴에 돌려 가며 구운 다음 랩으로 싸서 5분 정도 경과 후 찬물에 담가 껍질을 벗긴다.
2. 파스타는 끓는 물에 약 7~8분간 삶아 식혀 오일을 발라 둔다.
3. 양파는 얇게 썰어 준비해 놓는다.
4. 혼합 볼에 레몬과 올리브유, 소금, 후추로 소스를 만들어 버무린 후 싱싱한 채소와 함께 보기 좋게 담아낸다.

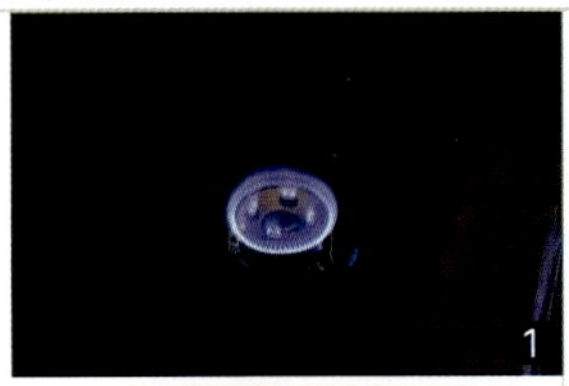
1

2

3

4

5

6

TIP

☞ 파스타는 너무 오랫동안 삶아 퍼지지 않도록 주의한다.
☞ 소스 대신 마요네즈를 사용하여 버무려도 좋다.
☞ 파프리카는 반드시 껍질을 제거해서 사용한다.

훈제연어 샐러드와 마요네즈소스

재료 및 분량

훈제연어 100g, 치커리 20g, 양상추 50g, 미니토마토 20g, 차이브 1줄기, 딜 5g, 레몬 1조각, 래디시 1개

※ 마요네즈소스 : 달걀 1개, 식용유 100㎖, 식초 10㎖, 소금/후추 약간

조리방법

1. 훈제연어는 껍질을 제거하여 손질하고 먹기 좋은 크기로 2~3㎜ 두께로 잘라 둔다.
2. 혼합 볼에 마요네즈소스를 분량대로 만들어 놓는다.
3. 채소는 먹기 좋은 크기로 뜯어 놓은 다음 냉수에 담가 신선하게 하고 물기를 제거한다.
4. 훈제연어를 사선으로 보기 좋게 놓고 샐러드용 채소를 담는다.
5. 소스를 뿌리고 레몬과 함께 제공한다.

마요네즈소스(mayonnaise sauce)

❶ 혼합 볼에 달걀노른자, 식용유, 소금, 후추 등을 넣고 잘 젓는다.

❷ 유화되면 풀어지지 않도록 식초를 넣어 준다.

TIP

☞ 채소는 반드시 물에 담가 두어 신선함을 유지한다.

☞ 소스는 마요네즈를 사용하도록 한다.

☞ 접시에 담아낼 때 전채 음식이므로 양이 너무 많지 않도록 한다.

채소 다발을 곁들인 참치 카르파초와 프렌치 드레싱

재료 및 분량

참치 100g, 통후추 약간, 양겨자 20g, 소금 약간

※ 채소부케 : 미니토마토 2개, 금강초 1줄기, 레드 치커리 20g, 치커리 20g, 양상추 10g, 팽이버섯 1/2개, 차이브 2줄기

※ 프렌치 드레싱 : 올리브유 50㎖, 식초 15㎖, 소금/후추 약간씩

조리방법

1. 붉은색 참치는 소금물에 씻어 해동하여 손질하고 물기를 제거한다.
2. 손질한 참치에 소금으로 간을 하고, 한쪽 면에 양겨자와 으깬 통후추를 바른다.
3. 팬에 기름을 두르고 참치의 겉 표면만 살짝 구워 준 다음 식혀 둔다.
4. 참치를 약 0.5~0.7㎝ 두께로 썰어 둔다.
5. 채소는 손질하여 찬물에 담가 놓는다.
6. 미니토마토는 앞뒤를 살짝 잘라낸 다음 씨를 제거하고 물기를 없앤다.
7. 손질해 둔 채소와 토마토를 사용하여 채소부케를 예쁘게 만든다.
8. 부케가 마르지 않도록 물을 뿌려 신선함을 유지하고 혼합 볼에 분량대로 프렌치 드레싱을 만들어 둔다.
9. 접시 중앙에 채소부케를 놓고 참치를 가지런히 담은 다음 프렌치 드레싱을 뿌려 제공한다.

프렌치 드레싱(french dressing)

❶ 혼합 볼에 식용유, 식초(3 : 1) 등을 넣고 잘 저은 후 소금, 후추로 간한다.

❷ 맛을 더하기 위해 설탕을 약간 첨가해도 좋다.

1

2

3

4

TIP

☞ 샐러드 부케가 균형잡히도록 한다.

☞ 프렌치 드레싱은 반드시 저어서 사용하도록 한다.

☞ 1인 분량이 너무 많지 않도록 주의하고 깔끔하게 담아낸다.

☞ 참치는 너무 익지 않도록 유의한다.

조개 차우더 수프

재료 및 분량

조개 200g, 양파 20g, 피망 10g, 감자 30g, 베이컨 10g, 생크림 30㎖, 화이트와인 20㎖, 화이트 루 20g, 조개육수 500㎖, 처빌 1잎

조리방법

1. 모든 채소는 일정한 사각형 크기로 자른다(1×1㎝).
2. 조개는 깨끗하게 손질하여 소금물에 담가 둔다.
3. 조개와 함께 레몬, 부케가르니를 넣고 약 10분간 끓인다. 끓인 국물은 체에 받쳐 국물은 육수로, 알맹이는 고형물로 준비한다.
4. 팬에 버터를 두르고 채소를 볶은 다음 밀가루를 넣어 화이트 루를 만든다.
5. 4에 조개육수를 붓고 끓으면 조심스럽게 저어 준 다음 조갯살과 생크림을 넣고 소금, 후추로 간을 맞춘다.
6. 완성된 수프를 그릇에 담고 토스트와 함께 제공해도 좋다.

TIP

☞ 채소는 일정한 크기로 똑같이 썰어 둔다.
☞ 밀가루와 버터를 이용하여 화이트 루를 만들어 둔다(타지 않도록 주의).
☞ 농도와 색깔에 주의한다.
☞ 수프의 양은 1인 기준인 200㎖ 양을 원칙으로 한다.

닭고기 콩소메와 3색 줄리안

재료 및 분량

닭고기 200g, 달걀 1개, 양파 30g, 당근 15g, 셀러리 15g, 월계수잎 1장, 파슬리 2g, 브랜디 10㎖, 백포도주 15㎖

※ 3색 줄리안 : 당근 10g, 오이 10g, 무 10g, 크레송 약간

조리방법

1. 닭은 깨끗이 씻어 물기를 없애고 껍질과 뼈를 없앤다.
2. 뼈는 갈색이 나도록 굽거나 볶아 치킨 스톡을 준비하고 닭고기 살과 채 썬 채소는 달걀흰자와 향신료를 넣고 버무려 둔다. 양파는 프라이팬에 갈색이 나도록 굽는다.
3. 두꺼운 냄비에 육수와 채소 버무린 것을 넣고 끓이다가 중앙에 구멍을 내고 약한 불에서 은근히 끓인다.
4. 콩소메용 가니쉬는 3색 채소 줄리안으로 일정한 크기로 채 썬 다음 데쳐 식혀서 준비해 둔다.
5. 충분히 끓인 콩소메는 고운체에 거즈를 받쳐 기름기와 불순물을 걸어내고 소금, 후추로 간한다.
6. 수프 볼에 콩소메와 3색 줄리안, 크레송을 조심스럽게 담아낸다.

TIP

☞ 달걀흰자는 충분히 거품을 내어 머랭이 깨지지 않도록 한다.
☞ 콩소메의 색깔에 주의한다.
☞ 곁들임 가니쉬는 3색으로 크기가 일정하도록 한다.
☞ 1인분 200㎖를 원칙으로 한다.

양송이버섯 크림 수프

재료 및 분량

양송이 150g, 닭육수 500㎖, 양파 1/4개, 밀가루 20g, 버터 20g, 생크림 150㎖, 소금/후추 약간

※ 가니쉬 : 크루통 5개, 파슬리가루, 생크림

1

2

3

4

5

조리방법

1. 닭을 깨끗이 손질한 다음 양파를 넣고 육수를 만들어 놓는다.
2. 양송이는 채 썰거나 곱게 다져 놓는다.
3. 양파는 곱게 다져 놓는다.
4. 팬에 버터를 두르고 밀가루를 넣어 화이트 루를 만들어 놓는다.
5. 소스 팬에 버터를 두르고 양파, 버섯 순서로 버섯 국물이 없어질 때까지 볶는다.
6. 냄비에 화이트 루와 알맞은 양의 육수를 넣고 잘 풀어 준 후 끓인다.
7. 생크림의 절반은 덜어내어 거품기를 이용하여 거품을 올린 후 따로 보관하고 크루통은 노릇하게 구워 놓는다.
8. 6의 수프가 원하는 농도가 되면 믹서기에 갈거나 체에 거르고 소금, 후추, 생크림으로 간을 맞춘다.
9. 수프 볼에 수프를 담고 휘핑한 생크림과 크루통을 올리고 파슬리를 뿌려서 완성한다.

TIP

☞ 식빵은 1×1㎝로 잘라 버터에 볶거나 튀겨 크루통을 만들어 놓는다.
☞ 수프의 색깔과 농도에 주의한다.
☞ 버섯은 반드시 갈거나 거칠게 다져 넣어 준다.

단호박 수프와 팥

재료 및 분량

단호박 200g, 양파 20g, 버터 50g, 닭육수 500㎖, 레드빈(팥) 30g, 생크림 50㎖, 크루통 3개, 처빌 1잎

조리방법

1. 닭을 이용하여 채소와 함께 치킨 스톡을 만들어 놓는다.
2. 냄비에 닭육수를 붓고 팥을 약 20분 정도 충분히 삶아 준다.
3. 단호박은 껍질을 제거하고 얇게 썰어 준비한다.
4. 냄비에 버터를 두르고 양파와 단호박 순으로 볶아 준 다음 닭육수를 붓고 충분히 끓여 준다.
5. 삶아진 단호박은 믹서기에 갈거나 체에 거르고 고운 망에 거르고 소금, 후추, 생크림으로 양념한다.
6. 완성 그릇에 수프를 담고 삶아 둔 팥과 크루통을 올리고 처빌로 장식하여 제공한다.

TIP

- ☞ 수프의 색깔과 농도에 주의한다.
- ☞ 단호박은 충분히 삶아 쉽게 물러지도록 한다.
- ☞ 가니쉬로 사용할 팥의 양이 너무 많지 않도록 주의한다.
- ☞ 완성된 수프가 너무 식지 않아야 한다.

차가운 감자 수프

재료 및 분량

감자 200g, 대파 20g, 양파 30g, 닭육수 500㎖, 생크림 100㎖, 차이브(파슬리) 약간, 식빵 1장, 소금/후추 약간

조리방법

1. 닭고기는 찬물에서부터 끓여 스톡(육수)을 준비하여 놓는다.
2. 감자는 껍질을 벗기고 얇게 썬 후 물에 담가 색이 변하지 않도록 한다.
3. 양파와 대파는 흰 부분을 사용하여 곱게 다지거나 채 썰어 놓는다.
4. 팬을 뜨겁게 달군 후 버터를 두르고 버터가 녹으면 양파와 대파, 감자 순서로 볶아 준다.
5. 냄비에 4와 닭고기 육수를 붓고 물러지게 푹 삶은 후 고운 망을 사용하여 부드럽게 내려 준다.
6. 곱게 거른 수프는 소금, 후추, 생크림으로 간을 맞춘 다음 얼음물에 담가 차갑게 식혀 준다.
7. 식빵은 원형으로 잘라 버터에 구워 크루통을 만들어 준비해 놓는다.
8. 차갑게 식혀 둔 수프에 크루통을 준비하고 파슬리가루나 차이브로 장식한다.

1

2

3

TIP

☞ 수프의 색깔과 농도에 주의한다.
☞ 감자는 반드시 물에 담가 색이 변하지 않도록 한다.
☞ 가니쉬는 요구사항에 맞게 준비한다.
☞ 따뜻하게 제공해도 좋은 수프이므로 요구사항에 맞게 작품을 연출한다.

튜너 칵테일

| 요구사항 |

※ 주어진 재료를 사용하여 다음과 같이 튜너 칵테일을 만드시오.

- 양상추는 0.2㎝ 정도의 채로 썰고, 레몬과 파슬리는 장식하시오.
- 칵테일소스를 끼얹어 내시오.

수검자 유의사항

- 참치(통조림)의 기름에 유의한다.
- 채 썬 상추가 싱싱해지도록 한다.
- 요구 작품이 2가지인 경우 한 가지 작품만 만들었을 때에는 미완성으로 채점 대상에서 제외된다.
- 조리작품 만드는 순서는 틀리지 않게 하여야 한다.

재료 및 분량 (시험시간 : 30분)

캔 참치(고형물–Tuna can) **70g** / 양상추(Lettuce) **2잎** / 레몬(Lemon) **1/6개** / 파슬리(Parsley) **1줄기** / 토마토케첩(Tomato ketchup) **15g** / 호스래디시(Horseradish) **2g** / 핫소스(Hot sauce) 또는 칠리소스(Chili sauce) **5㎖** / 소금(Salt) **약간** / 후추(Pepper) **약간**

칵테일소스 : 케첩 1Ts, 핫소스 1tsp, 우스터소스 $\frac{1}{2}$tsp, 호스래디시 $\frac{1}{4}$tsp, 소금, 후추

조리방법

1. 참치는 체에 걸러 기름을 제거하고 결대로 뜯어 놓는다.
2. 양상추는 가니쉬용으로 한 잎을 남겨놓고, 나머지는 0.2㎝ 정도의 채로 썰어 찬물에 담가 둔다.
3. 레몬 1/6개를 웨지 형태로 만들어 껍질 부분에 칼집을 넣는다.
4. 토마토케첩, 핫소스, 호스래디시, 후추, 소금을 합하여 칵테일소스를 만든다.
5. 접시에 알맞은 크기의 양상추 한 잎과 채 썬 양상추를 담은 뒤, 손질해 둔 참치를 얹고 그 위에 소스를 끼얹는다.
6. 레몬과 파슬리로 장식한다.

1

2

3

4

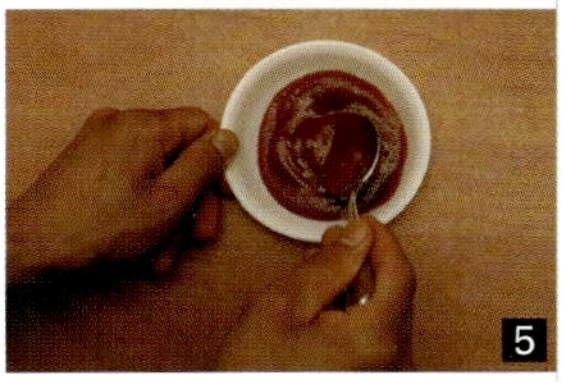
5

조리작업순서

재료 손질 ⇒ 파슬리와 양상추 손질 ⇒ 참치 기름 제거 ⇒ 양상추 채 썰기 ⇒ 레몬 손질 ⇒ 참치 찢기 ⇒ 칵테일소스 만들기 ⇒ 담기 ⇒ 레몬, 파슬리 장식

TIP

☞ 양상추 채 썬 것이 숨이 죽지 않도록 제출하기 직전에 물기를 빼고 사용한다.
☞ 양식 정식코스에 먼저 나가는 요리로 적은 양으로 서비스하며 모양도 아름답게 꾸민다.

피시 스톡

| 요구사항 |

※ 주어진 재료를 사용하여 다음과 같이 피시 스톡을 만드시오.

- 스톡을 맑게 만드시오.
- 생선뼈는 핏물을 제거한 후 사용하시오.
- 완성된 스톡의 양이 200㎖ 정도가 되도록 하시오.

수검자 유의사항

- 불 조절에 유의한다.
- 생선뼈의 핏물을 잘 씻어야 한다.
- 스톡이 끓을 때 생기는 거품을 걷어내야 한다.
- 불을 사용하여 만든 조리작품은 반드시 익어야 한다.
- 요구 작품이 2가지인 경우 한 가지 작품만 만들었을 때에는 미완성으로 채점 대상에서 제외된다.
- 조리작품 만드는 순서는 틀리지 않게 하여야 한다.

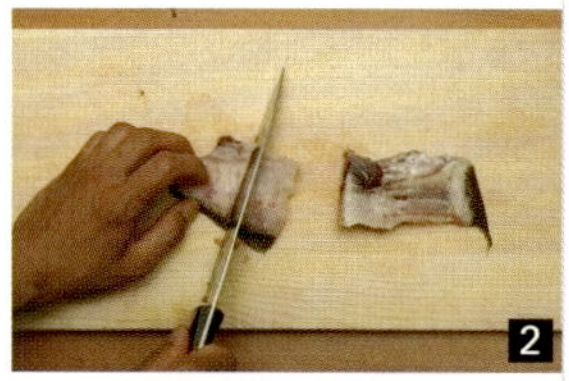

재료 및 분량 (시험시간 : 20분)

생선뼈(Fish bone) **100g** / 양파(Onion) **30g** / 셀러리(Celery) **20g** / 통후추(Peppercorn) **3알** / 물(Water) **300㎖** / 월계수잎(Bay leaf) **1장** / 버터(Butter) **5g** / 파슬리(Parsley) **1줄기** / 레몬(Lemon) **1/6개**

조리방법

1. 생선뼈는 깨끗이 씻어 4~5㎝ 길이로 토막내어 찬물에 담가 핏물을 제거한 다음 끓는 물에 데친다.
2. 양파와 셀러리는 채를 썬다.
3. 팬에 버터를 두르고 최대한 색이 나지 않게 야채를 볶은 다음 생선뼈를 넣고 볶다가 물을 붓는다.
4. 월계수잎과 파슬리 줄기, 통후추, 레몬즙을 넣고 끓인다.
5. 스톡이 끓기 시작하면 불을 낮추어 은근하게 끓도록 한다.
6. 끓은 후에 10분 동안 시머링하면서 표면의 지방질과 거품 등 불순물을 수시로 제거한다.
7. 면포에 걸러 스톡만 제출한다(간은 하지 않는다).

조리작업순서

재료손질 ⇒ 생선뼈 핏물을 제거 ⇒ 채썰기(양파, 셀러리) ⇒ 볶기(냄비에 버터-양파-셀러리) ⇒ 끓이기(물+뼈+통후추+월계수잎+파슬리 줄기+레몬즙) ⇒ 거르기 ⇒ 담기

TIP

- ☞ 스톡을 너무 오래 끓이면 색이 탁해지므로 너무 오래 끓이지 않도록 한다.
- ☞ 셀러리를 많이 넣게 되면 색이 파랗게 되므로 주의한다.
- ☞ 스톡을 끓일 때에는 간을 하지 않는다.
- ☞ 스톡을 맑게 하기 위하여 생선뼈를 끓는 물에 살짝 데쳐 살을 제거하고 사용하기도 한다.

애플소스

| 요구사항 |

※ 주어진 재료를 사용하여 다음과 같이 애플소스를 만드시오.

- 소스의 농도는 묽거나 되지 않도록 하시오.
- 사과는 껍질과 씨를 제거하여 사용하시오.

수검자 유의사항

- 잼과 같은 상태가 되지 않도록 한다.
- 소스의 색깔에 유의한다.
- 불을 사용하여 만든 조리작품은 반드시 익어야 한다.
- 요구 작품이 2가지인 경우 한 가지 작품만 만들었을 때에는 미완성으로 채점 대상에서 제외된다.
- 조리작품 만드는 순서는 틀리지 않게 하여야 한다.

재료 및 분량 (시험시간 : 45분)

사과(Apple) **1개** / 버터(Butter) **5g** / 설탕(Sugar) **5g** / 소금(Salt) **약간** / 계핏가루(Cinnamon powder) **약간** / 물(Water) **400㎖**

조리방법

1. 사과의 껍질과 씨를 제거하고 얇게 썬 다음 설탕물에 담가 놓는다.
2. 팬에 버터를 두르고 사과를 넣어 최대한 색이 나지 않도록 잘 볶은 다음 설탕과 물을 넣어 은근히 끓인다.
3. 충분히 무르면 고운체로 걸러 준다.
4. 3의 걸러낸 소스가 아직 뜨거울 때 버터 한 조각을 넣어 윤기가 나도록 한다.
5. 그릇에 담아낸 뒤 계핏가루를 중앙에 조금 뿌린다.

1

2

3

4

조리작업순서

재료 세척 및 손질 ⇒ 사과 썰기 ⇒ 소스 끓이기(버터에 사과볶기+설탕+물) ⇒ 체에 내리기 ⇒ 농도 맞추기(소금) ⇒ 담기 ⇒ 계핏가루 뿌리기

TIP

- ☞ 사과를 익힐 때에는 뚜껑을 덮고 불을 낮추어 오랫동안 뭉근히 끓여야 체에 잘 걸러진다.
- ☞ 설탕이 지나치게 많이 들어가면 굳으므로 유의한다.
- ☞ 계핏가루를 많이 사용하면 색이 좋지 않고, 설탕을 많이 넣으면 잼처럼 될 수 있으므로 주의한다.
- ☞ 사과소스는 주로 돼지고기에 제공된다.

콜슬로 샐러드

| 요구사항 |

※ 주어진 재료를 사용하여 다음과 같이 콜슬로 샐러드를 만드시오.

- 양배추, 당근은 0.1㎝ 이내로 곱게 채 써시오.
- 마요네즈를 만들어 사용하시오.

수검자 유의사항

- 채가 일정하고 곱도록 한다.
- 버무릴 때 고루 섞이도록 한다.
- 요구 작품이 2가지인 경우 한 가지 작품만 만들었을 때에는 미완성으로 채점 대상에서 제외된다.
- 조리작품 만드는 순서는 틀리지 않게 하여야 한다.

재료 및 분량 (시험시간 : 20분)

양배추(Cabbage) 100g / 당근(Carrot) 20g / 양상추(Lettuce) 1잎 / 달걀(Egg) 1개 / 설탕(Sugar) 약간 / 식용유(Vegetable oil) 100㎖ / 레몬(Lemon) 1/8개 / 식초(Vinegar) 10㎖ / 양겨자(Mustard) 3g / 소금(Salt) 약간 / 후추(Pepper) 약간

1

2

3

4

5

조리방법

1. 양배추는 곱게 채 썰어 아삭한 맛을 주기 위해 찬물에 담가 둔다.
2. 당근은 아주 소량만 사용하고, 곱게 채 썰어 찬물에 담가 둔다
3. 달걀노른자에 소금, 후추, 설탕, 양겨자를 넣고 식용유를 조금씩 넣어 가며 잘 저어서 마요네즈를 만든다. 거의 완성되면 식초, 레몬즙을 넣는다.
4. 양배추와 당근의 물기를 완전히 제거한다.
5. 물기를 제거한 양배추와 당근을 마요네즈로 버무린다.
6. 접시에 상추를 깔고 위에 가지런히 담는다.

조리작업순서

재료 세척 및 손질 ⇒ 양배추, 당근을 채 썰어 물에 담그기 ⇒ 마요네즈 만들기(노른자+양겨자+설탕+소금+후추+식용유+식초나 레몬즙) ⇒ 양배추, 당근 물기 제거 ⇒ 버무리기 ⇒ 담기

TIP

☞ 양배추와 당근의 비율은 3:1이 좋으며 양배추와 당근은 따로 담가 둔다.
☞ 마요네즈를 만들 때에는 기름을 조금씩 넣어 주면서 저어야 한다.
☞ 야채에 물기가 있으면 마요네즈와 혼합이 잘 되지 않으므로 물기 제거를 잘해야 한다.
☞ 접시에 담기 직전에 무쳐서 담아야 물기가 생기지 않는다.
☞ 야채는 마요네즈에 버무린 후 소금과 후추로 간을 해야 물기가 생기지 않는다.

안심스테이크와 적포도주 소스, 베어네이즈

재료 및 분량

쇠고기 안심 150g, 로즈마리 2줄기, 양송이버섯 20g, 소금, 후추 약간

※ 핫베지타블 : 브로콜리 20g, 당근 1/2개, 아스파라거스 2줄기, 버터 50g, 치킨스톡 50cc, 소금, 후추
※ 레드 와인 소스 : 레드 와인 100cc, 양파 20g, 브라운소스 50cc, 로즈마리 2줄기, 버터 약간, 소금, 후추
※ 베어네즈 소스 : 버터 50g, 노른자 1개, 레몬 1조각, 식초 15cc, 통후추 3개, 파슬리 2g, 백포도주 70cc, 타라곤 약간, 소금, 후추

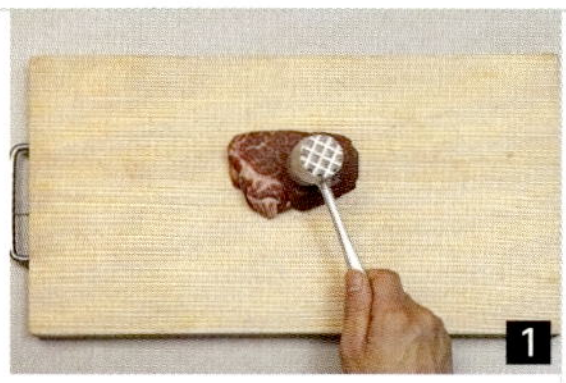

조리방법

1. 쇠고기 안심은 가운데 토막으로 준비하여 소창으로 감싼 다음 망치를 사용하여 두들기고 소금, 후추, 오일을 발라 놓는다.
2. 준비한 안심은 팬을 달군 다음 오일을 두르고 겉면에 색을 내고 미디엄(중간 굽기)으로 굽는다.
3. 중간으로 구운 쇠고기 안심 위에 양송이 볶음을 얹은 후 베어네이즈 소스를 넣어 노릇노릇한 색이 날 때까지 구워준다.
4. 준비된 접시 위에 적포도주 소스를 바닥에 깔고 구워놓은 안심을 올린다.
5. 핫베지타블은 색을 맞추어 곁들여 주고 로즈마리로 장식한다.

레드 와인 소스

❶ 소스팬에 다진 양파를 넣고 볶아준 다음 적당량의 와인을 붓고 로즈마리를 첨가하여 1/2 가량 졸여준다.

❷ 위의 내용물에 브라운 그레비 소스를 넣고 소금, 후추로 양념한 다음 체에 거른다. 버터로 몽테하여 사용한다.

가니쉬

1. 브로콜리는 끓는 물에 데쳐 준비한다.
2. 팬에 버터를 두르고 물기를 제거한 브로콜리를 살짝 볶은 다음 소금, 후추로 간한다.
3. 당근은 껍질을 벗기고 샤또 모양으로 잘라 찬물에 담가둔다. 끓는 물에 소금을 넣고 삶아준다. 삶아 놓은 당근은 설탕과 버터로 코팅해 파슬리가루를 묻혀 준다.
4. 아스파라거스는 껍질을 조심해서 벗겨내고 끓는 물에 소금을 넣고 데친 다음 버터를 물에 살짝 담가 사용한다.

왕새우 크러스트를 올린 도미구이와 샤프란 소스

재료 및 분량

도미 150g, 허브 약간, 소금, 후추

※ 왕새우 크러스트 : 왕새우 30g, 다진 양파 20g, 빵가루 20g, 파머산 치즈 10g, 버터 10g
※ 핫베지타블 : 애호박 40g, 당근 20g, 노란 파프리카 1/2개, 소금, 후추
※ 샤프란 소스 : 양파 20g, 백포도주 50cc, 샤프란 약간, 버터 30g, 생크림 30g, 레몬 1조각, 소금, 후추

조리방법

1. 오븐은 200℃로 예열하여 준비해 놓는다.
2. 도미는 비늘을 제거하고 3장 뜨기 손질하여 소금, 후추, 백포도주로 재워 놓는 다.(마리네이드)
3. 왕새우 크러스트를 볼에 삶아 잘게 썬 왕새우살과 다진 양파, 빵가루, 파머산치즈, 버터를 넣고 섞는다.
4. 프라이팬에 샐러드 오일을 두르고 마리네이드한 도미를 껍질부터 노릇하게 구운 다음 왕새우 크러스트를 도미위에 올려 오븐에 약 5~7분 정도 굽는다.
5. 준비해 놓은 접시 위에 핫베지타블을 바닥에 깔고 구워놓은 도미를 얹은 다음 샤프란 소스를 뿌리고 허브로 장식한다

샤프란 소스

❶ 양파를 다진 다음 소스 팬에 살짝 볶아 숨을 죽인다.

❷ 와인과 샤프란을 넣고 1/2이 될 때까지 졸여서 신맛을 제거한다.

❸ 와인이 졸여지면 생크림을 넣고 소금, 후추, 레몬즙으로 맛을 내고 체에 거른다.

❹ 버터 몽테하여 사용한다.

가니쉬

1. 애호박과 당근, 노란색 파프리카는 가늘게 채 썰어 준비한다.
2. 애호박과 팬에 버터를 두르고 채소를 넣어 볶아준 다음 소금, 후추로 양념한다.

-요구사항에 따라 생크림에 졸여줘도 좋다.

마카로니를 곁들인 비네거 풍미의 치킨소테

재료 및 분량

닭고기 허벅다리살 1개, 마늘 2쪽, 소금, 후추

※ 샬롯 20g, 토마토 40g, 쉐리 와인 비네거 50cc, 화이트 와인 50cc, 치킨육수 200cc
※ 마카로니 그라탕 : 마카로니 40g, 양파 25g, 양송이버섯 40g, 햄 30g
※ 베샤멜 소스 : 밀가루 20g, 버터 20g, 우유 300cc, 넛맥 약간, 파머산 치즈 20g, 소금, 후추

1

2

3

4

조리방법

1. 닭다리는 정강이와 허벅지로 나누고 기름기 및 껍질을 적당히 제거한다.

   허벅다리살이 잘 익을 수 있도록 뼈 안쪽으로 칼집을 2~3회 정도 넣어준다.

2. 소금, 후추, 마늘을 채 썰어 골고루 바리고 마리네이드한다.
3. 냄비에 기름을 두르고 손질한 닭다리를 색이 노릇하게 구워준다.
4. 닭다리를 들어내어 기름기를 제거하고 냄비에 있는 기름기를 따라 없앤다.
5. 냄비에 기름기를 제거해 놓은 닭다리를 넣고 소스재료를 넣어 익힌다.
6. 완성접시에 닭고기 다리와 마카로니를 곁들이고 소스를 뿌린다. 허브 및 기타 채소로 장식한다.

소스

❶ 팬에 다진 샬롯을 넣고 볶은 다음 쉐리 와인, 화이트 와인을 넣고 1/2 졸여 준다. 치킨육수를 넣고 다시 절반으로 졸인다.

❷ 토마토를 넣고 소금, 후추로 간을 맞춘다.

❸ 버터를 넣어 부드럽게 하여 사용한다.

마카로니 그라탕

❶ 끓는 물에 소금, 오일을 넣고 마카로니 파스타는 약 10분간 삶아준다.

❷ 양파와 버섯, 햄은 먹기 좋은 크기로 잘라 준비한다.

❸ 베샤멜 소스에 버무린 다음 오븐에 구워먹기 좋은 크기로 떼어 내어 사용한다.

베샤멜 소스

❶ 냄비를 달군 다음 버터와 밀가루를 넣는다.

❷ 약불에서 천천히 저어가며 황금색이 나게 흰루를 만들고 우유을 넣어 멍울이 생기지 않도록 거품기를 사용하여 풀어준다.

❸ 금, 후추, 치즈, 넛맥으로 맛을 낸 다음 체에 걸러 사용한다.

여러 가지 볶은 채소를 곁들인 농어구이

재료 및 분량

농어살 150g, 올리브오일 30cc, 버터 20g, 레몬 1조각, 소금, 후추

※ 핫베지타블 : 브로콜리 30g, 양파 20g, 마늘 1개, 노란 파프리카 30g, 붉은색 파프리카 20g, 소금, 후추, 버터 20g, 오일 약간

※ 시금치 퓨레 소스 : 시금치 40g, 생크림 10cc, 소금, 후추

조리방법

1. 농어는 3장 뜨기 하여 가운데 가시를 제거하고 소금, 후추, 오일, 레몬으로 밑간 한다.
2. 프라이팬을 달군 다음 손질해 놓은 농어를 껍질 쪽부터 굽기 시작한다. 생선 육즙이 마르지 않도록 기름을 반복적으로 끼얹어주며 색이 노릇노릇하게 부서지지 않도록 익혀낸다.
3. 여러 가지 채소를 다이스로 잘라 팬에 볶고 소금, 후추, 레몬즙으로 양념한다.
4. 완성접시에 소스와 핫베지타블을 깔고 보기 좋게 디자인한다.

화이트 와인 소스

❶ 냄비에 버터를 두르고 양파 다진 것을 볶다가 화이트 와인을 넣고 1/3 정도 졸여준다.

❷ 생선육수를 넣고 1/3로 다시 한 번 졸여준다.

❸ 생크림을 넣고 소금, 후추, 레몬즙으로 간하고 체에 걸러 사용한다.

시금치 퓨레 소스

❶ 끓는 물에 소금을 넣고 손질한 시금치 잎을 데쳐 찬물에 담근다.

❷ 물기를 제거하고 믹서기에 소금, 후추, 생크림을 넣고 갈은 다음 체에 걸 러 사용한다.

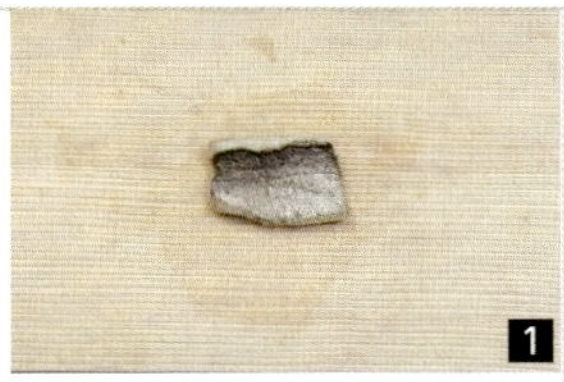
1

2

3

4

해산물과 닭고기 파엘라

재료 및 분량

쌀 250g, 샤프란 약간, 청피망 1/4개, 양파 50g, 홍피망 1/2개, 치킨살 50g, 홍합 3개, 조개 100g, 새우 10마리
관자 1개, 쇼리조 소시지 30g, 타바스코 약간, 치킨 스톡 20cc, 올리브오일 약간, 버터 약간, 마늘 1개
소금, 후추

1

2

3

조리방법

1. 양파는 곱게 찹하여 준비한다.
2. 쌀은 여러 번 깨끗하게 씻어 3시간 정도 불려 놓는다.
3. 소스냄비에 다진 양파와 치킨스톡, 샤프란을 넣어 색이 충분히 우러나올 수 있도록 끓여준다.
4. 닭고기살은 먹기 좋은 크기로 자르고 소금, 후추로 양념한다. 홍피망, 청피망을 1.5cm 크기로 썰어 놓는다.
5. 쇼리조 소시지는 얇게 저민다.
6. 새우는 내장과 껍질을 제거하고 관자는 껍질을 벗긴 다음 소금, 후추로 양념한다.
7. 팬에 기름을 두르고 달군 다음 닭의 표면을 노릇노릇하게 색을 낸다.
8. 자루냄비에 불린 쌀과 샤프란을 첨가한 알맞은 양의 닭 육수, 구운 닭고기, 여러가지 해산물을 넣어준 후 뚜껑을 덮고 저온에서 약 30분간 익혀준다.
9. 완성그릇에 보기 좋게 담아 제공한다.

쇼리조 소시지

갈은 돼지고기에 찹한 빨간 피망을 내장에 채워 만든 스페인식 소시지를 말한다.

배추를 브레이징한 남서부식 연어요리

재료 및 분량

연어 150g, 올리브오일, 배추 100g, 소시지 50g, 양파 50g, 버터 30g, 대파 1줄기, 소금, 후추

※ 남서부식 소스 : 마늘 20g, 양파 30g, 마늘 고추 2개, 홀토마토 100g, 고춧가루 1/2큰술, 우스타 소스 10g, 바질 1g, 꿀 1큰술, 치킨 육수 50cc, 와인 약간, 소금, 후추

1

2

3

4

조리방법

1. 신선한 연어는 소금, 후추, 오일로 양념하여 냉장 보관해 놓는다.
2. 남서부식 소스를 끓여 놓는다.
3. 소시지를 첨가한 배추를 브레이징하여 준다.
4. 팬에 올리브오일을 두르고 양념하여 준비한 연어를 노릇노릇하게 구워준다.
5. 중간으로 구워놓은 연어는 남서부식 소스를 바르고 오븐에 넣어 완전히 익혀준다.
6. 준비한 접시에 배추 브레이징을 깔고 그 위에 연어구이를 올린다.

남서부식 소스

❶ 마늘과 양파를 곱게 다져 놓는다.

❷ 건고추는 잘게 썰어놓고 홀토마토는 으깨어 놓는다.

❸ 소스팬에 올리브오일을 두르고 마늘, 양파, 고추를 넣고 살짝 볶은 다음 홀토마토와 백포도주를 넣어 1/2 가량 졸인다.

❹ 치킨육수를 넣고 은근히 끓여준다.

❺ 고춧가루와 우스타 소스를 넣고 소금, 후추로 양념하여 체에 거른다.

브레이징 배추와 소시지

❶ 배추는 세로로 잘라 채 썰어 놓는다.

❷ 양파와 소시지를 얇게 썰어 놓는다.

❸ 팬에 버터를 넣고 양파와 소시지를 넣고 볶아준 후 백포도주를 넣고 절반 가량 졸인다.

❹ 소금, 후추, 레몬주스를 넣고 적당량의 닭육수를 넣고 뚜껑을 덮은 다음 은근한 불에서 브레이징한다.

토마토 소스의 봉골레 스파게티

재료 및 분량

조개 100g, 화이트 와인 40cc, 마른고추 1개, 바질잎 6장, 소금, 후추,
스파게티면 100g, 올리브오일 약간, 버터 약간, 토마토소스 100g, 조개국물 70cc

※ 토마토 소스 : 브론드 루 20g, 토마토 페이스트 10g, 토마토 홀 70g, 양파 20g, 마늘 20g, 바질 1g, 설탕 1 작은술, 월계수잎 1장, 소금, 후추

조리방법

1. 소스 냄비에 팬을 사용하여 토마토소스를 만들어 놓는다.
2. 조개는 소금물에 담가 해감시켜 놓는다.
3. 신선한 바질은 채 썰어 준비하고 마늘은 으깨어 놓는다.
4. 씨를 제거한 마른고추를 가늘게 채 썰고 체리토마토는 반으로 갈라 썰어 놓는다.
5. 소스냄비에 물을 붓고 소금, 올리브오일을 첨가해서 스파게티 면을 약 7분 정도 삶아 오일에 발라놓는다.(삶은 다음 물에 씻지 않도록 유의한다.)
6. 팬에 올리브오일을 두르고 얇게 썬 마늘과 마른고추를 넣어 향을 내고 채 썬 바질을 넣어준다.
7. 준비해 놓은 조개를 넣고 와인을 넣어 졸여준다. 조개가 입을 벌리면 토마토소스와 조개국물을 넣고 스파게티면이 고르게 배이도록 은근히 끓여준다.
8. 완성 파스타 볼에 조개 스파게티를 정갈하게 담고 신선한 허브로 가니쉬한다.

조개 육수

❶ 조개는 찬물에 여러 번 씻어 이틀 정도 소금물에 담가 해감시켜 놓는다.

❷ 양파는 채 썰어 준비하여 놓는다.

❸ 팬에 오일을 두르고 바지락을 넣은 다음 살짝 볶다가 적당량의 물을 붓고 양파, 월계수잎을 넣은 다음 약 10분 정도 끓인다. 식힌 다음 냉장 보관하고 필요시에 꺼내 사용한다.

토마토 소스

❶ 브라운 루를 만들어 놓는다.

❷ 토마토 페이스트는 버터에 살짝 볶아둔다.

❸ 준비된 팬에 기름을 두르고 마늘, 양파 다진 것을 넣고 노릇하게 볶는다.

❹ 냄비에 육수를 붓고 루와 토마토 페이스트, 월계수잎, 토마토 으깬 것을 넣고 충분히 끓인 후 소금, 후추로 간을 한다.

송아지 스깔로피네와 느타리버섯 와인 소스

재료 및 분량

송아지 150g, 밀가루 20g, 로즈마리 2줄기, 소금, 후추, 버터 30g

※ 다진 마늘 10g, 빵가루 30g, 다진 파슬리 약간, 소금, 후추, 양송이 1개, 파머산 치즈 20g, 이탈리안 토마토 2개

조리방법

1. 송아지 등심은 텐더라이저를 이용하여 골고루 두들겨 60g 짜리 두 쪽을 준비하여 소금, 후추로 양념하여 놓는다. 준비해 놓은 송아지에 밀가루를 앞뒤로 묻히고 팬에 기름을 두르고 노릇노릇하게 완전히 구워 익혀 놓는다.
2. 버섯 와인 소스는 만들어 준비한다.
3. 가니쉬로 토마토 프로방스와 당근, 브로콜리를 준비해 놓는다.
4. 완성접시에 송아지 구이를 놓고, 토마토 프로방스와 당근, 브로콜리로 디 자인 하고, 버섯 와인 소스로 나빼 한다.

버섯 와인 소스

❶ 소스 팬에 양파와 버섯을 넣고 볶는다.

❷ 적포도주를 넣고 1/2 가량 졸인 다음 브라운소스를 넣고 소금, 후추로 간한 다음 버터 몽떼한다.

❸ 브라운 소스를 대신해서 퐁드보를 사용해도 좋다.

프로방스 토마토

❶ 믹싱 볼에 다진 마늘, 빵가루, 다진 파슬리, 치즈와 버터, 소금, 후추를 넣고 혼합한다.

❷ 이탈리안 토마토를 반으로 썰어 속을 파낸 후 토마토 속에 속 내용물을 스터핑 한 다음 오븐에 넣어 노릇노릇하게 구워낸다.

핫베지타블

❶ 당근은 5cm 크기로 잘라 샤토로 깎고, 끓는 물에 소금을 넣고 데친 다음 찬물에 담가 식힌다.

❶ 팬에 버터와 설탕, 육수를 넣고 당근을 넣어 졸인 다음 윤기가 돌면 소금, 후추로 양념한다.

생강 향의 돼지안심 조림과 볶음밥

재료 및 분량

밥 120g, 돼지안심 20g, 노란 파프리카 10g, 대파 30g, 버섯 3개, 올리브오일 30cc, 붉은 파프리카 30g, 옥수수 10g, 소금, 후추, 버터 30g

조리방법

1. 돼지고기 안심은 한입 크기의 형태로 네모지게 깍뚝 썰어 볼에 담고 양겨자, 소금, 후추로 간을 하여 맛이 스며들 수 있도록 주물러 놓는다.
2. 대파는 반으로 갈라 심을 제거하고 어슷하게 썰어 물에 담가놓는다.
3. 파프리카는 반으로 갈라 씨를 제거하고 고기와 비슷한 크기로 네모지게 잘라 놓는다. 버섯은 길게 반으로 자르고 크면 4등분한다.
4. 프라이팬에 기름을 두르고 생강, 돼지고기 버무린 것을 살짝 볶은 다음 파와 표고버섯을 넣고 다시 5분 정도 볶은 후 소금과 후추로 양념한다.
5. 완성접시에 몰드를 이용하여 모양을 내고 중앙에 준비된 돼지고기를 보기 좋게 담아낸다.
6. 어린잎이나 대파 채로 가니쉬하고 제출한다.

볶음밥

❶ 프라이팬에 기름을 두르고 옥수수와 피망을 넣어 볶은 다음 고슬하게 지은 밥을 넣어준다.

❷ 센불에서 겉이 고슬하게 누르듯 볶아주고 소금, 후추로 양념한다.

1

2

3

4

5

새우살을 넣은 라비올리와 마늘크림 소스

재료 및 분량

밀가루 150g, 새우 10마리, 계란 노른자 1개, 우유 100cc, 올리브오일 50cc, 소금, 양파 1/2개, 마늘 5쪽, 파머산 치즈 30g, 화이트 와인 50cc, 소금, 후추 약간, 레몬 1조각

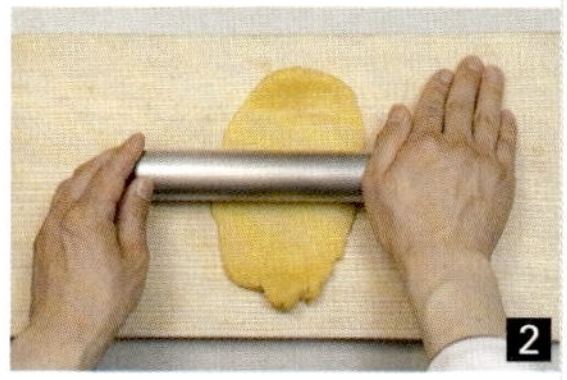

조리방법

1. 파스타 반죽을 계량하여 혼합하고 비닐로 감싸 냉장고에 약 30분간 휴지시킨다.
2. 새우는 내장, 껍질을 제거하고 잘게 썰어 놓는다.
3. 마늘, 양파는 참하여 준비한다.
4. 파머산 치즈는 넓적하게 저며서 크기대로 준비한다.
5. 팬에 올리브오일을 두르고 다진 마늘, 양파를 넣고 볶아주다가 적당량의 화이트 와인을 넣어 1/2 이상 졸여준다.
6. 졸여 놓은 냄비에 월계수잎을 넣고 약 3분 가량을 끓여주고 난 다음 월계수잎을 건져내고 내용물을 믹서기에 갈아놓는다.
7. 달걀노른자, 파머산 치즈, 소금, 후추를 넣어 고르게 양념하여 라비올리 소를 준비한다.
8. 냉장고에 숙성시켜 놓은 반죽을 얇게 밀어 소를 채우고 라비올리 5개 이상을 만든다.
9. 끓는 물에 소금, 오일을 넣고 라비올리를 삶아 익혀준다. (10분 정도)
10. 소스 팬에 오일을 두르고 다진 마늘, 양파를 넣고 볶다가 준비해 놓은 마늘크림 소스를 넣고 끓여준다.
11. 졸여진 소스에 삶아 놓은 라비올리를 넣고 은근히 졸여준다.
12. 완성접시에 보기 좋게 담아내고 신선한 허브와 파머산 치즈를 사용하여 정갈하게 장식한다.

마늘크림 소스

❶ 마늘과 양파를 다져서 준비한다.

❷ 소스 팬에 올리브오일을 두르고 다진 마늘, 양파를 넣고 볶다가 화이트 와인을 넣고 졸이고 해물육수(조개, 새우)와 생크림을 넣고 은근히 끓여 준다.

❸ 소금, 후추, 치즈로 양념한 다음 체에 걸러 사용한다.

라비올리 반죽

❶ 밀가루는 고운 체에 걸러 놓는다.

❷ 볼에 밀가루, 노른자, 우유, 올리브오일, 소금을 넣고 반죽하여 비닐에 싸서 냉장고에 넣어 약 30분 이상 숙성시킨다.

스터프드 에그

| 요구사항 |

※ 주어진 재료를 사용하여 다음과 같이 스터프드 에그를 만드시오.

- 계란의 노른자가 중앙에 오도록 삶으시오.
- 햄과 셀러리는 다져 쓰시오.
- 완성품은 길이를 2등분하여 4개 제시하시오(직경이 짧은 쪽으로 2등분한다:)

수검자 유의사항

- 계란을 변색되지 않도록 완숙시킨다.
- 조리작품 만드는 순서는 틀리지 않게 하여야 한다.
- 숙련된 기능으로 맛을 내야 하므로 조리작업 시 음식의 맛을 보지 않는다.
- 채점대상에서 제외되는 경우
  - 불을 사용하여 만든 조리작품이 작품특성에 벗어나는 정도로 타거나 익지 않은 것
  - 오작 : 요리의 형태를 다르게 만들거나 해당과제의 지급재료 이외의 재료를 사용한 경우
  - 미완성 : 문제의 요구사항대로 작품의 수량이 만들어지지 않은 경우
    요구 작품 두 가지 중 한 가지 작품만 만들었을 경우
    주어진 시간 내에 완성하지 못한 경우

1

2

3

4

5

재료 및 분량 (시험시간 : 30분)

달걀(Egg) 2개 / 셀러리(Celery) 30g / 햄(Ham) 5g / 마요네즈(Mayonnaise) 10g / 소금(Salt) 2g / 잎상추(Lettuce) 1잎 / 파슬리(Parsley) 1줄기 / 양겨자(Mustard) 2g / 백후춧가루(White pepper) 2g

조리방법

1. 달걀은 찬물에 소금과 함께 넣어 물이 끓기 시작하면 약 5분 동안 굴려 주면서 노른자가 중앙에 오도록 삶아 찬물에 담가 식힌다.
2. 햄과 껍질의 섬유질을 제거한 셀러리는 곱게 다진다.
3. 상추는 작게 조각내어 자르고, 파슬리도 잘라서 물에 담가 둔다.
4. 껍질을 벗긴 달걀은 2등분하여, 노른자는 꺼내 체에 내리고, 흰자는 밑부분을 조금 잘라 고정시킨다.
5. 노른자와 햄, 셀러리는 마요네즈, 양겨자, 소금, 후추로 버무려 짤주머니에 넣는다.
6. 반으로 자른 흰자에 조각낸 상추를 올리고 노른자를 짤주머니로 모양을 내 짠다.
7. 윗부분에 파슬리 줄기를 얹어서 담아낸다.

조 | 리 | 작 | 업 | 순 | 서

재료 세척 및 손질 ⇒ 달걀 삶기 ⇒ 햄, 셀러리 다지기 ⇒ 잎상추, 파슬리 손질하기 ⇒ 달걀 2등분 ⇒ 노른자 체에 내리기 ⇒ 흰자 밑면 자르기 ⇒ 속 재료 만들기 ⇒ 잎상추 얹고, 흰자 속에 모양내어 짜기 ⇒ 담기

TIP

☞ 달걀이 중앙에 오도록 삶는 동안 수저를 이용하여 조심스럽게 굴려 준다.
☞ 햄과 셀러리는 곱게 다져야 예쁜 모양으로 짜진다.
☞ 마요네즈를 적당량 넣어야 노른자 혼합물이 질어지지 않는다.

토마토소스

| 요구사항 |

※ 주어진 재료를 사용하여 다음과 같이 토마토소스를 만드시오.
- 모든 재료를 다져서 사용하시오.
- 블론드 루(Blonde roux)를 만들어서 소스를 만드시오.
- 완성된 소스의 양이 200㎖ 정도 되게 하시오.

수검자 유의사항

- 소스의 농도와 색깔에 유의한다.
- 조리작품 만드는 순서는 틀리지 않게 하여야 한다.
- 숙련된 기능으로 맛을 내야 하므로 조리작업 시 음식의 맛을 보지 않는다.
- 지정된 수험자지참준비물 이외의 조리기구나 재료를 시험장 내에 지참할 수 없다.

재료 및 분량 (시험시간 : 40분)

양파(Onion) 25g / 당근(Carrot) 40g / 토마토(Tomato) 150g / 셀러리(Celery) 30g / 베이컨(Bacon) 1장 / 마늘(Garlic) 1쪽 / 밀가루(Flour) 10g / 무염버터(Unsalted butter) 20g / 토마토 페이스트(Tomato paste) 20g / 월계수잎(Bay leaf) 1장 / 파슬리(Parsley) 1줄기 / 소금(Salt) 2g / 흰 통후추(White whole pepper) 3개 / 검은후추(Black pepper) 1g / 정향(Clove) 1개 / 치킨 스톡(Chicken stock) 또는 물 320㎖

1

2

3

4

5

조리방법

1. 양파, 당근, 셀러리, 마늘은 굵게 다진다.
2. 토마토는 칼집을 +자 모양으로 낸 다음 뜨거운 물에 살짝 데쳐 껍질과 씨를 제거한 뒤 굵게 다진다.
3. 베이컨은 굵게 다진다.
4. 냄비에 버터와 밀가루를 동량으로 넣고 볶아 연한 갈색의 블론드 루를 만든다.
5. 팬에 버터를 두르고 베이컨을 볶다가 마늘, 베이컨, 양파, 셀러리, 토마토를 넣어 볶는다. 충분히 볶아지면 토마토 페이스트를 넣고 떫은맛이 나지 않도록 다시 한 번 볶아 준다.
6. 블론드 루와 육수를 넣은 다음 멍울이 없도록 잘 젓고 월계수잎을 넣어 은근한 불에서 충분히 끓이고 거품이 생기는 것은 잘 걷어낸다.
7. 소스의 농도가 적당할 때까지 끓인 후 소금과 후추로 간을 하고 체에 거른다.
8. 완성 그릇에 담는다.

조리작업순서

재료 세척 및 손질 ⇒ 모든 재료 다지기- 부케가르니 만들기 ⇒ 블론드 루 만들기 ⇒ 볶기(팬에 버터-베이컨-마늘-양파, 당근, 셀러리-토마토-토마토 페이스트) ⇒ 소스 끓이기(블론드 루+육수+부케가르니+볶은 채소) ⇒ 간하기(소금, 후추) ⇒ 체에 내리기 ⇒ 담기

TIP

☞ 토마토 페이스트와 마늘은 잘 타기 때문에 불 조절에 유의한다.
☞ 붉은색을 잘 내야 한다.
☞ 색이 갈색이 되지 않도록 한다.

채소로 속을 채운 훈제연어롤

| 요구사항 |

※ 주어진 재료를 사용하여 다음과 같이 훈제연어롤을 만드시오.
- 주어진 훈제연어를 슬라이스하여 사용하시오.
- 당근, 셀러리, 무, 홍피망, 청피망을 0.3㎝ 정도의 두께로 채 써시오.
- 채소로 속을 채워 롤을 만든 뒤 일정한 크기로 6등분하여 제출하시오.

수검자 유의사항

- 훈제연어기름 제거에 유의한다.
- 슬라이스한 훈제연어 살이 갈라지지 않도록 한다.
- 롤은 일정한 두께로 만든다.
- 조리작품 만드는 순서는 틀리지 않게 하여야 한다.
- 숙련된 기능으로 맛을 내야 하므로 조리작업 시 음식의 맛을 보지 않는다.
- 지정된 수험자지참준비물 이외의 조리기구나 재료를 시험장 내에 지참할 수 없다.

1

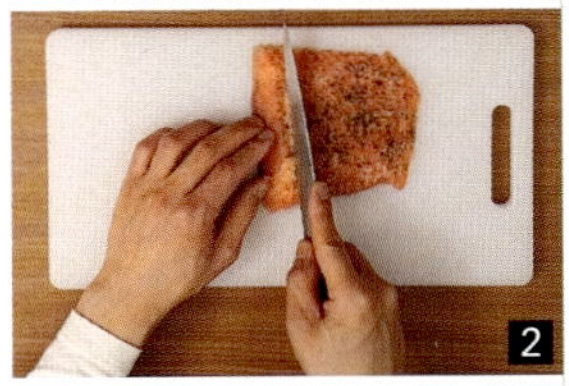

2

3

재료 및 분량 (시험시간 : 40분)

훈제연어(Smoked salmon) 120g / 당근(Carrot) 40g / 셀러리(Celery) 15g / 무(Radish) 15g / 홍피망(Red pimiento) 1/8개 / 청피망(Pimiento) 1/8개 / 양파(Onion) 20g / 호스래디시(겨자무, Horseradish) 10g / 양상추(Lettuce) 15g / 레몬(Lemon) 1/4개 / 생크림(Whipping cream) 50g / 파슬리(Parsley) 1줄기 / 소금(Salt) 5g / 흰후추(White pepper) 5g / 케이퍼(Caper) 6개

조리방법

1. 당근, 셀러리, 무, 홍피망, 청피망은 0.3×4㎝(줄리안) 크기로 채 썰어 준비해 놓는다.
2. 양파는 0.3×0.3㎝ 크기로 잘라 놓는다.
3. 호스래디시(겨자무)는 체에 밭쳐 국물을 제거한다.
   생크림은 거품기를 이용하여 거품을 낸 후, 준비해 놓은 호스래디시를 넣고 소금, 후추로 양념한다.
4. 훈제연어는 연어 칼을 이용하여 얇게 썰어 놓는다. 도마 위에 비닐을 깔고 훈제연어를 놓은 다음 채 썬 채소(당근, 셀러리, 무, 홍피망, 청피망)를 속 재료로 넣고 동그랗게 말아 놓는다. 내용물이 터지지 않도록 주의한다. 6개가 되도록 잘라 놓는다.
5. 잘라 놓은 훈제연어롤은 비닐을 제거한다.
6. 접시 윗부분에 양상추를 놓고 다진 양파와 호스래디시 크림, 케이퍼를 1큰술씩 놓고 파슬리를 곁들인다. 레몬은 웨지로 잘라 오른쪽 옆에 놓는다. 접시 앞쪽에 훈제연어롤 6개를 보기 좋게 담아 제출한다.

조리작업순서

채소 씻기 및 썰기 ⇒ 호스래디시 크림 만들기(휘핑생크림, 호스래디시, 소금, 후추) ⇒ 훈제연어 얇게 썰기 ⇒ 속 재료 넣고 말기 ⇒ 훈제연어롤 썰기(6개) ⇒ 담기

TIP

☞ 훈제연어는 기름기를 제거한다.

♠ 연어를 슬라이스할 때 너무 얇으면 살이 갈라지거나 롤이 터질 수 있으므로 유의한다.

피시 뮈니엘

| 요구사항 |

※ 주어진 재료를 사용하여 다음과 같이 피시 뮈니엘을 만드시오.

- 생선은 길이를 일정하게 하여 4쪽을 구워 내시오.
- 소스와 함께 레몬과 파슬리를 곁들여 내시오.

수검자 유의사항

- 생선살은 흐트러지지 않게 5장 포뜨기를 한다.
- 생선의 담는 방법에 유의한다.
- 조리작품 만드는 순서는 틀리지 않게 하여야 한다.
- 숙련된 기능으로 맛을 내야 하므로 조리작업 시 음식의 맛을 보지 않는다.
- 지정된 수험자지참준비물 이외의 조리기구나 재료를 시험장 내에 지참할 수 없다.

재료 및 분량 (시험시간 : 40분)

가자미(Sole) **1마리** / 무염버터(Unsalted butter) **50g** / 밀가루(Flour) **30g** / 레몬(Lemon) **1/2개** / 파슬리(Parsley) **1줄기** / 소금(Salt) **2g** / 흰후추(White pepper) **2g**

조리방법

1. 가자미는 흐르는 물에서 비늘을 긁어 주고 내장을 제거한 뒤 잘 씻는다.
2. 씻은 생선은 물기를 제거하고 깨끗한 도마에서 5장 뜨기를 한 후 껍질을 벗겨서 약 8㎝ 정도의 길이로 다듬어 준다.
3. 포를 뜬 4장의 생선살에 소금과 후추로 밑간을 한다.
4. 파슬리는 물에 담가 둔다.
5. 손질하여 밑간을 한 생선은 앞뒤로 밀가루를 묻힌다.
6. 팬에 버터를 조금 넣고 밀가루를 묻힌 생선을 부서지지 않게 노릇노릇하게 지진다.
7. 생선을 구운 팬에 버터를 넣고 녹인 후 레몬즙을 넣어 레몬 버터 소스를 만든다.
8. 접시에 구운 생선을 머리 쪽이 왼쪽, 배 쪽이 앞에 오도록 담고 레몬버터소스를 끼얹는다.
9. 남은 레몬과 파슬리로 장식을 한다.

1

2
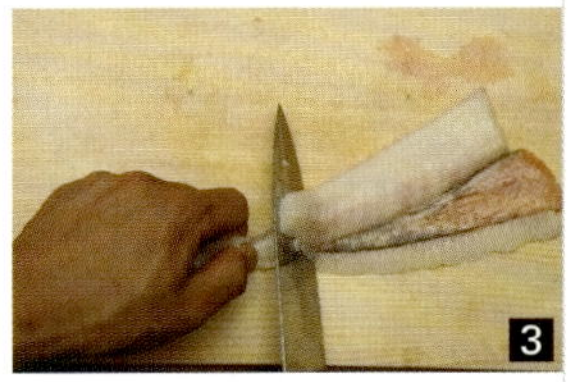
3

4

조리작업순서

재료 세척 및 손질 ⇒ 가자미 손질(5장 뜨기 ⇒ 소금, 후추 ⇒ 밀가루) ⇒ 레몬 손질 ⇒ 가자미 지지기 ⇒ 레몬버터소스 만들기(버터+레몬즙) ⇒ 담기 ⇒ 레몬, 파슬리 장식

TIP

☞ 도마에서 생선을 다룰 때에는 물기 없이 깨끗이 다루도록 유의한다.
☞ 생선은 조리 후의 길이가 조리 전의 길이보다 훨씬 짧아지므로 유의한다.
☞ 버터는 고열에서 쉽게 타므로 소스를 만들 때에는 주의해야 한다.
☞ 생선을 접시에 담을 때에는 뼈에 붙어 있는 안쪽 부분이 위로 올라오도록 한다.
☞ 생선에 밀가루를 묻혀 버터구이하는 것을 뮈니엘이라 한다.

솔 모르네

| 요구사항 |

※ 주어진 재료를 사용하여 다음과 같이 솔 모르네를 만드시오.

- 피시 스톡(Fish stock)과 베샤멜소스를 만드시오.
- 생선은 포칭(poaching)하시오.
- 수량은 같은 크기로 4개 내시오.
- 카옌페퍼를 뿌려 내시오.

수검자 유의사항

- 소스의 농도에 유의한다.
- 생선살이 흐트러지지 않도록 한다.
- 생선뼈는 지급된 가자미를 사용한다.
- 조리작품 만드는 순서는 틀리지 않게 하여야 한다.
- 숙련된 기능으로 맛을 내야 하므로 조리작업 시 음식의 맛을 보지 않는다.

재료 및 분량 (시험시간 : 40분)

가자미(Sole) **1마리** / 양파(Onion) **50g** / 치즈(Cheese) **1장** / 무염버터(Unsalted butter) **50g** / 밀가루(Flour) **30g** / 우유(Milk) **200㎖** / 카옌페퍼(Cayenne pepper) **2g** / 정향(Clove) **1개** / 레몬(Lemon) **1/4개** / 월계수잎(Bay leaf) **1장** / 파슬리(Parsley) **1줄기** / 소금(Salt) **2g** / 흰 통후추(White whole pepper) **3개**

조리방법

1. 가자미는 비늘과 내장을 제거한 다음 5장 뜨기한 후 생선살은 껍질을 벗기고 소금, 후추로 밑간을 하고, 생선뼈는 찬물에 담가 핏물을 제거한다.
2. 양파는 1/2은 채 썰고, 1/2은 굵게 다진다.
3. 핏물을 뺀 생선뼈는 채 썬 양파와 물을 넣어 은근하게 끓여 준 뒤 체에 걸러서 육수를 만든다.
4. 치즈는 굵게 다진다.
5. 냄비바닥에 버터를 약간 바르고 다진 양파를 놓은 뒤 생선을 가지런히 위에 올리고 생선이 약간 잠길 정도로 생선 육수를 붓고 뚜껑을 덮어 익힌다.
6. 버터와 밀가루를 동량으로 약한 불에서 충분히 볶은 다음 생선 육수를 붓고 거품기로 잘 풀어 준 후, 다진 치즈를 넣어 치즈가 녹으면 우유를 넣고 소금과 후추로 간을 하여 모르네소스를 만든다.
7. 익힌 생선을 접시에 담고 모르네소스를 보기 좋게 끼얹은 뒤 그 위에 카옌페퍼를 뿌린다.

1

2

3

4

5

조 | 리 | 작 | 업 | 순 | 서

재료 세척 및 손질 ⇒ 가자미 손질(5장 뜨기 후 소금, 후추, 레몬즙) ⇒ 양파 썰기 ⇒ 생선뼈로 육수 만들기 ⇒ 치즈 다지기 ⇒ 가자미 포칭 ⇒ 화이트 루 만들기 ⇒ 모르네소스 만들기(화이트 루 - 피시 스톡+정향+우유+치즈) ⇒ 담기 ⇒ 카옌페퍼 뿌리기

TIP

☞ 생선살을 익힐 때 밑에 양파를 놓는 이유는 생선살이 냄비에 눌어붙지 않도록 하기 위해서이다.
☞ 베샤멜소스를 만들 때 두툼한 냄비에서 색이 나지 않게 깨끗하게 볶아서 만들어야 색이 곱다.
☞ 소스를 지나치게 많이 끼얹지 않는다.
☞ 생선육수는 너무 오래 끓이면 육수가 탁해지고 맛이 좋지 않으므로 오래 끓이지 않는 것이 좋다.
☞ 카옌페퍼 대신 파프리카가루를 사용할 수 있다.

CHAPTER 3

부록

부록

1 응시절차 안내

1. 원서접수

한국산업인력공단
(www.q-net.or.kr))

2. 필기원서접수

필기접수기간 내 수검원서 제출(온라인만 가능 : 인터넷, 모바일)
사진(6개월 이내에 촬영한 3.5×4.5cm 컬러사진)), 수수료

3. 수검사항 통보

수검일시와 장소 즉시 통보
수검표 기재사항과 접수창구 기재사항 동일 여부확인

4. 필기시험

수검표, 신분증, 필기구(흑색 사인펜 등) 지참
접수지역별 시험장에서 시행

5. 필기시험 합격자 발표

시험 종료 즉시 인터넷(www.q-net.or.kr) 게시 공고, ARS 미운영

6. 수검사항통보

필답시험은 시험일자와 장소 즉시 통보
작업형은 시행 10일 전에 게시공고, 인터넷 및 ARS통보

7. 실기시험

수검표, 신분증, 필기구, 수험자 지참준비물 준비

8. 실기시험 합격자 발표

당회 시험 종료 후 다음주 목요일 09 : 00 인터넷(www.q-net.or.kr)과 ARS 자동응답전화(1666-0510)로 발표

9. 자격증 교부

- 한국산업인력공단에서 발급하는 자격증은 '상장형 자격증'을 원칙으로 하며 형태에 상관없이 법적 효력이 동일함.
  ① 상장형 자격증
    - 인터넷에서 편리하게 신청하여 자가 프린트로 발급(출력) 가능(우편배송 불가, 발급수수료 없음)
    - 발급한 상장형 자격증은 '큐넷 자격증 진위확인'에서 90일간 조회가능(모바일에서는 불가)
  ② 수첩형 자격증
    - 인터넷으로 신청하여 원하는 장소로 편리하게 우편 배송(신청일로부터 7~14일 이내 수령 가능)
    - 발급수수료와 배송비가 발생함.

2 출제기준

1) 양식조리기능사

직무 분야	음식 서비스	중직무 분야	조리	자격 종목	양식조리기능사	적용 기간	2020.1.1.~2022.12.31.

• 양식메뉴 계획에 따라 식재료를 선정, 구매, 검수, 보관 및 저장하며 맛과 영양을 고려하여 안전하고 위생적으로 음식을 조리하고 조리기구와 시설관리를 수행하는 직무이다.

필기검정 방법	객관식	문제수	60	시험시간	1시간

필기과목명	출제 문제수	주요항목	세부항목	세세항목
양식 재료 관리, 음식 조리 및 위생 관리	60	1. 양식 위생관리	1. 개인 위생관리	1. 위생관리기준 2. 식품위생에 관련된 질병
			2. 식품 위생관리	1. 미생물의 종류와 특성 2. 식품과 기생충병 3. 살균 및 소독의 종류와 방법 4. 식품의 위생적 취급기준 5. 식품첨가물과 유해물질
			3. 주방 위생관리	1. 주방위생 위해요소 2. 식품안전관리인증기준(HACCP) 3. 작업장 교차오염발생요소
			4. 식중독 관리	1. 세균성 식중독 2. 자연독 식중독 3. 화학적 식중독 4. 곰팡이 독소
			5. 식품위생 관계 법규	1. 식품위생법 및 관계법규 2. 제조물책임법
			6. 공중 보건	1. 공중보건의 개념 2. 환경위생 및 환경오염 관리 3. 역학 및 감염병 관리
		2. 양식 안전관리	1. 개인안전 관리	1. 개인 안전사고 예방 및 사후 조치 2. 작업 안전관리
			2. 장비 · 도구 안전작업	1. 조리장비 · 도구 안전관리 지침
			3. 작업환경 안전관리	1. 작업장 환경관리 2. 작업장 안전관리 3. 화재예방 및 조치방법
		3. 양식 재료관리	1. 식품재료의 성분	1. 수분 2. 탄수화물 3. 지질 4. 단백질 5. 무기질 6. 비타민 7. 식품의 색

필기과목명	출제 문제수	주요항목	세부항목	세세항목
양식 재료관리, 음식조리 및 위생관리	60	3. 양식 재료관리	1. 식품재료의 성분	8. 식품의 갈변 9. 식품의 맛과 냄새 10. 식품의 물성 11. 식품의 유독성분
			2. 효소	1. 식품과 효소
			3. 식품과 영양	1. 영양소의 기능 및 영양소 섭취기준
		4. 양식 구매관리	1. 시장조사 및 구매관리	1. 시장 조사 2. 식품구매관리 3. 식품재고관리
			2. 검수 관리	1. 식재료의 품질 확인 및 선별 2. 조리기구 및 설비 특성과 품질 확인 3. 검수를 위한 설비 및 장비 활용 방법
			3. 원가	1. 원가의 의의 및 종류 2. 원가분석 및 계산
		5. 양식 기초 조리실무	1. 조리 준비	1. 조리의 정의 및 기본 조리조작 2. 기본조리법 및 대량조리기술
			2. 식품의 조리원리	3. 기본 칼 기술 습득 4. 조리기구의 종류와 용도 5. 식재료 계량방법 6 조리장의 시설 및 설비 관리 1. 농산물의 조리 및 가공 · 저장 2. 축산물의 조리 및 가공 · 저장 3. 수산물의 조리 및 가공 · 저장 4. 유지 및 유지 가공품 5. 냉동식품의 조리 6. 조미료와 향신료
		6. 양식 스톡조리	1. 스톡조리	1. 스톡재료 준비 2. 스톡 조리 3. 스톡 완성
		7. 양식 전채조리	1. 전채조리	1. 전채재료 준비 2. 전채 조리 3. 전채요리 완성
		8. 양식 샌드위치 조리	1. 샌드위치조리	1. 샌드위치 재료 준비 2. 샌드위치 조리 3. 샌드위치 완성
		9. 양식 샐러드조리	1. 샐러드조리	1. 샐러드재료 준비 2. 샐러드 조리 3. 샐러드요리 완성
		10. 양식 조식조리	1. 조식조리	1. 달걀 요리 조리 2. 조찬용 빵류 조리 3. 시리얼류 조리

필기과목명	출제 문제수	주요항목	세부항목	세세항목
양식 재료 관리, 음식 조리 및 위생 관리	60	11. 양식 수프조리	수프조리	1. 수프재료 준비 2. 수프조리 3. 수프요리 완성
		12. 양식 육류조리	육류조리	1. 육류재료 준비 2. 육류조리 3. 육류요리 완성
		13. 양식 파스타 조리	파스타 조리	1. 파스타재료 준비 2. 파스타조리 3. 파스타요리 완성
		14. 양식 소스조리	소스조리	1. 소스재료 준비 2. 소스조리 3. 소스완성

출제기준(실기)

직무 분야	음식 서비스	중직무 분야	조리	자격 종목	양식조리기능사	적용 기간	2020.1.1.~2022.12.31.

• 직무내용 : 양식메뉴 계획에 따라 식재료를 선정, 구매, 검수, 보관 및 저장하며 맛과 영양을 고려하여 안전하고 위생적으로 음식을 조리하고 조리기구와 시설관리를 수행하는 직무이다.

• 수행준거 : 1. 음식조리 작업에 필요한 위생관련 지식을 이해하고, 주방의 청결상태와 개인위생 · 식품위생을 관리하여 전반적인 조리작업을 위생적으로 수행할 수 있다.
2. 주방에서 일어날 수 있는 사고와 재해에 대하여 안전기준 확인, 안전수칙 준수, 안전예방 활동을 할 수 있다.
3. 기본 칼 기술, 주방에서 업무수행에 필요한 조리기본 기능, 기본 조리방법을 습득하고 활용할 수 있다.
4. 육류, 어패류, 채소류 등을 활용하여 양식조리에 사용되는 육수를 조리할 수 있다.
5. 식욕을 돋우기 위한 요리로 육류, 어패류, 채소류 등을 활용하여 곁들여지는 소스 등을 조리할 수 있다.
6. 각종 샌드위치를 조리할 수 있다.
7. 어패류 · 육류 · 채소류 · 유제품류 · 가공식품류를 활용하여 단순 샐러드와 복합 샐러드, 각종 드레싱류를 조리할 수 있다.
8. 어패류 · 육류 · 채소류 · 유제품류 · 가공식품류를 활용하여 조식 등에 사용되는 각종 조식요리를 조리할 수 있다.

실기검정방법	작업형	시험시간	70분 정도
실기과목명	**주요항목**	**세부항목**	**세세항목**
양식 조리 실무	1. 양식 위생관리	1. 개인 위생관리하기	1. 위생관리기준에 따라 위생복, 위생모, 위생화 등을 착용할 수 있다. 2. 두발, 손톱, 손 등 신체청결을 유지하고 작업수행 시 위생습관을 준수할 수 있다. 3. 근무 중의 흡연, 음주, 취식 등에 대한 작업장 근무수칙을 준수할 수 있다. 4. 위생관련법규에 따라 질병, 건강검진 등 건강 상태를 관리하고 보고할 수 있다.
		2. 식품 위생관리하기	1. 식품의 유통기한 · 품질 기준을 확인하여 위생적인 선택을 할 수 있다. 2. 채소 · 과일의 농약 사용 여부와 유해성을 인식하고 세척할 수 있다. 3. 식품의 위생적 취급기준을 준수할 수 있다. 4. 식품의 반입부터 저장, 조리과정에서 유독성, 유해 물질의 혼입을 방지할 수 있다.
		3. 주방 위생관리하기	1. 주방 내에서 교차오염 방지를 위해 조리생산 단계별 작업공간을 구분하여 사용할 수 있다. 2. 주방위생에 있어 위해요소를 파악하고, 예방할 수 있다.

실기과목명	주요항목	세부항목	세세항목
			3. 주방, 시설 및 도구의 세척, 살균, 해충·해서 방제작업을 정기적으로 수행할 수 있다. 4. 시설 및 도구의 노후상태나 위생상태를 점검하고 관리할 수 있다. 5. 식품이 조리되어 섭취되는 전 과정의 주방 위생 상태를 점검하고 관리할 수 있다. 6. HACCP적용업장의 경우 HACCP관리기준에 의해 관리할 수 있다.
	2. 양식 안전관리	1. 개인안전 관리하기	1. 안전관리 지침서에 따라 개인 안전관리 점검표를 작성할 수 있다. 2. 개인안전사고 예방을 위해 도구 및 장비의 정리 정돈을 상시 할 수 있다. 3. 주방에서 발생하는 개인 안전사고의 유형을 숙지시키고 예방을 위한 안전수칙을 교육할 수 있다. 4. 주방 내 필요한 구급품이 적정 수량 비치되었는지 확인하고 개인 안전 보호 장비를 정확하게 착용하여 작업하는지 확인할 수 있다. 5. 개인이 사용하는 칼에 대해 사용안전, 이동안전, 보관안전을 수행할 수 있다. 6. 개인의 화상사고, 낙상사고, 근육팽창과 골절사고, 절단사고, 전기기구에 인한 전기 쇼크 사고, 화재사고와 같은 사고 예방을 위해 주의사항을 숙지하고 실천할 수 있다. 7. 개인 안전사고 발생 시 신속 정확한 응급조치를 실시하고 재발 방지 조치를 실행할 수 있다.
		2. 장비·도구 안전작업하기	1. 조리장비·도구에 대한 종류별 사용방법에 대해 주의 사항을 숙지할 수 있다. 2. 조리장비·도구를 사용 전 이상 유무를 점검할 수 있다. 3. 안전 장비류 취급 시 주의사항을 숙지하고 실천할 수 있다. 4. 조리장비·도구를 사용 후 전원을 차단하고 안전수칙을 지키며 분해하여 청소할 수 있다.

실기과목명	주요항목	세부항목	세세항목
			5. 무리한 조리장비 · 도구 취급은 금하고 사용 후 일정한 장소에 보관하고 점검할 수 있다. 6. 모든 조리장비 · 도구는 반드시 목적 이외의 용도로 사용하지 않고 규격품을 사용할 수 있다.
		3. 작업환경 안전관리하기	1. 작업환경 안전관리 시 작업환경 안전관리 지침서를 작성할 수 있다. 2. 작업환경 안전관리 시 작업장 주변 정리 정돈 등을 관리 점검할 수 있다. 3. 작업환경 안전관리 시 제품을 제조하는 작업장 및 매장의 온 · 습도관리를 통하여 안전사고요소 등을 제거할 수 있다. 4. 작업장 내의 적정한 수준의 조명과 환기, 이물질, 미끄럼 및 오염을 방지할 수 있다. 5. 작업환경에서 필요한 안전관리시설 및 안전용품을 파악하고 관리할 수 있다. 6. 작업환경에서 화재의 원인이 될 수 있는 곳을 자주 점검하고 화재 진압기를 배치하고 사용할 수 있다. 7. 작업환경에서의 유해, 위험, 화학물질을 처리기준에 따라 관리할 수 있다. 8. 법적으로 선임된 안전관리책임자가 정기적으로 안전교육을 실시하고 이에 참여할 수 있다.
	3. 양식 기초 조리실무	1. 기본 칼 기술 습득하기	1. 칼의 종류와 사용 용도를 이해한다. 2. 칼을 숫돌을 이용해 칼날을 세울 수 있다. 3. 칼을 정확하게 쥐고서 다양한 식자재를 썰 수 있다. 4. 요리와 조리법에 따라 재료의 크기, 두께, 굵기를 일정하게 썰 수 있다. 5. 양식 조리작업에 사용한 칼을 일정한 장소에 정리 정돈할 수 있다.
		2. 기본 기능 습득하기	1. 조리기물의 종류 및 용도에 대하여 이해하고 습득할 수 있다. 2. 조리에 필요한 조리도구를 사용하고 종류별 특성에 맞게 적용할 수 있다. 3. 계량법을 이해하고 활용할 수 있다. 4. 채소에 대하여 전처리 방법(Trimming Food Materials)을 이해하고 처리할 수 있다.

실기과목명	주요항목	세부항목	세세항목
			5. 어패류에 대하여 전처리 방법(Trimming Food Materials)을 이해하고 처리할 수 있다. 6. 육류에 대하여 전처리 방법(Trimming Food Materials)을 이해하고 처리할 수 있다. 7. 양식조리의 요리별 육수 및 소스를 용도에 맞게 만들 수 있다. 8. 양식 조리작업에 사용한 조리도구와 주방을 정리 정돈할 수 있다.
		3. 기본 조리방법 습득하기	1. 양식요리의 기본 조리방법의 종류와 조리방법을 이해한다. 2. 식재료 종류에 맞는 건열조리(Dry Heat Cooking)를 할 수 있다. 3. 식재료 종류에 맞는 습열조리(Moist Heat Cooking)를 할 수 있다. 4. 식재료 종류에 맞는 복합조리(Combination Heat Cooking)를 할 수 있다. 5. 식재료 종류에 맞는 비가열조리(No Heat Cooking)를 할 수 있다.
	4. 양식 스톡조리	1. 스톡재료 준비하기	1. 조리에 필요한 부케가니(Bouquet Garni)를 준비할 수 있다. 2. 스톡의 종류에 따라 미르포아(Mirepoix)를 준비할 수 있다. 3. 육류, 어패류의 뼈를 찬물에 담가 핏물을 제거할 수 있다. 4. 브라운스톡은 조리에 필요한 뼈와 부속물을 오븐에 구워서 준비할 수 있다.
		2. 스톡 조리하기	1. 찬물에 재료를 넣고 서서히 끓일 수 있다. 2. 끓이는 과정에서 불순물이나 기름이 위로 떠오르면 걷어낼 수 있다. 3. 적절한 시간에 미르포아와 향신료를 첨가할 수 있다. 4. 지정된 맛, 향, 농도, 색이 될 때까지 조리할 수 있다.
		3. 스톡 완성하기	1. 조리된 스톡을 불순물이 섞이지 않게 걸러낼 수 있다. 2. 마무리된 스톡의 색 · 맛 · 투명감 · 풍미 · 온도를 통해 스톡의 품질을 평가할 수 있다.

실기과목명	주요항목	세부항목	세세항목
			3. 스톡을 사용 용도에 맞추어 풍미와 질감을 갖도록 완성할 수 있다.
	5. 양식 전채조리	1. 전채재료 준비하기	1. 적합한 콘디멘트(Condiments)를 준비할 수 있다. 2. 식욕을 돋우며, 전채메뉴 구성을 고려한 재료를 준비할 수 있다. 3. 전채 조리에 필요한 조리도구(Kitchen Utensil)를 준비할 수 있다. 4. 메뉴와 전채 조리에 필요한 조리법을 숙지할 수 있다.
		2. 전채 조리하기	1. 메뉴 구성에 알맞은 양의 전채를 준비할 수 있다. 2. 채소와 허브를 적절하게 사용할 수 있다. 3. 전채에 적합한 콘디멘트(Condiments)를 사용할 수 있다. 4. 메뉴와 어울릴 수 있는 조리법을 선택할 수 있다.
		3. 전채요리 완성하기	1. 요리에 알맞은 온도로 접시를 준비할 수 있다. 2. 색과 모양 그리고 여백을 살려 접시에 담을 수 있다. 3. 전채를 먹는 데 필요한 접시나 기물, 핑거볼을 제공할 수 있다. 4. 전채에 적합한 콘디멘트(Condiments)를 제공할 수 있다. 5. 마무리된 음식의 색깔과 맛, 풍미, 온도를 통해 음식의 품질을 평가할 수 있다.
	6. 양식 샌드위치 조리	1. 샌드위치 재료 준비하기	1. 샌드위치의 종류에 따른 조직과 조각 모양을 갖는 빵을 준비할 수 있다 2. 샌드위치의 종류에 따라 스프레드 재료를 준비할 수 있다. 3. 속재료는 샌드위치 특성에 따라 준비할 수 있다. 4. 속재료와 어울릴 수 있는 가니시 재료를 준비할 수 있다.
		2. 샌드위치 조리하기	1. 모든 재료는 일의 흐름이 일직선이 되도록 집어 들기 편한 위치에 놓을 수 있다. 2. 샌드위치 종류에 따라 속 재료와 어울리는 가니시를 선택하고 만들 수 있다.

실기과목명	주요항목	세부항목	세세항목
			3. 더운 샌드위치에 어울리는 스프레드를 구분하여 발라 줄 수 있다. 속재료와 가니시를 넣어 만들 수 있다. 4. 찬 샌드위치에 어울리는 스프레드를 구분하여 발라 줄 수 있다. 5. 스프레드를 바른 샌드위치에 속재료와 가니시를 넣어 만들 수 있다.
		3. 샌드위치 완성하기	1. 샌드위치요리에 알맞은 온도로 접시를 준비할 수 있다. 2. 샌드위치를 다양한 썰기 방법으로 썰 수 있다. 3. 색과 모양 그리고 여백을 살려 접시에 담을 수 있다. 4. 샌드위치에 적합한 콘디멘트(Condiments)를 제공할 수 있다. 5. 마무리된 음식의 색깔과 맛, 풍미, 온도를 통해 음식의 품질을 평가할 수 있다.
	7. 양식 샐러드조리	1. 샐러드재료 준비하기	1. 샐러드와 어울리는 드레싱 재료를 준비할 수 있다. 2. 샐러드용 재료를 적합한 용도와 특성에 맞게 전처리할 수 있다. 3. 샐러드 조리에 필요한 조리도구(Kitchen Utensil)를 준비할 수 있다.
		2. 샐러드 조리하기	1. 유화에 안정을 주는 재료와 식초, 기름을 넣어 안정된 상태로 만들 수 있다. 2.. 드레싱의 특징에 맞는 허브와 향신료, 콘디멘트(Condiment)를 첨가할 수 있다. 3. 육류, 어패류, 채소, 곡류는 따로 익혀서 조리할 수 있다. 4. 필요한 경우 드레싱에 버무리기 전 양념할 수 있다.
		3. 샐러드요리 완성하기	1. 샐러드용 재료에 드레싱을 얹거나 버무릴 수 있다. 2. 메뉴에 알맞은 허브와 향신료, 콘디멘트(Condiment)를 선택하여 첨가할 수 있다. 3. 샐러드는 차갑게 제공할 수 있다. 4. 마무리된 음식의 색깔과 맛, 풍미, 온도를 통해 음식의 품질을 평가할 수 있다.

실기과목명	주요항목	세부항목	세세항목
	8. 양식 조식조리	1. 달걀 요리 조리하기	1. 달걀 요리에 맞는 재료를 준비할 수 있다. 2. 달걀 조리에 필요한 주방 도구(Kitchen Utensil)를 준비할 수 있다. 3. 달걀과 부재료를 사용하여 달걀 요리 종류에 맞게 조리할 수 있다. 4. 메뉴의 조리법에 따라 알맞은 부재료를 사용하여 완성할 수 있다. 5. 마무리된 음식의 색깔과 맛, 풍미, 온도를 통해 음식의 품질을 평가할 수 있다.
		2. 조찬용 빵류 조리하기	1. 조찬용 빵류 조리에 맞는 재료를 준비할 수 있다. 2. 조찬용 빵류 조리에 필요한 주방 도구(Kitchen Utensil)를 준비할 수 있다. 3. 조찬용 빵재료와 부재료를 사용하여 조찬용 빵 종류에 맞게 조리할 수 있다. 4. 메뉴의 조리법에 따라 알맞은 부재료를 사용하여 완성할 수 있다. 5. 마무리된 음식의 색깔과 맛, 풍미, 온도를 통해 음식의 품질을 평가할 수 있다.
		3. 시리얼류 조리하기	1. 시리얼류 요리에 맞는 재료를 준비할 수 있다. 2. 시리얼류 조리에 필요한 주방 도구(Kitchen Utensil)를 준비할 수 있다. 3. 시리얼류와 부재료를 사용하여 시리얼류 요리 종류에 맞게 조리할 수 있다. 4. 메뉴의 조리법에 따라 알맞은 부재료를 사용하여 완성할 수 있다. 5. 마무리된 음식의 색깔과 맛, 풍미, 온도를 통해 음식의 품질을 평가할 수 있다.
	9. 양식 수프조리	1. 수프재료 준비하기	1. 수프 요리에 맞는 재료를 준비할 수 있다. 2. 수프 재료를 적합한 용도와 특성에 맞게 전처리할 수 있다. 3. 조리에 필요한 부케가니(Bouquet Garni)를 준비할 수 있다. 4. 미르포아(Mirepoix)를 준비할 수 있다. 5. 수프에 필요한 스톡을 준비할 수 있다. 6. 수프 조리에 필요한 조리도구(Kitchen Utensil)를 준비할 수 있다.
		2. 수프 조리하기	1. 육류, 가금류와 부재료를 사용하여 조리 종류에 맞게 조리할 수 있다.

실기과목명	주요항목	세부항목	세세항목
			2. 수프의 종류에 따라 주요 향미를 가진 재료를 순서에 따라 볶아낼 수 있다. 3. 메뉴와 수프 조리에 필요한 조리법을 숙지할 수 있다.
		3. 수프요리 완성하기	1. 수프의 종류에 따라 크루톤(Crouton), 휘핑크림(Whipping Cream), 퀜넬(Quennel)과 같은 곁들임을 제공할 수 있다. 2. 마무리된 음식의 색깔과 맛, 풍미, 온도를 통해 음식의 품질을 평가할 수 있다.
	10. 양식 육류조리	1. 육류재료 준비하기	1. 육류, 가금류 조리에 맞는 재료를 준비할 수 있다. 2. 육류, 가금류용 재료를 적합한 용도와 특성에 맞게 전처리할 수 있다. 3. 요리에 알맞은 부재료와 소스를 준비할 수 있다. 4. 육류, 가금류 조리에 필요한 주방도구(Kitchen Utensil)를 준비할 수 있다.
		2. 육류 조리하기	1. 육류, 가금류와 부재료를 사용하여 조리 종류에 맞게 조리할 수 있다. 2. 육류, 가금류 요리에 알맞은 가니시(Garnish)와 소스를 조리할 수 있다. 3. 메뉴와 육류, 가금류 조리에 필요한 조리법을 숙지할 수 있다.
		3. 육류요리 완성하기	1. 육류, 가금류 요리에 알맞은 온도로 접시를 준비할 수 있다. 2. 주재료에 어울리는 가니시(Garnish)와 소스를 제공할 수 있다. 3. 마무리된 음식의 색깔과 맛, 풍미, 온도를 통해 음식의 품질을 평가할 수 있다.
	11. 양식 파스타 조리	1. 파스타재료 준비하기	1. 파스타 재료를 계량하여 손으로 반죽할 수 있다. 2. 원하는 모양으로 만든 면발이 서로 엉겨 붙지 않도록 처리할 수 있다. 3. 파스타에 필요한 부재료, 소스 재료를 준비할 수 있다. 4. 파스타 조리에 필요한 주방 도구(Kitchen Utensil)를 준비할 수 있다.
		2. 파스타 조리하기	1. 면의 종류에 따라 끓는 물에 삶아 낼 수 있다.

실기과목명	주요항목	세부항목	세세항목
			2. 속을 채운 파스타의 경우, 터지지 않게 삶을 수 있다. 3. 삶아 익힌 면은 물기를 제거한 후 달라붙지 않게 조리할 수 있다. 4. 파스타의 종류에 따라 부재료와 소스를 선택하여 조리할 수 있다.
		3. 파스타요리 완성하기	1. 일인분의 양을 조절하여 제공할 수 있다. 2. 주재료에 어울리는 가니시(Garnish)를 제공할 수 있다. 3. 파스타 종류에 알맞은 그릇에 담아 제공할 수 있다. 4. 마무리된 음식의 색깔과 맛, 풍미, 온도를 통해 음식의 품질을 평가할 수 있다.
	12. 양식 소스조리	1. 소스재료 준비하기	1. 소스 조리에 맞는 재료를 준비할 수 있다. 2. 소스용 재료를 적합한 용도와 특성에 맞게 전처리할 수 있다. 3. 소스 조리에 필요한 주방도구(Kitchen Utensil)를 준비할 수 있다.
		2. 소스 조리하기	1. 미르포아(Mirepoix)를 볶은 다음 찬 스톡을 넣고 서서히 끓일 수 있다. 2. 소스의 용도에 맞게 농후제를 사용할 수 있다. 3. 루(Roux)는 버터와 밀가루를 동량으로 사용하여 만들 수 있다. 4. 적절한 시간에 향신료를 첨가할 수 있다. 5. 원하는 소스의 지정된 맛, 향, 농도, 색이 될 때까지 조리할 수 있다. 6. 소스를 걸러내어 정제할 수 있다.
		3. 소스 완성하기	1. 소스의 품질이 떨어지지 않도록 적정 온도를 유지할 수 있다. 2. 마무리된 소스의 색깔과 맛, 투명감, 풍미, 온도를 통해 소스의 품질을 평가할 수 있다.

2) 양식조리산업기사

출제기준(필기)

직무 분야	음식 서비스	중직무 분야	조리	자격 종목	양식조리산업기사	적용 기간	2019. 1. 1. ~ 2021. 12. 31.

• 직무내용 : 양식메뉴 계획에 따라 식재료를 선정, 구매, 검수, 보관 및 저장하며 맛과 영양을 고려하여 안전하고 위생적으로 음식을 조리하고 조리기구와 시설관리 및 급식 · 외식경영을 수행하는 직무

필기검정 방법	객관식	문제수	80	시험시간	2시간

필기과목명	출제 문제수	주요항목	세부항목	세세항목
식품위생 및 관련 법규	20	1. 식품위생 개론	1. 식품위생의 개념 및 행정기구	1. 식품위생의 의의 및 행정기구
			2. 식품과 미생물	1. 미생물의 종류와 특성 2. 미생물에 의한 식품의 변질 3. 미생물 관리 4. 미생물에 의한 감염과 면역
		2. 식중독 관리	1. 세균성 식중독 2. 식중독 3. 화학적 식중독 4. 곰팡이 독소	1. 세균성 식중독의 특징 및 예방대책 1. 자연독 식중독의 특징 및 예방대책 1. 화학적 식중독의 특징 및 예방대책 1. 곰팡이 독소의 특징 및 예방대책
		3. 식품과 감염병	1. 경구감염병 2. 인수공통감염병 3. 식품과 기생충질환	1. 경구감염병의 특징 및 예방대책 1. 인수공통감염병의 특징 및 예방대책 1. 식품과 기생충질환의 특징 및 예방대책
		4. 살균 및 소독	1. 살균 및 소독	1. 살균의 종류 및 방법 2. 소독의 종류 및 방법
		5. 식품첨가물	1. 식품첨가물	1. 식품첨가물 일반정보 2. 식품첨가물 규격기준
		6. 유해물질	1. 유해물질	1. 중금속 2. 조리 및 가공에서 기인하는 유해물질
		7. 식품위생관리	1. HACCP, PL 등 2. 개인위생관리 3. 급식시설 위생관리	1. HACCP, 제조물책임법 등의 개념 및 관리 1. 개인위생관리 1. 급식시설의 위생관리
		8. 식품위생관리 법규	1. 식품위생관련법규	1. 총칙 2. 식품과 식품첨가물 3. 기구와 용기 · 포장

필기과목명	출제 문제수	주요항목	세부항목	세세항목
식품위생 및 관련 법규	20	8. 식품위생관리 법규	1. 식품위생관련법규	4. 표시 5. 식품등의 공전 6. 검사 등 7. 영업 8. 조리사 등 9. 시정명령 · 허가취소 등 행정제재 10. 보칙 11. 벌칙
			2. 농수산물의 원산지 표시에 관한 법규	1. 총칙 2. 원산지 표시 등
식품학	20	1. 식품과 영양	1. 식품과 영양	1. 식품군별 분류 2. 영양소의 기능 및 영양섭취기준
			2. 식품의 영양성분	1. 수분 2. 탄수화물 3. 지질 4. 단백질 5. 무기질 6. 비타민
			3. 식품의 관능성분	1. 식품의 맛 2. 식품의 색 3. 식품의 갈변 4. 식품의 냄새 5. 기타 특수성분
			4. 효소	1. 효소의 분류 및 명명 2. 효소의 특성과 반응 3. 효소의 이용 4. 식품효소의 종류와 특성
조리이론 및 급식관리	20	1. 조리과학	1. 기본조리조작	1. 조리와 식품의 물리화학적 특성 2. 기본조리조작
			2. 가열조리	1. 습열조리 2. 건열조리
			3. 비가열조리	1. 비가열조리
		2. 조리이론	1. 재료별 조리특성 및 원리	1. 곡류 및 두류 2. 육류 및 어패류

필기과목명	출제 문제수	주요항목	세부항목	세세항목
조리이론 및 급식관리	20	2. 조리이론	1. 재료별 조리특성 및 원리	3. 난류 4. 우유 및 유제품 5. 채소 및 과일 6. 해조류 7. 유지류 8. 냉동식품의 조리 9. 조미료 및 향신료
			2. 식품의 가공 및 저장	1. 식품의 가공 및 저장의 기초 2. 식재료별 가공 및 저장 3. 유전자재조합 및 방사선 조사식품
식품학	20	3. 급식 및 외식 경영관리	1. 메뉴관리	1. 식품군 및 식사구성안 2. 레시피 작성 3. 메뉴 분석 및 개발
			2. 원가관리	1. 원가의 개념 2. 원가분석 및 계산
			3. 식품 구매 및 검수관리	1. 식품의 구매 및 검수관리 2. 식품출납관리
			4. 작업관리	1. 작업장의 동선관리 2. 작업장의 안전관리 3. 설비 및 조리기기 관리 4. 인력관리
공중보건학	20	1. 공중보건	1. 공중보건의 개념	1. 공중보건의 개념
				1. 일광 2. 공기 및 대기오염 3. 상하수도, 오물처리 및 수질오염 4. 소음 및 진동 5. 구충구서
		1. 조리과학		1. 산업보건의 개념과 직업병관리
				1. 역학 일반 2. 급만성감염병관리 3. 생활습관병 및 만성질환
		2. 조리이론		1. 보건행정 및 보건통계 2. 인구와 보건 3. 보건영양 4. 모자보건, 성인 및 노인보건 5. 학교보건

출제기준(실기)

직무분야	음식 서비스	중직무분야	조리	자격종목	양식조리산업기사	적용기간	2019. 1. 1. ~ 2021. 12. 31.

• 직무내용 : 양식메뉴 계획에 따라 식재료를 선정, 구매, 검수, 보관 및 저장하며 맛과 영양을 고려하여 안전하고 위생적으로 음식을 조리하고 조리기구와 시설관리 및 급식 · 외식경영을 수행하는 직무

• 수행준거 : 1. 양식의 고유한 형태와 맛을 표현할 수 있고 메뉴개발을 할 수 있다.
2. 식재료의 특성을 이해하고 용도에 맞게 손질할 수 있다.
3. 레시피를 정확하게 숙지하고 적절한 도구 및 기구를 사용할 수 있다.
4. 조리기술을 능숙하게 할 수 있다.
5. 위생적인 조리와 정리정돈을 잘 할 수 있다.

실기검정방법	작업형	시험시간	2시간 정도
실기과목명	**주요항목**	**세부항목**	**세세항목**
양식 조리 실무	1. 기초조리작업	1. 식재료 식별하기	1. 식재료의 상태를 식별할 수 있다.
		2. 식재료 기초 손질 및 모양썰기	1. 식재료를 각 음식의 형태와 특징에 따라 분류하고 손질할 수 있다.
	2. 음식에 따른 조리작업	1. 스톡 조리하기	1. 주어진 재료를 사용하여 조리준비, 과정, 완성까지 요구사항에 맞는 스톡을 완성할 수 있다.
		2. 소스조리하기	1. 주어진 재료를 사용하여 조리준비, 과정, 완성까지 요구사항에 맞는 소스를 완성할 수 있다.
		3. 수프조리하기	1. 주어진 재료를 사용하여 조리준비, 과정, 완성까지 요구사항에 맞는 수프를 완성할 수 있다.
		4. 전채요리 조리하기	1. 주어진 재료를 사용하여 조리준비, 과정, 완성까지 요구사항에 맞는 전채요리를 완성할 수 있다.
		5. 샐러드 조리하기	1. 주어진 재료를 사용하여 조리준비, 과정, 완성까지 요구사항에 맞는 샐러드 요리를 완성할 수 있다.
		6. 어패류 요리 조리하기	1. 주어진 재료를 사용하여 조리준비, 과정, 완성까지 요구사항에 맞는 어패류 요리를 완성할 수 있다.

실기과목명	주요항목	세부항목	세세항목
		8. 면류(파스타) 조리하기	1. 주어진 재료를 사용하여 조리준비, 과정, 완성까지 요구사항에 맞는 파스타 요리를 완성할 수 있다.
		9. 조식요리 조리하기	1. 주어진 재료를 사용하여 조리준비, 과정, 완성까지 요구사항에 맞는 조식요리를 완성할 수 있다
		10. 채소류 요리 조리하기	1. 주어진 재료를 사용하여 조리준비, 과정, 완성까지 요구사항에 맞는 채소류 요리를 완성할 수 있다
		11. 쌀 요리 조리하기	1. 주어진 재료를 사용하여 조리준비, 과정, 완성까지 요구사항에 맞는 쌀요리를 완성할 수 있다
		12. 후식 조리하기	1. 주어진 재료를 사용하여 조리준비, 과정, 완성까지 요구사항에 맞는 후식요리를 완성할 수 있다
	3. 테이블세팅	1. 테이블세팅하기	1. 테이블에 테이블 웨어(ware)를 사용하여 테이블 세팅을 할 수 있다. 2. 테이블 끝에서 1인치 정도의 위치에 접시를 놓고 왼쪽에 빵접시를 놓을 수 있다. 3. 커틀러리(cutlery)와 글라스, 냅킨을 정해진 위치에 놓을 수 있다.
	4. 조리작업관리	1. 조리작업관리하기	1. 조리 기본지식과 기본 조리방법을 알고 조리 준비 작업을 할 수 있다. 2. 각종 요리의 특징을 알고 기본 조리방법에 의해 조리를 할 수 있다. 3. 주요리와 어울리는 곁들임과 소스 등을 조리 할 수 있다. 4. 식사의 기본 요소에 대하여 알고, 요리의 특징에 맞는 서비스 온도, 서비스 시간 등을 잘 할 수 있다.
		1. 조리작업, 안전, 위생관리하기	1. 조리복 · 위생모 착용, 개인위생 및 청결 상태를 유지할 수 있다. 2. 식재료를 청결하게 취급하며 전 과정을 위생적이고 안전하게 정리정돈하고 조리할 수 있다.

출제기준(필기)

직무 분야	음식 서비스	중직무 분야	조리	자격 종목	양식조리기능사	적용 기간	2022.1.1.~2024.12.31.

• 직무내용 : 양식메뉴 계획에 따라, 식재료를 선정, 구매, 검수, 보관 및 저장하며, 맛과 영양을 고려하여 안전하고 위생적으로 음식을 조리하고 조리기구와 시설관리 및 급식 · 외식경영을 수행하는 직무이다.

필기검정 방법	객관식	문제수	60	시험시간	1시간 30분

필기과목명	출제 문제수	주요항목	세부항목	세세항목
위생 및 안전 관리	20	1. 위생관리	1. 개인 위생관리	1. 위생관리기준 2. 식품위생에 관련된 질병
			2. 식품 위생관리	1. 미생물의 종류와 특성 2. 식품과 기생충질환 3. 살균 및 소독의 종류와 방법 4. 식품의 위생적 취급기준 5. 식품첨가물과 유해물질 혼입
			3. 작업장 위생관리	1. 작업장위생 및 위해요소 2. 해썹(HACCP) 관리기준 3. 작업장 교차오염발생요소 4. 식품위해요소 취급규칙 5. 위생적인 식품조리 6. 식품별 유통, 조리, 생산 시스템
			4. 식중독 관리	1. 세균성 및 바이러스성 식중독 2. 자연독 식중독 3. 화학적 식중독 4. 곰팡이 독소
			5. 식품위생 관계법규	1. 식품위생법 및 관계 법규 2. 식품 등의 표시 · 광고에 관한 법령
		2. 안전관리	1. 개인 안전관리	1. 개인 안전관리 점검표 2. 작업 안전관리 3. 개인 안전사고 예방 및 응급조치 4. 산업안전보건법
			2. 장비 · 도구 안전작업	1. 조리장비 · 도구의 종류와 특징, 용도 2. 조리장비 · 도구의 분해 및 조립 방법 3. 조리장비 · 도구 안전관리 지침 4. 조리장비 · 도구의 작동 원리 5. 주방도구 활용

필기과목명	출제 문제수	주요항목	세부항목	세세항목
식재료관리 및 외식경영	60		3. 작업환경 안전관리	1. 작업장 환경관리 2. 작업장 안전관리 3. 화재예방 및 화재진압 4. 유해, 위험, 화학물질 관리 5. 정기적 안전교육 실시
		3. 공중 보건	1. 공중보건의 개념	1. 공중보건의 개념
			2. 환경위생 및 환경오염 3. 산업보건관리 4. 역학 및 질병관리	1. 일광 2. 공기 및 대기오염 3. 상하수도, 오물처리 및 수질오염 4. 구충구서
		1. 재료관리	5. 보건관리 1. 저장 관리 2. 재고 관리 3. 식재료의 성분	1. 산업보건의 개념과 직업병관리 1. 역학 일반 2. 급만성감염병관리 3. 생활습관병 및 만성질환 1. 보건행정 및 보건통계 2. 인구와 보건 3. 보건영양 4. 모자보건, 성인 및 노인보건 5. 학교보건 1. 식재료 냉동 · 냉장 · 창고 저장관리 2. 식재료 건조창고 저장관리 3. 저장고 환경관리 4. 저장 관리의 원칙 1. 재료 재고 관리 2. 재료의 보관기간 관리 3. 상비량과 사용 시기 조절 4. 재료 유실방지 및 보안 관리 1. 수분 2. 탄수화물 3. 지질 4. 단백질 5. 무기질 6. 비타민 7. 식품의 색 8. 식품의 갈변 9. 식품의 맛과 냄새 10. 식품의 물성 11. 식품의 유독성분 12. 효소

필기과목명	출제 문제수	주요항목	세부항목	세세항목
			4 식품과 영양	1 영양소의 기능 2 영양소 섭취기준
		2. 조리외식경영	1. 조리외식의 이해	1. 조리외식산업의 개념 2. 조리외식산업의 분류 3. 외식산업 환경분석 기술
			2. 조리외식 경영	1. 서비스 경영 2. 외식소비자 관리 3. 서비스 매뉴얼 관리 4. 위기상황 예측 및 대처
			3. 조리외식 창업	1. 창업의 개념 2. 외식창업 경영 이론 3. 창업절차
양식조리	20	1. 메뉴관리	1. 메뉴관리 계획	1. 메뉴 구성 2. 메뉴의 용어와 명칭 3. 계절별 메뉴 4. 메뉴조절, 관리
			2. 메뉴 개발	1. 시장상황과 흐름에 관한 변화분석 2. 메뉴 분석기법 및 메뉴구성 3. 플레이팅 기법과 개념
			3. 메뉴원가 계산	1. 메뉴 품목별 판매량 및 판매가 2. 표준분량크기 3. 식재료 원가 계산 4. 재무제표 5. 대차대조표 6. 손익 분기점
		2. 구매관리	1. 시장 조사	1. 재료구매계획 수립 2. 식재료, 조리기구의 유통 · 공급환경 3. 재료수급, 가격변동에 의한 공급처 대체
			2. 구매관리	1. 공급업체 선정 및 구매 2. 육류의 등급별, 산지, 품종별 차이 3. 어패류의 종류와 품질 4. 채소, 과일류의 종류와 품질 5. 구매관리 관련 서식
			3. 검수관리	1. 식재료 선별 및 검수 2. 검수관리 관련 서식

필기과목명	출제 문제수	주요항목	세부항목	세세항목
양식조리	20	3. 재료준비	1. 재료준비	1. 재료의 선별 2. 재료의 종류 3. 재료의 조리 특성 및 방법 4. 조리과학 및 기본 조리조작 5. 조리도구의 종류와 용도 6. 작업장의 동선 및 설비 관리
			2. 재료의 조리원리	1. 농산물의 조리 및 가공 · 저장 2. 축산물의 조리 및 가공 · 저장 3. 수산물의 조리 및 가공 · 저장 4. 유지 및 유지 가공품 5. 냉동식품의 조리 6. 조미료와 향신료
			3. 식생활 문화	1. 양식의 음식 문화와 배경 2. 양식의 분류 3. 양식의 특징 및 용어
		4. 양식 소스조리	1. 소스 조리	1. 농후제 종류와 특성 2. 소스 종류와 조리법 3. 주재료 · 부재료 특성과 용도
			2. 소스 완성	1. 소스 품질평가 2. 소스 용도와 역할
		5. 양식 수프조리	1. 수프 조리 2. 수프요리 완성	1. 스톡 종류와 특성 2. 수프 종류와 조리법
		6. 양식 어패류 조리	1. 어패류 조리	1. 수프 가니쉬 2. 수프 품질평가
			2. 어패류요리 완성	1. 어패류 종류와 조리법
		7. 양식 육류조리	1. 육류 조리	1. 어패류 요리 가니쉬 2. 어패류 요리 품질평가
			2. 육류요리 완성	1. 육류 종류와 조리법
				1. 육류 요리 가니쉬 2. 육류 요리 품질평가
		8. 양식 파스타 조리	1. 파스타 조리	1. 파스타 종류와 조리법
			2. 파스타요리 완성	1. 파스타요리 가니쉬 2. 파스타요리 품질평가

필기과목명	출제 문제수	주요항목	세부항목	세세항목
양식조리	20	9. 양식 사이드 디쉬 조리	1. 사이드디쉬 조리	1. 사이드디쉬 종류와 조리법
			2. 사이드디쉬 완성	1. 사이드디쉬 품질평가
		10. 양식 디저트 조리	1. 콜 디저트 조리	1. 콜 디저트 종류와 조리법 2. 콜 디저트 가니쉬 3. 콜 디저트 소스
			2. 핫 디저트 조리	1. 핫 디저트 종류와 조리법 2. 핫 디저트 가니쉬 3. 핫 디저트 소스
			3. 스페셜 디저트 조리	1. 스페셜 디저트 종류와 조리법 2. 스페셜 디저트 가니쉬 3. 스페셜 디저트 소스
		11. 연회조리	1. 리셉션 메뉴 조리	1. 리셉션 메뉴 종류와 조리법 2. 리셉션 메뉴 가니쉬 3. 리셉션 테이블 셋팅 4. 리셉션 기물 및 식기
			2. 연회용 뷔페메뉴 조리	1. 연회용 뷔페메뉴 종류와 조리법 2. 연회용 뷔페메뉴 가니쉬 3. 연회용 뷔페메뉴 테이블 셋팅 4. 연회용 뷔페메뉴 기물 및 식기
			3. 연회용 코스메뉴 조리	1. 연회용 코스메뉴 종류와 조리법 2. 연회용 코스메뉴 가니쉬 3. 연회용 코스메뉴 테이블 셋팅 4. 연회용 코스메뉴 기물 및 식기 5. 연회용 코스메뉴 제공 순서
		12. 양식 조식조리	1. 달걀요리 조리	1. 달걀 조리 도구 2. 달걀 요리 종류와 조리법 3. 달걀 요리 품질평가 4. 달걀 특성
			2. 조찬용 빵류 조리	1. 조찬용 빵류 종류와 조리법 2. 조찬용 빵류 품질평가 3. 조찬용 빵류 특성
			3. 시리얼류 조리	1. 시리얼류 조리 종류와 조리법 2. 시리얼류 조리 품질평가 3. 시리얼류 조리 특성
		13 양식 전채조리	1. 전채 조리	1. 전채 종류와 조리법 2. 전채 콘디멘트 3. 전채 특성

필기과목명	출제 문제수	주요항목	세부항목	세세항목
양식조리	20	14. 푸드플레이팅	2. 전채요리 완성	1. 전채요리 가니쉬 2. 전채요리 품질평가
			1. 핫 푸드 플레이팅	1. 핫 푸드 플레이팅 개념 2. 핫 푸드 플레이팅 기본 구성요소 3. 핫 푸드 플레이팅 기본 원칙 4. 핫 푸드 플레이팅 도구 5. 접시 용어 6. 음식과 색채의 원리 7. 음식과 조형의 원리 8. 음식과 디자인 원리
			2. 콜 푸드 플레이팅	1. 콜 푸드 플레이팅 개념 2. 콜 푸드 플레이팅 기본 구성요소 3. 콜 푸드 플레이팅 기본 원칙 4. 콜 푸드 플레이팅 도구 5. 콜 푸드 플레이팅 방법
			3. 전시용 푸드 플레이팅	1. 전시용 푸드 개발 2. 전시용 푸드 코팅 3. 전시용 가니쉬 조리 4. 전시용 푸드 플레이팅

출제기준(실기)

직무 분야	음식 서비스	중직무 분야	조리	자격 종목	양식조리산업기사	적용 기간	2022.1.1.~2024.12.31.

• 직무내용 : 양식메뉴 계획에 따라, 식재료를 선정, 구매, 검수, 보관 및 저장하며, 맛과 영양을 고려하여 안전하고 위생적으로 음식을 조리하고 조리기구와 시설관리 및 급식 · 외식경영을 수행하는 직무이다.

• 수행준거 :
1. 육류, 어패류, 채소류, 스톡 류 등을 활용하여 조리에 사용되는 소스를 조리할 수 있다.
2. 육류, 어패류, 채소류, 스톡 류 등을 활용하여 메뉴에 사용되는 수프를 조리할 수 있다.
3. 생선류, 조개류, 갑각류 등을 활용하여 각각의 특성에 맞게 조리하고, 곁들여지는 소스 등을 조리할 수 있다.
4. 육류와 가금류 등을 활용하여 육류, 가금류 조리와 곁들여지는 소스 등을 조리할 수 있다.
5. 파스타와 어패류 · 육류 · 채소류 · 유제품류 · 가공식품류를 활용하여 파스타와 곁들여지는 소스를 조리할 수 있다.
6. 음식조리 작업에 필요한 위생관련지식을 이해하고 주방의 청결상태와 개인위생 · 식품위생을 관리하여 전반적인 조리작업을 위생적으로 수행할 수 있다.
7. 조리사가 주방에서 일어날 수 있는 사고와 재해에 대하여 안전기준 확인, 안전수칙 준수, 안전예방 활동을 할 수 있다.
8. 계절 · 장소 · 목적 등에 따라 메뉴를 구성하고, 개발하며 메뉴관리를 할 수 있다.
9. 식사 또는 메인 요리에 곁들여 사용되는 전분을 포함한 곡류 및 채소요리를 조리할 수 있다.
10. 식사의 마지막 단계에 요리의 맛을 효과적으로 돋우기 위해 달걀, 설탕, 우유, 생크림, 양주, 과일, 너트, 향신료, 초콜릿 등을 사용하여 차가운 혹은 더운 디저트류를 제조할 수 있다.
11. 축하, 환영, 석별 따위를 위하여 여러 사람이 모여 베푸는 잔치에 필요한 요리를 조리하고 셋팅할 수 있다.
12. 어패류 · 육류 · 채소류 · 유제품류 · 가공식품류를 활용하여 조식 등에 사용되는 각종 조식요리를 조리할 수 있다.
13. 식욕을 돋우기 위한 요리로 육류, 어패류, 채소류 등을 활용하여 곁들여지는 소스 등을 조리할 수 있다.
14. 고객이 요리에 가치와 문화를 느끼도록 음식을 접시에 맛과 색, 모양 등을 예술적으로 배열할 수 있다.

실기검정방법	작업형	시험시간	2시간 정도
실기과목명	**주요항목**	**세부항목**	**세세항목**
양식 조리 실무	1. 양식 위생관리	1. 개인 위생관리하기	1. 위생관리기준에 따라 조리복, 조리모, 앞치마, 조리안전화 등을 착용할 수 있다. 2. 두발, 손톱, 손 등 신체청결을 유지하고 작업수행시 위생습관을 준수할 수 있다. 3. 무 중의 흡연, 음주, 취식 등에 대한 작업장 근무수칙을 준수할 수 있다. 4. 위생관련법규에 따라 질병, 건강검진 등 건강상태를 관리하고 보고할 수 있다.
		2. 식품 위생관리하기	1. 식품의 유통기한 · 품질 기준을 확인하여 위생적인 선택을 할 수 있다. 2. 채소 · 과일의 농약 사용여부와 유해성을 인식하고 세척할 수 있다. 3. 식품의 위생적 취급기준을 준수할 수 있다. 4. 식품의 반입부터 저장, 조리과정에서 유독성, 유해물질의 혼입을 방지할 수 있다.

실기과목명	주요항목	세부항목	세세항목
		3. 주방 위생관리하기	1. 주방 내에서 교차오염 방지를 위해 조리생산 단계별 작업공간을 구분하여 사용할 수 있다. 2. 주방위생에 있어 위해요소를 파악하고, 예방할 수 있다. 3. 주방, 시설 및 도구의 세척, 살균, 해충·해서 방제작업을 정기적으로 수행할 수 있다. 4. 시설 및 도구의 노후상태나 위생 상태를 점검하고 관리할 수 있다. 5. 식품이 조리되어 섭취되는 전 과정의 주방 위생 상태를 점검하고 관리할 수 있다. 6. HACCP적용 업장의 경우 HACCP관리기준에 의해 관리할 수 있다.
	2. 양식 안전관리	1. 개인 안전관리하기	1. 안전관리 지침서에 따라 개인 안전관리 점검표를 작성할 수 있다. 2. 개인안전사고 예방을 위해 도구 및 장비의 정리정돈을 상시 할 수 있다. 3. 주방에서 발생하는 개인 안전사고의 유형을 숙지시키고 예방을 위한 안전수칙을 교육할 수 있다. 4. 주방 내 필요한 구급품이 적정 수량 비치되었는지 확인하고 개인 안전 보호 장비를 정확하게 착용하여 작업하는지 확인할 수 있다. 5. 개인이 사용하는 칼에 대해 사용안전, 이동안전, 보관안전을 수행 할 수 있다. 6. 개인의 화상사고, 낙상사고, 근육팽창과 골절사고, 절단사고, 전기기구에 인한 전기 쇼크 사고, 화재사고와 같은 사고 예방을 위해 주의사항을 숙지하고 실천할 수 있다. 7. 개인 안전사고 발생 시 신속 정확한 응급조치를 실시하고 재발 방지 조치를 실행할 수 있다.
		2. 장비·도구 안전관리하기	1. 조리장·도구에 대한 종류별 사용방법에 대해 주의사항을 숙지할 수 있다. 2. 조리장비·도구를 사용 전 이상 유무를 점검할 수 있다. 3. 안전 장비 류 취급 시 주의사항을 숙지하고 실천 할 수 있다. 4. 조리장비·도구를 사용 후 전원을 차단하고 안전수칙을 지키며 분해하여 청소할 수 있다.

실기과목명	주요항목	세부항목	세세항목
			5. 무리한 조리장비 · 도구 취급은 금하고 사용 후 일정한 장소에 보관하고 점검할 수 있다. 6. 모든 조리장비 · 도구는 반드시 목적 이외의 용도로 사용하지 않고 규격품을 사용할 수 있다.
		3. 작업환경 안전관리하기	1. 작업환경 안전관리 시 작업환경 안전관리 지침서를 작성할 수 있다. 2. 작업환경 안전관리 시 작업장주변 정리정돈 등을 관리 점검할 수 있다. 3. 작업환경 안전관리 시 제품을 제조하는 작업장 및 매장의 온 · 습도관리를 통하여 안전사고요소 등을 제거할 수 있다. 4. 작업장내의 적정한 수준의 조명과 환기, 이물질, 미끄럼 및 오염을 방지할 수 있다. 5. 작업환경에서 필요한 안전관리시설 및 안전용품을 파악하고 관리할 수 있다. 6. 작업환경에서 화재의 원인이 될 수 있는 곳을 자주 점검하고 화재진압기를 배치하고 사용할 수 있다. 7. 작업환경에서의 유해, 위험, 화학물질을 처리기준에 따라 관리할 수 있다. 8. 법적으로 선임된 안전관리책임자가 정기적으로 안전교육을 실시하고 이에 참여할 수 있다.
	3. 양식 메뉴관리	1. 메뉴관리 계획하기	1. 균형 잡힌 식단 구성 방식을 감안하여 메뉴를 구성할 수 있다. 2. 원가, 식재료, 시설용량, 경제성을 감안하여 메뉴 구성을 조정할 수 있다. 3. 메뉴의 식재료, 조리방법, 메뉴 명, 메뉴판 작성 등 사용되는 용어와 명칭을 정확히 구분하고 사용할 수 있다. 4. 수익성과 선호도에 따른 메뉴 엔지니어링을 할 수 있다. 5. 공헌이익 높일 수 있는 메뉴구성을 할 수 있다.
		2. 메뉴 개발하기	1. 고객의 수요예측, 수익성, 이용 가능한 식자재, 조리설비, 메뉴의 다양성, 그리고 영양적 요소를 파악할 수 있다. 2. 고객의 식습관과 선호도에 미치는 경제적, 사회적, 지역적, 그리고 형태적 영향을 파악하고 활용할 수 있다. 3. 주방에서 보유한 조리기구의 특성을 이해하고, 메뉴의 영양적 요소와 설명을 제시할 수 있다.

실기과목명	주요항목	세부항목	세세항목
			4. 지역적 위치와 고객수준 등을 고려한 입지분석과 계층분석을 할 수 있다. 5. 식재료 전반에 관한 등 외부적인 환경을 파악하여 메뉴를 개발할 수 있다.
		3. 메뉴원가 계산하기	1. 실제원가를 일단위, 월단위로 계산하며, 이에 대한 의사결정을 할 수 있다. 2. 원가, 식재료, 시설용량, 경제성을 감안하여 메뉴 구성을 할 수 있다. 3. 당일 식료수입과 재료에 대한현황을 파악하여 실제원가를 알 수 있다. 4. Daily Revenue Report & Daily Food Cost Report를 이해하고 매출에 대한 재료비율을 산출할 수 있다. 5. 부분별 재료 선입선출에 의한 품목별 단위원가를 산출하여 총원가를 계산할 수 있다.
	4. 양식 소스조리	1. 소스재료 준비하기	1. 조리에 필요한 부케가니(Bouquet Garni)를 준비할 수 있다. 2. 미르포아(Mirepoix)를 준비할 수 있다. 3. 루(Roux)는 버터와 밀가루를 동량으로 사용하여 만들 수 있다. 4. 소스에 필요한 스톡을 준비할 수 있다. 5. 소스 조리에 필요한 주방도구(Kitchen Utensil)를 준비할 수 있다.
		2. 소스 조리하기	1. 미르포아(Mirepoix)를 볶은 다음 찬 스톡을 넣고 서서히 끓일 수 있다. 2. 소스의 용도에 맞게 농후제를 사용할 수 있다. 3. 소스를 끓이는 과정에서 불순물이나 기름이 위로 떠오르면 걷어낼 수 있다. 4. 적절한 시간에 향신료를 첨가할 수 있다. 5. 원하는 소스의 지정된 맛, 향, 농도, 색이 될 때까지 조리할 수 있다. 6. 소스를 걸러내어 정제할 수 있다.
		3. 소스 완성하기	1. 소스의 품질이 떨어지지 않도록 적정 온도를 유지할 수 있다. 2. 소스에 표막이 생성되는 것을 막도록 버터나 정제된 버터로 표면을 덮어 마무리 할 수 있다. 3. 마무리 된 소스의 색깔과 맛, 투명감, 풍미, 온도를 통해 소스의 품질을 평가할 수 있다. 4. 요구되는 양에 맞추어 소스를 제공할 수 있다.

실기과목명	주요항목	세부항목	세세항목
	5. 양식 수프조리	1. 수프재료 준비하기	1. 육류, 어패류, 채소류, 곡류에서 수프 용도에 알맞은 재료를 선별하여 준비할 수 있다. 2. 조리에 필요한 부케가니(Bouquet Garni)를 준비할 수 있다. 3. 미르포아(Mirepoix)를 준비할 수 있다. 4. 수프에 적합한 농후제를 준비할 수 있다. 5. 수프에 필요한 스톡을 준비할 수 있다. 6. 수프 조리에 필요한 조리도구(Kitchen Utensil)를 준비할 수 있다.
		2. 수프 조리하기	1. 수프의 종류에 따라 건더기와 수분의 비율을 조정할 수 있다. 2. 수프의 종류에 따라 주요 향미를 가진 재료를 순서에 따라 볶아낼 수 있다. 3. 재료가 냄비바닥에 눌러 붙지 않도록 조리할 수 있다. 4. 스톡을 넣고 끓이며, 위에 뜨는 불순물을 제거할 수 있다. 5. 원하는 수프의 향, 색, 농도가 충분히 우러나도록 끓일 수 있다. 6. 수프의 종류에 따라 갈아주거나 걸러 줄 수 있다.
		3. 수프요리 완성하기	1. 수프의 종류에 따라 크루톤(Crouton), 휘핑크림(Whipping Cream), 퀸넬(Quennel)과 같은 곁들임을 제공할 수 있다. 2. 마무리 된 수프의 색깔과 맛, 투명 감, 풍미, 온도를 통해 수프의 품질을 평가할 수 있다.
	6. 양식 어패류조리	1. 어패류재료 준비하기	1. 어패류의 원산지, 조리법을 고려하여 선별할 수 있다. 2. 조리에 요구되는 신선도를 갖고 있는지 검사할 수 있다. 3. 구입 후 조리 이전까지 신선한 상태를 유지하도록 보관할 수 있다. 4. 생선류, 조개류, 갑각류를 손질하여 용도에 맞는 크기로 자를 수 있다.. 5. 요리에 알맞은 부재료와 소스를 준비할 수 있다. 6. 필요한 경우 오일과 향신료를 이용하여 마리네이드(Marinade) 할 수 있다. 7. 어패류 조리에 필요한 조리도구(Kitchen Utensil)를 준비할 수 있다.

실기과목명	주요항목	세부항목	세세항목
		2. 어패류 조리하기	1. 재료에 적합한 조리방식과 조리도구를 결정할 수 있다. 2. 재료가 눌러 붙거나 부서지지 않도록 조리할 수 있다. 3. 화력을 조절하여 살이 오그라들거나 덜 익혀지지 않도록 할 수 있다. 4. 용도에 알맞게 향신료와 와인을 사용하여 조리할 수 있다. 5. 요리에 알맞은 부재료와 소스를 조리할 수 있다.
		3. 어패류요리 완성하기	1. 요리에 알맞은 맛과 풍미를 이끌어 낼 수 있는 소스를 제공할 수 있다. 2. 주재료에 어울리는 부재료(Side Dish), 가니쉬(Garnish)를 제공할 수 있다. 3. 마무리 된 음식의 색깔과 맛, 풍미, 온도를 통해 음식의 품질을 평가 할 수 있다.
	7. 양식 육류조리	1. 육류재료 준비하기	1. 조리법과 질김 정도, 향미를 고려하여 육류, 가금류의 종류와 메뉴에 맞는 부위를 선택할 수 있다. 2. 메뉴의 종류에 따라 육류, 가금류의 종류와 조리 부위를 선택할 수 있다. 3. 용도에 맞게 재료를 발골, 절단하여 손질할 수 있다. 4. 요리에 알맞은 부재료와 소스를 준비할 수 있다. 5. 로스팅(Roasting) 할 재료는 끈을 사용하여 감쌀 수 있도록 묶을 수 있다. 6. 필요에 따라 마리네이드(Marinade)방법과 향신료와 채소를 채워 넣는 방법을 사용 할 수 있다. 7. 육류 조리에 필요한 주방도구(Kitchen Utensil)를 준비할 수 있다.
		2. 육류 조리하기	1. 육류, 가금류 요리 시 재료에 적합한 조리 방식과 조리 도구를 결정할 수 있다. 2. 재료가 눌러 붙거나 부서지지 않도록 조리할 수 있다. 3. 육류, 가금류 요리에 알맞은 가니쉬(Garnish)와 소스를 조리할 수 있다. 4. 화력과 시간을 조절하여 원하는 익힘 정도로 조리할 수 있다. 5. 향신료를 사용하여 향과 맛을 조절할 수 있다.

실기과목명	주요항목	세부항목	세세항목
	9. 양식 사이드디쉬 조리	3. 육류요리 완성하기	1. 육류, 가금류 요리에 알맞은 맛과 풍미를 이끌어 낼 수 있는 요리를 제공할 수 있다. 2. 주재료에 어울리는 가니쉬(Garnish)를 제공 할 수 있다. 3. 마무리 된 음식의 색깔과 맛, 풍미, 온도를 통해 음식의 품질을 평가할 수 있다.
		1. 파스타재료 준비하기	1. 파스타 재료를 계량하여 손으로 반죽할 수 있다. 2. 원하는 모양으로 만든 면발이 서로 엉겨 붙지 않도록 처리할 수 있다. 3. 파스타에 필요한 부재료, 소스 재료를 준비할 수 있다. 4. 파스타 조리에 필요한 주방 도구(Kitchen Utensil)를 준비할 수 있다.
		2. 파스타 조리하기	1. 면의 종류에 따라 끓는 물에 삶아 낼 수 있다. 2. 속을 채운 파스타의 경우, 터지지 않게 삶을 수 있다. 3. 삶아 익힌 면은 물기를 제거한 후 달라붙지 않게 조리할 수 있다. 4. 파스타의 종류에 따라 부재료와 소스를 선택하여 조리할 수 있다.
		3. 파스타요리 완성하기	1. 일인분의 양을 조절하여 제공할 수 있다. 2. 주재료에 어울리는 가니쉬(Garnish)를 제공 할 수 있다. 3. 파스타 종류에 알맞은 그릇에 담아 제공 할 수 있다. 4. 마무리 된 음식의 색깔과 맛, 풍미, 온도를 통해 음식의 품질을 평가할 수 있다.
		1. 사이드디쉬재료 준비하기	1. 메인 요리와 어울리는 재료를 미리 선정하여 준비할 수 있다. 2. 전분류나 채소에 섞인 불순물을 골라낼 수 있다. 3. 종류나 건조된 정도에 따라 물에 불리거나 삶아낼 수 있다. 4. 물기를 제거하여 준비할 수 있다.
		2. 사이드디쉬 조리하기	1. 크기와 단단한 정도에 따라 조리 방법을 선택할 수 있다. 2. 채소 원래 모양이 유지되고 원하는 색상이 유지되도록 익혀낼 수 있다. 3. 양과 종류에 따라 압력, 시간, 불의 세기를 조절하여 원하는 촉감만큼 익힐 수 있다.

실기과목명	주요항목	세부항목	세세항목
		2. 사이드디쉬 조리하기	4. 채소의 맛과 타는 것을 방지하기 위해 오일의 양을 조절할 수 있다. 5. 필요한 양념을 하여 익혀낼 수 있다. 6. 소스나 스톡을 바르거나 첨가하여 조리할 수 있다. 7. 익힌 채소나 곡물을 으깨서 퓌레나 메쉬를 만들 수 있다.
		3. 사이드디쉬 완성하기	1. 더운 메인 요리에는 뜨겁게 찬 메인 요리에는 차게 사이드 디쉬 요리를 제공할 수 있다. 2. 사이드 디쉬에 어울리는 가니쉬(Garnish)를 제공 할 수 있다. 3. 마무리 된 사이드 디쉬의 색깔과 맛, 풍미, 온도를 통해 음식의 품질을 평가할 수 있다.
	10. 양식 디저트조리	1. 콜 디저트 조리하기	1. 콜(Cold) 디저트 종류별 레시피에 맞게 계량을 할 수 있다. 2. 콜(Cold) 디저트 종류별 레시피에 맞게 반죽 할 수 있다. 3. 콜(Cold) 디저트 종류별 레시피에 맞게 성형 할 수 있다. 4. 콜(Cold) 디저트 종류별에 맞게 굽기/찌기/굳히기를 할 수 있다. 5. 콜(Cold) 디저트 종류별에 맞게 장식 할 수 있다.
		2. 핫 디저트 조리하기	1. 핫(Hot) 디저트 종류별 레시피에 맞게 계량을 할 수 있다. 2. 핫(Hot) 디저트 종류별 레시피에 맞게 반죽 할 수 있다. 3. 핫(Hot) 디저트 종류별 레시피에 맞게 성형 할 수 있다. 4. 핫(Hot) 디저트 종류별에 맞게 굽기/찌기/굳히기를 할 수 있다. 5. 핫(Hot) 디저트 종류별에 맞게 장식 할 수 있다.
		3. 스페셜 디저트 조리하기	1. 스페셜 디저트 종류별 레시피에 맞게 계량을 할 수 있다. 2. 스페셜 디저트 종류별 레시피에 맞게 반죽 할 수 있다.

실기과목명	주요항목	세부항목	세세항목
			3. 스페셜 디저트 종류별 레시피에 맞게 성형 할 수 있다. 4. 스페셜 디저트 종류별에 맞게 굽기/찌기/굳히기를 할 수 있다. 5. 스페셜 디저트 종류별에 맞게 장식 할 수 있다.
	11. 연회조리	1. 리셉션 메뉴 조리하기	1. 커피 브레이크 메뉴를 셋팅 할 수 있다. 2. 칵테일 리셉션 메뉴를 조리하고 셋팅 할 수 있다. 3. 스페셜(할로인, 크리스마스이브, 추수감사절행사) 리셉션 메뉴를 조리하고 셋팅 할 수 있다. 4. 와인페어링에 맞는 음식을 조리하고 셋팅 할 수 있다. 5. 리셉션에 맞는 연회 분위기를 연출할 수 있다.
		2. 연회용 뷔페메뉴 조리하기	1. 연회 조식 뷔페메뉴를 조리하고 셋팅 할 수 있다. 2. 연회 브런치 뷔페메뉴를 조리하고 셋팅 할 수 있다. 3. 연회 점심 · 저녁 뷔페메뉴를 조리하고 셋팅 할 수 있다. 4. 출장 뷔페메뉴를 조리하고 운반 및 셋팅 할 수 있다. 5. 세계지역 유명 음식을 조리하고 뷔페로 셋팅 할 수 있다.
		3. 연회용 코스메뉴 조리하기	1. 세계지역 식재료를 활용하여 코스별 메뉴를 조리할 수 있다. 2. 연회 행사에 맞는 컨셉을 정하고 코스메뉴를 조리할 수 있다. 3. 유명셰프의 레시피를 적용하여 갈라디너쇼 메뉴를 조리 할 수 있다.
	12. 양식 조식조리	1. 달걀 조리하기	1. 달걀 요리에 맞는 재료를 준비할 수 있다. 2. 달걀 조리에 필요한 주방 도구(Kitchen Utensil)를 준비할 수 있다. 3. 달걀과 부재료를 사용하여 달걀 요리 종류에 맞게 조리할 수 있다. 4. 메뉴의 조리법에 따라 알맞은 부재료를 사용하여 완성 할 수 있다. 5. 마무리 된 음식의 색깔과 맛, 풍미, 온도를 통해 음식의 품질을 평가할 수 있다.

실기과목명	주요항목	세부항목	세세항목
		2. 조찬용 빵류 조리하기	1. 조찬용 빵류 조리에 맞는 재료를 준비할 수 있다. 2. 조찬용 빵류 조리에 필요한 주방 도구(Kitchen Utensil)를 준비할 수 있다. 3. 조찬용 빵재료와 부재료를 사용하여 조찬용 빵 종류에 맞게 조리할 수 있다. 4. 메뉴의 조리법에 따라 알맞은 부재료를 사용하여 완성 할 수 있다. 5. 마무리 된 음식의 색깔과 맛, 풍미, 온도를 통해 음식의 품질을 평가할 수 있다.
		3. 시리얼류 조리하기	1. 시리얼류 요리에 맞는 재료를 준비할 수 있다. 2. 시리얼류 조리에 필요한 주방 도구(Kitchen Utensil)를 준비할 수 있다. 3. 시리얼류와 부재료를 사용하여 시리얼류 요리 종류에 맞게 조리할 수 있다. 4. 메뉴의 조리법에 따라 알맞은 부재료를 사용하여 완성 할 수 있다. 5. 마무리 된 음식의 색깔과 맛, 풍미, 온도를 통해 음식의 품질을 평가할 수 있다.
	13. 양식 전채조리	1. 전채 조리하기	1. 메뉴 구성에 알맞은 양의 전채를 준비할 수 있다. 2. 채소와 허브를 적절하게 사용할 수 있다. 3. 전채에 적합한 콘디멘트(Condiments)를 사용할 수 있다. 4. 메뉴와 어울릴 수 있는 조리법을 선택할 수 있다.
		2. 전채요리 완성하기	1. 요리에 알맞은 온도로 접시를 준비할 수 있다. 2. 색과 모양 그리고 여백을 살려 접시에 담을 수 있다. 3. 전채를 먹는데 필요한 접시나 기물, 핑거볼을 제공할 수 있다. 4. 전채에 적합한 콘디멘트(Condiments)를 제공할 수 있다. 5. 마무리 된 음식의 색깔과 맛, 풍미, 온도를 통해 음식의 품질을 평가할 수 있다.

실기과목명	주요항목	세부항목	세세항목
	14. 푸드플레이팅	1. 핫 푸드 플레이팅하기	1. 푸드 플레이팅의 개념을 이해 할 수 있다. 2. 푸드 플레이팅의 구성요소를 이해 할 수 있다. 3. 메뉴에 따른 음식을 조리하고 푸드 플레이팅을 할 수 있다. 4. 핫 푸드 플레이팅 가니쉬를 개발하고 조리 할 수 있다. 5. 고급조리기술(분자요리, 저온조리)을 활용하여 조리하고 푸드 플레이팅 할 수 있다.
		2. 콜 푸드 플레이팅하기	1. 연회 콜 트레이에 맞게 조리하고 푸드 플레이팅을 할 수 있다. 2. 다양한 채소를 활용한 샐러드를 조리하고 푸드 플레이팅 할 수 있다. 3. 계절 과일을 모양내어 썰고 푸드 플레이팅 할 수 있다. 4. 치즈를 모양내서 썰고 푸드 플레이팅 할 수 있다. 5. 다양한 오드볼을 조리하고 푸드 플레이팅 할 수 있다.
		3. 전시용 푸드 플레이팅 하기	1. 대회에 맞는 컨셉을 개발하고 프리젠테이션 할 수 있다. 2. 팀을 조직하고 컨셉에 맞는 전시용 푸드를 연구 · 개발할 수 있다. 3. 전시용 푸드를 조리하고 코팅할 수 있다. 4. 전시용 가니쉬를 조리할 수 있다. 5. 전시용 푸드를 종합해서 다양한 접시에 모양내서 담을 수 있다.

3 실기시험 접수안내

1. 접수방법

접수기간 내에 인터넷을 이용 원서 접수

반드시 회원가입 후 사진 등록하여 접수

인터넷접수 홈페이지 : www.q-net.or.kr

2. 당회 필기시험 합격자 실기시험 접수방법

대상 : 응시자격이 제한된 종목

기술자격취득자(필기시험일 이전 취득자) 중 동일 또는 하위등급 종목에 응시할 경우 응시자격서류를 제출할 필요가 없음

응시자격 서류를 제출하여 합격처리 된 사람에 한하여 실기시험접수가 가능함

3. 실기시험접수

필기시험접수지사에 실기시험을 접수하는 경우는 수검원서 작성 불필요

(수검표, 수수료)

4. 필기시험면제자

대상자

이전 필기시험 합격자

필기시험이 면제되는 기능사 종목

국가기술자격법 시행규칙 제18조 필기시험 면제 대상자

5. 실기시험 접수방법

- 이전 필기시험 합격자, 필기시험이 면제되는 기능사 종목 : 수검원서를 기재하여 접수
- 국가기술자격법 시행규칙 제18조 필기시험면제 대상자
  : 공공기관은 해당 기관장이 확인한 서류, 학원 등 기타 기관은 위탁기관 및 해당 기관장이 확인한 서류(자세한 사항은 공단 지역본부 및 지사로 문의)

6. 실기시험 수검사항(수검일시 및 장소) 공고

접수 시 수험자 본인 선택(먼저 접수하는 수험자가 시험일자 및 시험장 선택의 폭이 넓음)

수검자 지참 준비물(양식조리기능사)

번호	재료명	규격	단위	수량	비고
1	강판	–	EA	1	
2	거품기(whipper)	–	EA	1	자동 및 반자동 제외
3	계량스푼	–	EA	1	
4	계량컵	–	EA	1	
5	국대접	–	EA	1	
6	국자	–	EA	1	
7	냄비	–	EA	1	시험장에도 준비되어 있음
8	다시백	–	EA	1	
9	도마	흰색 또는 나무도마	EA	1	시험장에도 준비되어 있음
10	랩	–	EA	1	
11	면보	–	장	1	
12	밥공기	–	EA	1	
13	볼(bowl)	–	EA	1	시험장에도 준비되어 있음
14	비닐팩	위생백, 비닐봉지 등 유사품 포함	장	1	
15	상비의약품	손가락골무, 밴드 등	EA	1	
16	쇠조리(혹은 체)	–	EA	1	
17	숟가락	–	EA	1	
18	앞치마	흰색(남녀공용)	EA	1	*위생복장(위생복 · 위생모 · 앞치마)을 착용하지 않을 경우 채점대상에서 제외(실격)됩니다*
19	연어나이프		EA	1	필요시 지참, 일반 조리용 칼로 대체 가능
20	위생모 또는 머릿수건	흰색	EA	1	*위생복장(위생복 · 위생모 · 앞치마)을 착용하지 않을 경우 채점대상에서 제외(실격)됩니다*
21	위생복	상의–흰색/긴소매, 하의–긴바지(색상 무관)	벌	1	*위생복장(위생복 · 위생모 · 앞치마)을 착용하지 않을 경우 채점대상에서 제외(실격)됩니다*
22	위생타월	행주, 키친타월, 휴지 등 유사품 포함	장	1	
23	이쑤시개	–	EA	1	
24	젓가락		EA	1	
25	종이컵	–	EA	1	
26	주걱	–	EA	1	
27	채칼(box grater)	–	EA	1	시저샐러드용으로만 사용
28	칼	조리용 칼, 칼집 포함	EA	1	눈금표시칼 사용 불가
29	테이블스푼	–	EA	2	숟가락으로 대체 가능
30	호일	–	EA	1	
31	프라이팬	–	EA	1	시험장에도 준비되어 있음

※ 지참준비물의 수량은 최소 필요수량으로 수험자가 필요시 추가지참 가능합니다.
※ 길이를 측정할 수 있는 눈금 표시가 있는 조리기구는 사용 불가합니다.
※ 지참준비물은 일반적인 조리용을 의미하며, 기관명, 이름 등 표시가 없는 것이어야 합니다.
※ 지참준비물 중 수험자 개인에 따라 과제를 조리하는데 불필요한 조리기구는 지참하지 않아도 무방합니다.
※ 수험자 지참준비물 이외의 조리기구를 사용한 경우 채점대상에서 제외(실격)됩니다.

수검자 지참 준비물(조리산업기사)

번호	재료명	규격	단위	수량	비고
1	위생복	상의-흰색/긴소매, 하의-긴바지(색상무관)	벌	1	*위생복장(위생복 · 위생모 · 앞치마)을 착용하지 않을 경우 채점대상에서 제외(실격)됩니다. *긴소매는 손목까지 오는 길이를 의미합니다.
2	위생모 또는 머릿수건	흰색	EA	1	*위생복장(위생복 · 위생모 · 앞치마)을 착용하지 않을 경우 채점대상에서 제외(실격)됩니다*
3	앞치마	흰색(남여 공용)	EA	1	*위생복장(위생복 · 위생모 · 앞치마)을 착용하지 않을 경우 채점대상에서 제외(실격)됩니다*
4	칼	조리용 칼, 칼집 포함	EA	1	눈금표시가 없고 조리 용도에 맞는 칼
5	도마	흰색 또는 나무도마	EA	1	시험장에도 준비되어 있음
6	계량스푼	–	EA	1	
7	계량컵	–	EA	1	
8	가위	–	EA	1	
9	냄비	–	EA	1	시험장에도 준비되어 있음
10	프라이팬	–	EA	1	시험장에도 준비되어 있음
11	석쇠	–	EA	1	
12	밥공기	–	EA	1	
13	국대접	기타 유사품 포함	EA	1	
14	접시	양념접시 등 유사품 포함	EA	1	
15	종지	–	EA	1	
16	숟가락	차스푼 등 유사품 포함	EA	1	
17	젓가락	null	EA	1	
18	쇠조리(혹은 체)	–	EA	1	
19	국자	–	EA	1	
20	주걱	–	EA	1	
21	강판	–	EA	1	
22	뒤집개	–	EA	1	
23	집게	–	EA	1	
24	밀대	–	EA	1	
25	김발	–	EA	1	
26	거품기	수동	EA	1	자동 및 반자동 사용 불가
27	볼(bowl)	–	EA	1	
28	종이컵	–	EA	1	
29	위생타월	행주, 키친타월, 휴지 등 유사품 포함	장	1	
30	면보	–	장	1	
31	비닐팩	위생백, 비닐봉지 등 유사품 포함	장	1	
32	랩	–	EA	1	
33	호일	–	EA	1	

34	이쑤시개	–	EA	1	
35	짜주머니	작은 것	EA	1	
36	장식튜브	–	SET	1	
37	제과용 붓	소형	EA	1	
38	채칼(box grater)	–	EA	1	
39	조리용 실(굵은 실)	스테이크 고정용	EA	1	
40	고기 두드림망치	소	EA	1	
41	파링 나이프 (paring knife)	–	EA	1	
42	본 나이프 (bone knife)	뼈칼	EA	1	
43	몰드	–	EA	1	
44	상비의약품	손가락 골무, 밴드 등	EA	1	

※지참준비물의 수량은 최소 필요수량으로 수험자가 필요시 추가지참 가능합니다.
※길이를 측정할 수 있는 눈금표시가 있는 조리기구는 사용 불가합니다.
※지참준비물은 일반적인 조리용을 의미하며, 기관명, 이름 등 표시가 없는 것이어야 합니다.
※지참준비물 중 수험자 개인에 따라 과제를 조리하는데 불필요한 조리기구는 지참하지 않아도 무방합니다.
※조리기술과 무관한 단순 조리기구는 지참 가능합니다.
※수험자 지참준비물 이외 조리기술에 영향을 줄 수 있는 기구를 사용한 경우 채점대상에서 제외(실격)됩니다.
※개인위생상태 세부기준은 큐넷–자료실–공개문제에 공지된 "개인위생상태 및 안전관리 세부기준"을 참조하시기 바랍니다.

조리기능사 채점기준

주요항목	세부항목	배점	순번
위생상태	개인위생	0~3	공통배점
	조리위생	0~4	
조리기술	재료손질	0~3	과제별 배점
	조리조작	0~27	
작품평가	작품의 맛	0~6	
	작품의 색	0~5	
	그릇 담기	0~4	
마무리	정리, 정돈	0~3	공통배점

과제별 배점의 합이 각각 45점, 공통 배점의 합이 10점
따라서 2가지 과제를 만들었을 때 100점(45점×2+10점)이고 60점 이상 합격

조리산업기사 채점기준			
주요항목	세부항목	배점	비고
위생 및 작업관리	복장 및 개인위생	0~3	
	조리과정 위생	0~4	
	정리 정돈 청소	0~3	
조리작업, 숙련	재료손질	0~7	
	재료분배	0~7	
	전처리작업	0~6	
	썰기작업	0~10	
	양념하기	0~5	
	가열하기	0~10	
	기구사용	0~5	
	조리순서	0~10	
	조리방법	0~10	
작품평가	완성도	0~12	
	그릇 담기	0~8	

모든 과제(5가지 과제)를 통합하여 채점(조리작업의 숙련도를 중심으로)
각 감독별로 100점 만점 채점 × 2인 = 200점 만점(평균 60점 이상 합격)

4 수검자 유의사항

1) 만드는 순서에 유의하며, 위생과 숙련된 기능평가를 위하여 조리작업 시 맛을 보지 않습니다.
2) 지정된 수험자지참준비물 이외의 조리기구나 재료를 시험장 내에 지참할 수 없습니다.
3) 지급재료는 시험 전 확인하여 이상이 있을 경우 시험위원으로부터 조치를 받고 시험 중에는 재료의 교환 및 추가지급은 하지 않습니다.
4) 요구사항의 규격은 "정도"의 의미를 포함하며, 지급된 재료의 크기에 따라 가감하여 채점합니다.
5) 위생복, 위생모, 앞치마를 착용하여야 하며, 시험장비 · 조리기구 취급 등 안전에 유의합니다.
6) 다음 사항에 대해서는 채점대상에서 제외하니 특히 유의하시기 바랍니다.
   가) 기권 – 수험자 본인이 시험 도중 시험에 대한 포기 의사를 표현하는 경우
   나) 실격 – (1) 가스레인지 화구 2개 이상(2개 포함) 사용한 경우
   (2) 불을 사용하여 만든 조리작품이 작품특성에 벗어나는 정도로 타거나 익지 않은 경우
   (3) 위생복, 위생모, 앞치마를 착용하지 않은 경우
   (4) 지정된 수험자 지참준비물 이외의 조리기구를 사용한 경우
   (5) 시험 중 시설 · 장비(칼, 가스레인지 등) 사용 시 감독위원 및 타수험자의 시험 진행에 위협이 될 것으로 감독위원 전원이 합의하여 판단한 경우
   다) 미완성 – (1) 시험시간 내에 과제 두 가지를 제출하지 못한 경우
   (2) 문제의 요구사항대로 과제의 수량이 만들어지지 않은 경우
   라) 오작 – (1) 구이를 조림 등으로 조리하여 완성품을 요구사항과 다르게 만든 경우
   (2) 해당 과제의 지급재료 이외의 재료를 사용하거나 석쇠 등 요구사항의 조리도구를 사용하지 않은 경우
   마) 요구사항에 표시된 실격, 미완성, 오작에 해당하는 경우
7) 항목별 배점은 위생상태 및 안전관리 5점, 조리기술 30점, 작품의 평가 15점입니다.
8) 시험 시작 전 가벼운 몸풀기(스트레칭) 동작으로 긴장을 풀고 시험을 시작합니다.

참고문헌

김미향, 새서양조리학, 백산출판사, 1999.

나영선, 올리브향 가득한 이태리요리, 형설출판사, 1999.

염진철, 서양요리, 백산출판사, 2004.

염진철, The professional cuisine, 백산출판사, 2007.

오석태, 에피타이저와 샐러드, 지구문화사. 1999.

정청송, 서양조리기술론, 기전출판사, 1990.

진양호, 현대서양요리, 형설출판사, 1990.

최수근, 서양요리, 형설출판사, 2002.

저자 프로필

손주영 | 호남대학교 자연과학부 조리과학과 졸업
순천대학교 대학원 석사과정 수료
현재, 순천요리학원 원장
청암대학교 외래강사

김명희 | 전남대학교 식품영양학과 졸업
동 대학원 석사, 박사(이학박사)
전, 목포과학대학교 식품영양과 교수

김희아 | 전남대학교 식품영양학과 졸업
동 대학원 석사, 박사(이학박사)
현재, 청암대학교 호텔외식조리학과 교수

노희경 | 전남대학교 식품영양학과 졸업
동 대학원 석사, 박사(이학박사)
현재, 전라남도 어린이급식관리지원센터장
동신대학교 식품영양학과 교수

차경옥 | 원광대학교 농화학과 박사(이학박사)
의례음식연구회 회장
전, 전주시청 관광산업과 한스타일 담당
현재, 한국 조리기능장

이인옥 | 경기대학교 외식조리관리학과 관광학 박사
현재, 보성군 어린이급식관리지원센터장
동신대학교 식품영양학과 교수

장선필 (사진) | 중앙대학교 사진학과 졸업 및 동 대학원 박사
순천대학교 사진예술학과 겸임교수

양식조리기능사 · 조리산업기사 합격안내서

양식조리

2013년 7월 25일 초　판 1쇄 발행
2021년 3월 10일 개정2판 1쇄 발행

지은이 손주영 · 김명희 · 김희아
노희경 · 차경옥 · 이인옥
펴낸이 진욱상
펴낸곳 백산출판사
교　정 편집부
본문디자인 오정은
표지디자인 오정은

등　록 1974년 1월 9일 제406-1974-000001호
주　소 경기도 파주시 회동길 370(백산빌딩 3층)
전　화 02-914-1621(代)
팩　스 031-955-9911
이메일 edit@ibaeksan.kr
홈페이지 www.ibaeksan.kr

ISBN 979-11-6639-142-2　　93590
값 27,000원